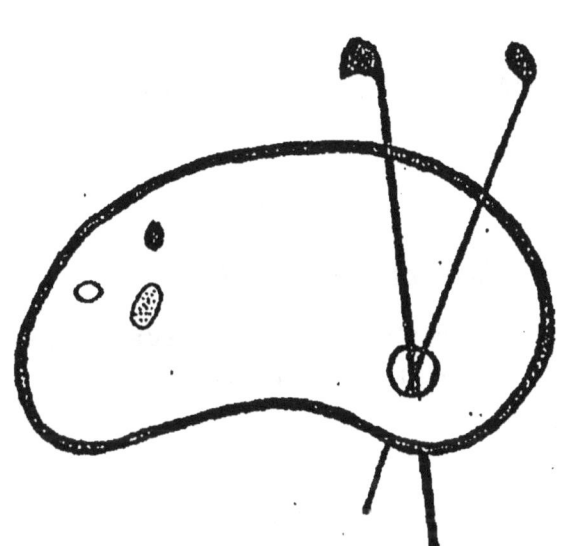

DEBUT D'UNE SERIE DE DOCUMENTS
EN COULEUR

CHAMFORT

ÉTUDE SUR SA VIE

SON CARACTÈRE ET SES ÉCRITS

PAR

Maurice PELLISSON

ANCIEN ÉLÈVE DE L'ÉCOLE NORMALE SUPÉRIEURE
AGRÉGÉ DES LETTRES

PARIS
LECÈNE, OUDIN ET Cie, ÉDITEURS
15, RUE DE CLUNY, 15

1895

LECÈNE, OUDIN & Cie, ÉDITEURS
15, rue de Cluny, en face de la Sorbonne

EN VENTE

Les Contemporains : *Études et portraits littéraires*, par JULES LEMAITRE. Cinq volumes in-18 jésus ; chaque volume, broché.	3 50
Ouvrage couronné par l'Académie française.	
Chaque volume se vend séparément	
Impressions de Théâtre, par LE MÊME. Huit vol. in-18 jésus ; chaque volume, broché.	3 50
Chaque volume se vend séparément	
Myrrha, par LE MÊME. Un vol. in-18, broché (*Nouveauté*).	3 50
Seizième Siècle : *Études littéraires*, par ÉMILE FAGUET. Un fort vol. in-18 jésus, 5ᵉ édition, broché (*Nouveauté*).	3 50
Dix-Septième Siècle : *Études littéraires et dramatiques*, par LE MÊME. Un fort volume in-18 jésus, 12ᵉ édition, broché.	3 50
Dix-Huitième Siècle : *Études littéraires*, par LE MÊME. Un fort volume in-18 jésus, 12ᵉ édition, broché.	3 50
Dix-Neuvième Siècle : *Études littéraires*, par LE MÊME. Un fort volume in-18 jésus, 12ᵉ édition, broché.	3 50
Ouvrage couronné par l'Académie française.	
Politiques et moralistes du XIXᵉ Siècle, 1ʳᵉ série, par LE MÊME. Un fort volume in-18 jésus, 5ᵉ édition, broché.	3 50
Victor Hugo : *L'homme et le poète*, par ERNEST DUPUY. Un volume in-18 jésus ; 2ᵉ édition, broché.	3 50
Bernard Palissy, par LE MÊME. Un vol. in-18 jésus, broché (*Nouveauté*).	3 50
Les Grands Maîtres de la Littérature russe au XIXᵉ Siècle, par LE MÊME Un volume in-18 jésus, 2ᵉ édition, broché.	3 50
Shakespeare et les Tragiques grecs, par P. STAPFER. Un vol. in-18 jésus, broché.	3 50
Ouvrage couronné par l'Académie française.	
Bossuet, par G. LANSON. Un volume in-18 jésus, broché.	3 50
La Littérature française sous la Révolution, l'Empire et la Restauration, 1789-1830, par MAURICE ALBERT. Un vol. in-18 jésus, 2ᵉ édit., broché.	3 50
Aristophane et l'ancienne Comédie attique, par A. COUAT. Un volume in-18 jésus, 2ᵉ édition, broché.	3 50
Henrik Ibsen et le Théâtre contemporain, par AUGUSTE EHRHARD. Un vol. in-18 jésus, broché.	3 50
La Comédie au XVIIᵉ siècle, par VICTOR FOURNEL. Un volume in-18 jésus, broché.	3 50
Dante, son temps, son œuvre, son génie, par J.-A SYMONDS, traduit de l'anglais par Mlle C. AUGIS. Un volume in-18 jésus, br.	3 50
Le Théâtre d'hier, *études dramatiques, littéraires et sociales*, par H. PARIGOT. Un volume in-18 jésus, broché.	3 50
Ouvrage couronné par l'Académie française.	
Essais de Littérature contemporaine, par G. PELLISSIER. Un vol. in-18 jésus, 2ᵉ édition, broché.	3 50
Nouveaux essais de littérature contemporaine, par LE MÊME. Un volume in-18 jésus (*Vient de paraître*), broché.	3 50
Les Africains, *étude sur la littérature latine d'Afrique*, par PAUL MONCEAUX. Un vol. in-18 jésus, broché (*Vient de paraître*).	3 50
Gresset, par JULES WOGUE. Un fort volume in-8ᵒ br.	6 »
Les Comédies de Molière en Allemagne, *le Théâtre et la Critique*, par Auguste EHRHARD. Un fort vol. in-8ᵒ, broché.	8 »
Scarron et la Comédie burlesque, par Paul MORILLOT. Un fort vol. in-8ᵒ, broché.	8 »
Molière à Poitiers en 1648, et les Comédiens dans cette ville de 1648 à 1658, par BRICAULD D. VERNEUIL, par A. RICHARD. Une plaquette in-8ᵒ.	2 50

CHAMFORT

ÉTUDE SUR SA VIE

SON CARACTÈRE ET SES ÉCRITS

POITIERS. — TYPOGRAPHIE OUDIN ET Cie.

CHAMFORT

ÉTUDE SUR SA VIE

SON CARACTÈRE ET SES ÉCRITS

PAR

Maurice PELLISSON

ANCIEN ÉLÈVE DE L'ÉCOLE NORMALE SUPÉRIEURE
AGRÉGÉ DES LETTRES

PARIS
LECÈNE, OUDIN ET Cie, ÉDITEURS
15, RUE DE CLUNY, 15

1895

A MON CAMARADE

F.-A. AULARD

Professeur à la Faculté des Lettres de Paris

En témoignage d'amitié

Maurice Pellisson

INTRODUCTION

Les grands écrivains du xviii° siècle, dont les œuvres ont préparé la Révolution française, ne la croyaient point si proche, et, sans doute, s'ils eussent vécu, ils n'auraient pu ni voulu y jouer un rôle. On a eu raison de les nommer des philosophes; ils n'étaient point faits pour sortir de la sphère de la spéculation. Cette société, que condamnaient leurs livres, ils s'y plaisaient en somme ; Rousseau, lui-même, l'aimait au fond. Leur intelligence s'éprit des idées de réforme ; mais elles ne passionnèrent point leur âme [1]. Ils eussent été non seulement effrayés et indignés par les violences de la Révolution, mais surpris et choqués de ses belles ardeurs.

Qu'on songe à la conduite de leurs disciples immédiats ! Dès le début de 1789, Sénac de Meilhan et Rivarol se rangent du parti de la conserva-

---

[1]. « Le propre de la vraie philosophie est de ne forcer aucune barrière, mais d'attendre que les barrières s'ouvrent devant elle, ou de se détourner quand elles ne s'ouvrent pas. » (D'ALEMBERT, *Essai sur les gens de lettres.*)

tion politique et sociale et ne tardent guère à émigrer. Marmontel, l'auteur de ce *Bélisaire* condamné par la Faculté de théologie, celui que Voltaire appelait « illustre profès », prend peur tout de suite. Un arrêt du Conseil ayant supprimé le *Journal des États-Généraux* publié par Mirabeau, l'Assemblée générale des électeurs du Tiers-État de Paris protesta unanimement contre cette mesure. Unanimement? Non. Un seul membre l'approuva ; et c'était Marmontel [1]. — Bernardin de Saint-Pierre, qui avait été plus que le disciple, l'ami de J.-J. Rousseau, vit à l'écart et comme caché dans sa maison de la rue de la *Reine-Blanche*; ainsi que le remarque Chamfort, ses *Vœux d'un Solitaire* (1789) retardent déjà sur ceux de la nation [2]. Avant la Révolution, le révolutionnaire le plus brillant et le plus bruyant, c'est, sans contredit, Beaumarchais : que fait-il aux premières heures de 1789? Il écrit aux Comédiens français une lettre fort timorée à propos du *Charles IX* de Joseph Chénier [3]! Puis il s'efface ; on n'entend plus parler de lui, sauf pour une affaire de fusils à vendre à la nation ; il s'est rallié sans doute à la Révolution, mais en homme qui la subit plutôt qu'il ne l'accepte. — En 1781, le livre de Raynal, censuré par la Sorbonne, est brûlé au pied du

---

1. *Mémoires de Bailly*, cités par SAINTE-BEUVE, *Causeries du Lundi*, IV, 538.
2. CHAMFORT, *Œuvres*, III, p. 28. Pour toutes nos citations de Chamfort, nous renvoyons toujours à l'édition Auguis. (Paris, 1824, 5 volumes in-8°.)
3. SAINTE-BEUVE, *Causeries du Lundi*, VI, 249.

grand escalier; l'auteur est obligé de quitter la France. Le 31 mai 1791, après la mort de Mirabeau, quand on venait d'obtenir pour lui la suppression de l'arrêt du Parlement qui le décrétait de prise de corps, Raynal s'empressa d'adresser à l'Assemblée un long et raide manifeste en faveur de l'autorité royale. — Les Suard, les Garat, hommes de mérite, mais sans flamme aucune, vécurent sous la Révolution avec prudence; Garat se poussa même en bonne place; mais on ne voit pas qu'ils aient jamais été entraînés par l'essor de cette grande époque. C'est que, pour presque tous ces hommes, les idées restèrent à la surface de leur esprit; ils y virent sinon un jeu, au moins un pur travail, surtout un pur plaisir intellectuel; elles n'atteignirent pas le fond de leur être [1]. Dans leur fait, il y a une sorte de libertinage de la pensée; ils caressaient leurs idées, ils ne les épousaient pas. Et Diderot, dans son langage spirituellement cynique, a peut-être rencontré le mot juste et qui caractérise le mieux ce qu'il manquait de sérieux intime et de sève morale à tous ces écrivains, quand il dit, au début du *Neveu de Rameau* : « Mes pensées, ce sont mes catins [2] ».

En fait, de tous les hommes de lettres qui avaient,

---

1. « Tout semblait alors innocent dans cette philosophie, qui demeurait contenue dans l'enceinte des spéculations et ne cherchait, dans ses plus grandes hardiesses, qu'un exercice paisible de l'esprit. » (*Mémoires* de MORELLET, I, 149. Cité par TAINE, dans l'*Ancien Régime*, p. 365.)

2. DIDEROT, OEuvres. Ed. Assézat, tome V, p. 387.

au temps de Louis XVI, une célébrité ou une réputation consacrée, Chamfort est presque le seul qui ait compris, aimé, servi avec entraînement la Révolution [1]. A son époque, on ne connut de lui que des éloges académiques, des contes spirituels et libertins, des bluettes comiques, une tragédie correcte et quelques mots de causeur étincelant; sa vie ne fut point cachée, mais il n'ouvrit guère son âme qu'à quelques amis. Aussi l'on ne s'expliqua pas son ardeur révolutionnaire; beaucoup purent lui prêter les motifs les moins honorables. Quand il fut mort, Ginguené publia ces *Maximes*, *Caractères* et *Anecdotes*, qui sont comme les confidences de Chamfort; mais il était dès lors classé dans l'opinion; comme il avait eu beaucoup d'esprit, on continua à voir surtout en lui un homme d'esprit. Cependant voici que dans ces derniers temps l'on s'est avisé que Chamfort pouvait avoir une autre portée que les poètes légers, les héros de salon et les philosophes à la suite qui furent ses contemporains. Taine le consulte et le cite comme un témoin singulièrement pénétrant de la ruine de l'ancien régime; M. Faguet l'appelle « le grand moraliste de la fin du xviiie siècle » [2]. En étudiant attentivement sa vie et ses œuvres, nous voudrions montrer que si, dans notre littérature, Chamfort ne peut occuper les premiers rangs, son talent du

---

1. Est-il besoin de dire que nous exceptons le grand Condorcet?
2. E. Faguet, *Dix-Septième siècle* (article sur La Rochefoucauld. Paris, Lecène et Oudin, in-18).

moins n'est pas de second ordre ; car il est soutenu, relevé par un caractère éminemment original, et il emprunte son accent à une âme tourmentée, mais généreuse, à laquelle ne suffit pas le manège littéraire, qui s'éprit de l'action et qui, secouant la langueur et la fadeur morales des lettrés de ce temps, fut pleine de ressort et prouva une trempe énergique.

CHAMFORT LITTÉRATEUR

CHAPITRE PREMIER

ORIGINE ET ÉDUCATION.

Les registres de la paroisse Saint-Genest, à Clermont, contiennent le baptistaire suivant : « Ce sixième avril 1740, a été baptisé Sébastien-Roch Nicolas, né le même jour à midi, fils légitime de François Nicolas, marchand épicier, et de Thérèse Croiset, son épouse, de cette paroisse.... etc... » Une copie conforme fut délivrée à Chamfort le 26 juin 1778, et on la retrouve dans les papiers qui ont été inventoriés, après sa mort, « à la requête des citoyens administrateurs nationaux »[1]. Sans doute, à ce moment de sa vie, il avait eu besoin de ce document, qui tenait alors lieu d'extrait de naissance, et l'avait demandé ou fait demander à Clermont.

---

[1]. On trouve aux *Archives nationales* diverses pièces intéressantes relatives à Chamfort. Elles sont rangées sous les cotes F^{7}4681, O^{1}671, T1458. Quand nous puiserons à cette source, nous renverrons simplement aux *Archives nationales.*

Mais il ne s'en servit pas. — En 1782, devant M° Margantin, « conseiller du roi, notaire au Châtelet de Paris », Chamfort, « pour suppléer à la remise de son baptistaire, qu'il déclare ne pouvoir recouvrer, a déclaré être né et avoir été baptisé le vingt décembre mil sept cent quarante-deux, à Duport, en Auvergne »[1]. — Qu'il eût, un moment, égaré ce papier, on peut l'admettre ; mais comment s'expliquer qu'il ait fourni des renseignements si différents de ceux que contient le baptistaire d'avril 1740 ! Aurait-il cédé à la tentation de se rajeunir ? Cette puérilité ne convient pas à ce que nous savons de son caractère. Songeait-il à dissimuler une origine plébéienne ? Mais il ne se défit jamais de son nom rustique de Nicolas ; en se faisant appeler Chamfort, il avait simplement suivi la mode répandue parmi les gens de lettres de prendre des noms de guerre, et il ne s'en cachait point. Ne disait-il pas, en raillant La Harpe qui prétendait « avoir des aïeux » :

> Eh ! mon ami, baisse les yeux sur moi ;
> Ma race est neuve, il est vrai ; mais qu'y faire ?
> Dieu ne m'a point accordé, comme à toi,
> Près de trente ans pour bien choisir mon père [2].

Si Chamfort ne se servit point du baptistaire qu'on lui avait délivré, s'il ne retint pas les renseignements qui s'y trouvaient, c'est, pensons-nous, qu'il savait que cet acte ne se rapportait point à lui.

---

1. *Archives nationales.*
2. *Ed.* Auguis, V, 241.

Tous ses biographes ont dit qu'il était enfant naturel. Ginguené, son ami intime, son premier éditeur, fait allusion à cette naissance irrégulière ; Auguis, si souvent bien informé sur l'histoire anecdotique du xviii° siècle, n'élève à ce sujet aucun doute. « Il faut voir les commencements de cet enfant de l'amour... » écrit Sélis, dans les articles qu'il consacra à Chamfort dans la *Décade philosophique* [1] ; et Sélis avait été pour lui un camarade aux jours de la jeunesse, un familier de tous les instants jusqu'à la dernière heure. Rœderer est plus explicite encore : « Chamfort, écrit-il, ne s'est jamais présenté dans les sections pour y exercer ses droits de citoyen, et l'on a dit que c'était dans la crainte de présenter son acte de baptême..... Chamfort était fils d'un chanoine de la Sainte-Chapelle. Il a constamment fait mystère de sa naissance, excepté à un ou deux amis » [2]. Enfin, d'après Aigueperse (*Biographie d'Auvergne*) [3], Chamfort serait fils de M. Nicolas, chanoine à la cathédrale de Clermont, et de Mlle de Montrodeix. A vrai dire, le livre d'Aigueperse ne se recommande pas en général par l'exactitude ; mais ici il n'a fait qu'enregistrer une tradition locale ; et cette tradition ne saurait être négligée, si l'on songe que, sur la liste des chanoines du Chapitre de Clermont, figure en effet un Pierre Nicolas, chanoine semi-prébendé, en fonctions de 1741 à 1783.

---

1. *La Décade philosophique*. Paris, l'an IV, tome VII.
2. Voir *Œuvres* du comte Rœderer, tome IV.
3. P. Aigueperse, *Biographie d'Auvergne*. (A la Bibliothèque nationale, sous la cote Ln^{so} 15.)

Mais ce qu'il importe surtout de retenir, c'est que Chamfort lui-même avait confié le mystère de sa naissance à un ou deux amis. Pourquoi, s'il eût eu vraiment une origine légitime, aurait-il fait un pareil mensonge? Dans quel intérêt semblable supercherie? Aurait-il mieux aimé se donner pour un bâtard que s'avouer le fils d'un épicier? Singulier calcul de vanité; et d'ailleurs, si Chamfort eût voulu qu'il lui profitât, il aurait dû étaler sa bâtardise au grand jour et non pas en faire discrètement la confidence,

Il est certain pourtant qu'il traita toujours comme sa mère cette Thérèse Croiset qui figure sur le baptistaire d'avril 1740 en qualité d'épouse de l'épicier Nicolas. Une lettre de lui (octobre 1784[1]) nous apprend qu'il la perdit à quatre-vingt-cinq ans à peu près, et les registres de la paroisse Saint-Genest contiennent en effet l'acte de décès suivant : « Le vingt-six juin mil sept cent quatre-vingt-quatre, a été enterrée Thérèse Creuset (sic), veuve de François Nicolas, décédée la veille sur cette paroisse, âgée de quatre-vingt-quatre ans environ »[2].

Pour résoudre cette difficulté, nous sommes réduits aux conjectures. — Mais, comme il nous paraît impossible de révoquer en doute le témoignage de Chamfort lui-même sur sa naissance, voici l'explication que nous serions tenté de pro-

---

1. *Éd.* AUGUIS, V, 279.
2. Je dois communication de cette pièce à mon cher camarade M. Gasquet, aujourd'hui recteur de l'Académie de Nancy, qui a bien voulu en prendre copie sur les registres de la paroisse Saint-Genest.

poser : son père, comme le rapporte la tradition locale, serait bien le chanoine Nicolas, qui, parent sans doute de l'épicier, son homonyme, aurait obtenu de Thérèse Croiset qu'elle se chargeât de l'enfant. Celle-ci devint et resta pour Chamfort une mère adoptive, lui confia le mystère de son origine, et comme il portait au collège le nom de Nicolas, comme on ne lui connut d'autre famille que celle du petit marchand de Clermont, quand il réclama son baptistaire, on lui adressa un acte qui semblait le concerner et appartenait à un autre enfant.

Un autre acte relevé encore sur les registres de la paroisse Saint-Genest donne à cette conjecture bien de la vraisemblance : « Ce vingt-deuxième juin mil sept cent quarante a été baptisé Sébastien-Roch, né le même jour sur cette paroisse, *de parents inconnus*[1] ». Voilà un enfant naturel, né sur la paroisse des époux Nicolas, qui porte les mêmes prénoms que Chamfort. N'est ce point là le baptistaire qui lui convient ? A vrai dire, on n'y retrouve pas les indications de lieu et de date qu'il fournit lui-même au notaire Margantin ; mais il tint sans doute ces renseignements de Thérèse Croiset, déjà fort vieille en 1782, à qui la mémoire put faire défaut, et qui, d'ailleurs, en matière de dates, ne se piquait pas d'exactitude ; elle se rajeunit de treize ans dans son acte de mariage.

Si cette question de l'origine de Chamfort nous arrête si longtemps, c'est que, comme l'a compris

---

1. Ce baptistaire et l'acte de mariage de Thérèse Croiset m'ont été communiqués par M. Gasquet.

son premier biographe, l'irrégularité de sa naissance influa sur son caractère : « Rien de plus douloureux, dit Ginguené, pour un jeune homme à qui la nature a donné de l'élévation et de l'énergie, que de se sentir défavorablement classé dans l'opinion. Il en résulte trop souvent pour lui le malheur de jeter sur la société un coup d'œil amer [1]. » Ce n'est point par là, pourtant, croyons-nous, que Chamfort eut surtout à souffrir de sa bâtardise ; elle ne fut, comme nous savons, révélée qu'à quelques-uns ; de plus, eût-elle été connue, l'exemple de d'Alembert, de Delille, de Mlle de l'Espinasse, nous montre assez que la société du XVIIIe siècle n'avait point de rigueurs pour les enfants naturels. Mais il ne connut ni sa mère véritable, ni son père : n'est-ce point une cause suffisante de tristesse pour une âme bien née ? Ses vrais parents l'abandonnèrent, ou du moins ne l'avouèrent pas ; ils se crurent contraints, par leur situation, de s'écarter de lui et d'en rougir ; et cette conduite put très tôt lui faire directement et cruellement sentir ce qu'il y avait d'immoralité et d'égoïsme lâche chez les représentants des classes privilégiées. Lorsqu'il fit plus tard de si âpres satires du clergé et du patriciat, il n'oublia pas que dès le premier jour il en avait été la victime.

Il était tout jeune encore lorsqu'on l'éloigna de Clermont. A la recommandation de Morabin, docteur de Navarre, un ami probablement du chanoine Nicolas, une bourse lui fut accordée au

---

1. Notice en tête des *Œuvres* de CHAMFORT. (Paris, an III, 4 vol. in-8°.)

collège des Grassins. Il ne justifia cette faveur qu'assez tard ; jusqu'à la troisième ses études furent médiocres. Mais à ce moment il sortit de pair, et devint un de ces empereurs de rhétorique qui faisaient la joie et l'orgueil de l'ancienne Université. Rhétoricien de première année, il remporte quatre prix au Concours général ; mais il avait manqué celui de vers latins. Sous peine de se voir supprimer sa bourse, il lui fallut redoubler sa classe. Au concours de fin d'année, il obtint cette fois partout le premier rang. « L'an passé, disait-il, j'avais imité Virgile, et j'ai manqué mon prix ; j'ai, cette année, imité Buchanan et l'on me couronne. » Cette malice n'était point la première qu'il laissât échapper : au dire de Sélis, ses maîtres le savaient à la fois studieux et espiègle. Studieux, ses succès le prouvent ; et il ne se contentait pas d'exceller dans les exercices classiques ; il étudiait aussi, en se jouant, l'italien et l'anglais, qu'il posséda très complètement. Espiègle, Lebeau l'aîné, professeur de grec, s'en aperçut bien : Chamfort s'égayait des allures solennelles de ce maître, et troubla si souvent sa classe par des saillies, qu'il fut, à un moment, menacé d'exclusion. Son espièglerie ne s'en tint pas là : un jour, de compagnie avec Letourneur, qui devait plus tard traduire Shakespeare, il s'enfuit du collège. Ils avaient le dessein de faire le tour du monde. Arrivés à Cherbourg, nos aventuriers se ravisèrent : ils s'aperçurent que leur projet présentait des difficultés auxquelles ils n'avaient pas songé et se hâtèrent de retourner à l'école. On les y accueillit sans trop de façons; on pardonna à Chamfort son escapade en faveur de son esprit. Le grave Lebeau désarma-t-il ? il devait en tout cas désarmer plus tard. Son terrible écolier, après un succès académique, lui envoya la pièce qui lui avait valu son prix, avec cette dédicace : « Chamfort demande pardon pour Nicolas ». Et Lebeau répondit : « Je pardonne à Nicolas et j'admire Chamfort. »

Sans famille, sans fortune, qu'allait faire ce jeune homme en quittant les bancs ? D'Aireaux, principal des Grassins, qui paraît s'être intéressé à lui, Morabin, son protecteur, qui vécut jusqu'en 1762, crurent vraisemblablement, quoiqu'il n'annonçât guère de vocation, que le mieux était de l'engager à se destiner à l'Eglise. Il semble certain que Chamfort a pris alors le petit-collet; c'était un costume et non pas un état : costume d'ailleurs plaisant à porter et qui n'obligeait à rien. Mais il ne rapportait rien non plus; et pourtant il fallait vivre. En attendant qu'il pût obtenir un bénéfice, les patrons de Chamfort lui procurèrent un préceptorat. On peut douter qu'il eût des dispositions pédagogiques, lui qui a écrit : « Il fallait (aux femmes) une organisation particulière pour les rendre capables de supporter, soigner, caresser des enfants [1]. » N'importe : le comte Van Eyck, ministre plénipotentiaire du prince de Liège à Paris depuis 1744, ayant été disgracié et rappelé par son souverain en 1760, Chamfort le suivit avec charge de faire l'éducation de son neveu. Il

---

1. *Ed.* Auguis, I, 420.

était secrétaire en même temps, valet de chambre littéraire, comme il disait. Le sort le traitait bien à ses débuts. Van Eyck, en effet, n'est point un mince personnage ; outre qu'il possédait une grande fortune, il avait pour frères le prince évêque de Liège et l'électeur de Cologne, Clément-Auguste. Chamfort était donc entré dans une bonne maison ; avec de l'intrigue, ou même un peu de souplesse, il eût pu se pousser dès l'abord ; mais il ne calcula pas tant. Très vite il se brouilla avec son patron ; ayant eu à se plaindre de l'avarice de Van Eyck, il ne la supporta pas. Dès le mois de juin 1761, il a quitté son préceptorat, et, de Cologne, il adresse à un de ses amis une épître en vers où il lui fait part de ses mécomptes. Au reste, il ne semble pas regretter d'avoir manqué sa fortune :

> C'en est donc fait, la trompeuse Fortune
> A sur mes jours abdiqué tout pouvoir.
> Je la bénis ; sa faveur importune
> En aucun temps n'a fixé mon espoir.

Il se déclare au contraire fort heureux d'échapper au commerce des grands,

> illustres misérables,
> Fiers d'être sots, de leur faste éblouis,
> Toujours punis de n'avoir rien à faire [1].

Désormais il se consacrera à l'amitié et au travail. Il est fâcheux que ces sentiments excellents s'expriment dans un langage d'une rare faiblesse

---

1. *Ed.* Auguis, V, 107.

et d'une constante impropriété. Les premiers vers de Chamfort ne font nullement prévoir qu'il doive jamais devenir poète ; il ne le devint point en effet. Mais son premier mot, à son retour d'Allemagne, annonçait un homme d'esprit : « Je ne sache pas de chose, dit-il, à quoi j'eusse été moins propre qu'à être un Allemand [1]. »

Revenu à Paris, la pauvreté l'y attendait ; mais elle ne l'effrayait point. Il semble que, dès ce moment, il ait dû venir en aide à Thérèse Croiset : gros souci et lourde charge pour un jeune homme de vingt ans, qui n'avait d'autres ressources que sa bonne mine et son courage. Il fit donc sans hésiter toutes les besognes qui s'offrirent à lui. En échange de quelques louis, il écrivait des sermons pour le compte d'un de ses anciens camarades, devenu homme d'église ; nous le voyons à un moment dernier clerc chez un procureur. Vers le même temps il accepta un préceptorat ; mais, cette fois, il n'avait plus affaire à un Van Eyck. La mère de son élève était une veuve de vingt-cinq ans. Sélis nous conte gaiement comment finit la seconde expérience pédagogique de Chamfort. La veuve, voulut-elle aussi, prendre des leçons au jeune professeur : « L'écolière devint amante et amante heureuse. Une sirène de soubrette de même. Une autre encore. Leur maîtresse vit la trahison. En mère sensible elle dit : « Pardon, Monsieur, il faut nous séparer. Vous êtes infidèle à nos conventions ; toutes les fois que vous faites étudier mon fils, il maigrit. — Et moi

---

[1]. *Ed.* Auguis, II, 155.

aussi, Madame, toutes les fois que je vous enseigne. » Et Chamfort se retrouva libre et sans place.

D'Aireaux, son ancien maître, qui ne le perdait pas de vue, aurait voulu l'arracher à cette existence par trop aventureuse. Il le manda près de lui, le sermonna, et, vivement, le pressa de se faire prêtre : « Non, lui répondit résolument Chamfort ; j'aime trop le repos, la philosophie, les femmes, l'honneur, la vraie gloire, et trop peu les querelles, l'hypocrisie, les honneurs et l'argent. » Son parti dès lors était bien pris : il voulait être homme de lettres. Une expérience de vingt années devait lui apprendre qu'il ne trouverait pas dans cette carrière, où il entrait plein d'espoir, la satisfaction des goûts que sa fierté juvénile avait si nettement déclarés à d'Aireaux [1].

---

[1]. La plupart de ces détails sur les débuts de Chamfort sont empruntés à la Notice de GINGUENÉ et aux Extraits de SÉLIS dans la *Décade philosophique*, déjà cités.

CHAPITRE II

SES DÉBUTS LITTÉRAIRES.

Pendant près de vingt ans, Chamfort n'écrivit que des œuvres moyennes ou tout au plus distinguées. Sa vocation ne se décida que tard, ou, du moins, c'est seulement sur le tard qu'il la connut. Il en fut pour lui comme pour ses prédécesseurs dans ce genre : qui devint moraliste avant la trentième année dès longtemps passée? Théophraste, l'ancêtre, entreprit, nous dit-on, son ouvrage à 99 ans ; Montaigne et La Bruyère ne songèrent pas heureusement à temporiser si fort ; mais enfin la quarantaine avait déjà sonné pour eux quand parurent les *Essais* et les *Caractères*. Il y a là une nécessité : on ne saurait juger la vie avant d'avoir eu le temps de vivre, et l'on ne peut connaître que les chemins par où l'on a passé et repassé.

Sa vocation, l'eût-il connue dès le premier jour, Chamfort n'eût pu la suivre. Jamais, et surtout à ses débuts, il ne jouit de cette oisiveté du sage qui permit à La Bruyère, pendant huit années, de « méditer, lire et être tranquille ». Il était pauvre ; il lui fallait produire ce qui lui faisait gagner sa vie et ce qui pouvait le mettre en vue. Avant de devenir un grand écrivain, il dut être un homme de lettres, c'est-à-dire faire un métier. La Bruyère avait eu beau se moquer de Cydias et de sa profession de bel esprit : beaucoup à la suite de Cydias mirent une enseigne, ouvrirent un atelier et un magasin et attendirent les ouvrages de commande. L'écrivain n'eut plus seulement un cabinet, mais aussi une boutique. Chamfort a lui-même parlé quelque part « de son affiche littéraire » [1].

Dans ce qu'il écrivit durant cette période, Chamfort mit donc autre chose que ce qui venait de lui-même : il subit l'influence du métier, de la mode, de la convention ; il ne se déroba pas à l'empire qu'exercent les grands modèles sur les débutants. Nulle part il ne se donna tout entier. Il ne le pouvait pas. C'est son âme, plus encore que son talent, qu'on trouve plus tard dans ses *Pensées* ; nul ne possède son âme tout entière avant que le temps ne l'ait façonnée. Et pourtant ces vingt années de la vie de Chamfort ne sont pas sans intérêt ; il écrit alors des livres qu'il n'a pas vécus ; mais il vit le livre qu'il écrira. Son talent n'a pas trouvé sa forme, mais chaque jour fournit l'étoffe dont il doit se faire.

Il débuta, comme on débute souvent aujourd'hui, par des articles de journal. La presse politique existait encore à peine, mais la presse littéraire avait déjà pris un notable développement. En 1756, un certain Pierre Rousseau, de Toulouse,

---

1. *Ed.* AUGUIS, I, 336.

fonda à Liège, sous la protection du prince palatin et du prince d'Horion, premier ministre du cardinal de Bavière, prince et évêque de Liège, une feuille périodique, bi-mensuelle, et qui contenait des extraits et analyses des livres français, beaucoup d'études sur les littératures étrangères et quelques nouvelles politiques. C'était le *Journal Encyclopédique*. Ce recueil, assez soigné, mais très dévoué au parti philosophique et spécialement à Voltaire qui ne dédaigne pas à cette époque, et plus tard, d'y envoyer des communications et des lettres, scandalisa vite les dévots Brabançons. Un mandement du cardinal de Bavière, daté du 27 août 1759, prononça son interdiction. Pierre Rousseau transporta ses presses d'abord à Bruxelles, puis à Bouillon, et le premier numéro de 1760 est dédié au souverain de ce duché[1]. Rappelé souvent à Liège pour y régler ses affaires, il dut y connaître Chamfort qui s'y trouvait cette année même à la suite de Van Eyck. Rousseau fut certainement un habile manufacturier littéraire ; on peut croire qu'il se mettait volontiers en quête de jeunes talents. Sans doute il enrôla Chamfort qui ne demandait qu'à exercer sa plume. Sa collaboration au journal de Rousseau ne nous paraît pas douteuse. Elle dura deux ans environ, nous dit Sélis. Et en effet dans le numéro du 1ᵉʳ mai 1763 nous avons relevé un *Avis au sujet de la correspondance littéraire de ce journal*, dans lequel le gazetier se plaint que certaines gens, à Paris, en s'intitulant

---

[1]. Voir EUGÈNE HATIN, *Histoire de la Presse*, tome III.

correspondants, se fassent remettre des morceaux destinés à son recueil et qui ne lui parviennent jamais. « C'est, dit-il, pour arrêter le cours de ces interceptions que nous avertissons tous ceux qui veulent bien s'intéresser au succès de cet ouvrage, que nous composons à Bouillon tout ce qui entre dans nos journaux, à l'exception des pièces fugitives ; qu'à Paris surtout personne ne nous aide de ses lumières que M. de C..., notre ami, qui, bien loin de se dire notre collaborateur, ne veut pas même nous permettre de le nommer. » Voilà qui concorde bien avec le témoignage de Sélis nous disant que Chamfort collabora deux ans à peu près [1] à ce recueil, « mais incognito et avec une sorte de honte. Il est impossible, ajoute-t-il, de reconnaître aujourd'hui ses articles ». Et il est vrai qu'en feuilletant cette collection nous n'avons rien trouvé qui ait une marque propre. Cet article sur la *Poétique* de Marmontel (en trois extraits) est-il de Chamfort ? Il se peut ; et aussi ces comptes rendus des petits actes de Saurin (les *Mœurs du temps*), de Poinsinet (le *Cercle*), et encore cette analyse des *Lettres de deux amants écrites au pied des Alpes*. Mais comment s'en assurer ? Tout cela est clair, correct et sensé. La facture est bonne, mais il n'y a que de la facture. Et voilà justement, je crois, la raison pour laquelle Chamfort, ambitieux comme on l'est à son âge, tenait si fort à ce que ses productions restassent anonymes. Réduit à cette besogne de manouvrier littéraire, il voulait

---

1. Il est probable que la collaboration anonyme de CHAMFORT se prolongea au delà de ce délai de deux ans.

attendre l'heure où il pourrait signer des œuvres.

Il semble que Pierre Rousseau fut un assez honnête homme et non pas un de ces âpres spéculateurs comme il y en eut tant alors parmi les entrepreneurs de journaux, et comme Brissot en connut plus tard. Mais il ne payait pas fort cher ses collaborateurs ; ce n'était pas l'usage, et, probablement, il eût été d'ailleurs en peine de se montrer libéral. Tant que Chamfort ne put compter pour vivre que sur ce qu'il gagnait au *Journal Encyclopédique*, il lui fallut vivre assez mal. C'est le temps dont nous parle Aubin dans son *Chamfortiana* [1] : « Je l'allais voir (Chamfort), dit-il, presque tous les matins ; nous lisions ensemble l'Arioste et la *Pucelle*, rapprochant l'imitation de l'original, autour d'un petit poêle où nos livres se desséchaient. » Mais Chamfort avait beau vivre alors à Paris, « ce singulier pays où il faut trente sous pour dîner, quatre francs pour prendre l'air, cent louis pour le superflu dans le nécessaire et quatre cents louis pour n'avoir que le nécessaire dans le superflu [2] », malgré sa gêne, il se tenait pourtant en belle humeur. Il était alors « plein de feu, de gaieté, de passions [3] », et sa jeunesse l'aidait à se passer du nécessaire et même du superflu. Tant qu'il n'eut pas pris rang, la pauvreté semble lui être restée indifférente ; car, si elle lui devint pénible plus tard, ce n'est point qu'il regretta les jouissances matérielles qu'elle interdit, mais parce qu'il

---

1. *Paris, an IX, chez les marchands de nouveautés.*
2. *Éd. Auguis*, I, 439.
3. Sélis dans ses articles de la *Décade philosophique*.

souffrit des dédains ou des hauteurs auxquels elle expose. Inconnu, il pouvait manquer de tout et ne désirer rien : « La fortune ni les privations n'ont jamais troublé son indépendance. Sa philosophie à cet égard ne ressemblait à l'insouciance que parce qu'elle tenait peut-être plus à l'habitude de se passer de ce qu'il n'avait pas, qu'au moindre effort pour s'en priver volontairement[1] ». Mais s'il acceptait gaiement la pauvreté, il ne se résignait à l'obscurité qu'avec impatience. Que faire pour en sortir ? quelle voie suivre ? quel genre embrasser, et, puisque tous les débutants se posent cette question, quel modèle imiter ?

Un jeune homme de talent, qui s'interrogeait ainsi entre 1760 et 1762, avait le droit d'être perplexe. Buffon construit alors son monument, mais il vit dans la solitude, ne cherche pas les disciples, n'accepte que des collaborateurs anonymes. L'*Encyclopédie*, entreprise en 1751, se poursuit jusqu'en 1772 ; mais les écrivains de l'*Encyclopédie* forment un parti, une secte ; si l'on veut être avec eux, il faut s'enrôler, s'embrigader, subir une discipline étroite, sous peine de passer pour déserteur, bien plus, pour apostat. Des hommes de mérite s'occupent des matières de politique, d'administration ; en 1758 Quesnay a publié ses *Maximes* ; la *Théorie de l'Impôt* de Mirabeau, *l'Ami des hommes*, paraît en 1760. Mais, si l'on parle beaucoup d'eux, l'on ne les lit guère ; et leurs études sont bien arides pour un jeune homme de vingt ans. Il y a

---

1. *Chamfortiana*, XII.

toujours une littérature de salon ; Dorat vieillit, on le goûte encore pourtant ; si Crébillon fils n'a plus guère donné de romans depuis le *Sofa* (1745), beaucoup de romanciers suivent sa manière et Boufflers, avec *Aline* (1761), rajeunit un moment le genre et obtient un vif succès. Mais ce sont là des bagatelles ; tous les jeunes gens s'y plaisent, tous s'en croient capables, et, partant, se défendent de vouloir les imiter. Restent deux grands hommes : Voltaire et Rousseau, qui, précisément à cette heure, sont dans tout l'éclat de leur gloire. Voltaire a déjà mérité son renom d'universalité ; l'universalité ne s'imite pas ; et Voltaire ne s'est pas élevé assez haut dans chaque genre, pour qu'un esprit ambitieux et fier se résigne à marcher uniquement sur ses traces. D'ailleurs, à ce moment, il vient de publier un livre plein d'ironie et de désenchantement, très propre à choquer et même à blesser les âmes jeunes, avides d'espérance et désireuses d'illusion. C'est précisément ce qu'éprouva Chamfort en lisant *Candide* et, bien que Voltaire exerçât alors sur les lettrés une sorte de royauté, le débutant ne craignit pas de décocher une épigramme irrévérencieuse contre le vieux maître :

> Candide est un petit vaurien
> Qui n'a ni pudeur ni cervelle ;
> A ses traits on reconnaît bien
> Frère cadet de la *Pucelle*.
> Leur vieux papa pour rajeunir
> Donnerait une belle somme ;
> Sa jeunesse va revenir :
> Il fait des œuvres de jeune homme.

Tout n'est pas bien : lisez l'écrit,
La preuve en est à chaque page ;
Vous verrez même en cet ouvrage
Que tout est mal comme il le dit [1].

En cette année 1759, en même temps que *Candide*, parurent les *Lettres de deux amants écrites au pied des Alpes*. Le roman de Voltaire est le chef-d'œuvre de cet esprit cynique et sec, de cette *méchanceté*, qui avait été la maladie du commencement du XVIII° siècle. *Julie* fut, au contraire, suivant le mot de Michelet, « la résurrection du cœur » ; et par là ce livre eut un succès d'enthousiasme. Rousseau avait conquis les jeunes gens et les femmes et, comme le remarque Chamfort, il se forma « une génération nouvelle remplie d'admiration pour Rousseau, nourrie de ses ouvrages, non moins éprise de ses vertus que de ses talents, qui, dans l'enthousiasme de la jeunesse, avait marqué les hommages qu'elle lui rendait de tous les caractères d'un sentiment religieux [2] ». C'est donc Rousseau que Chamfort a pris d'abord pour maître, c'est Rousseau qui, à ses débuts, lui donna le ton.

Cette influence se marque d'une façon aimable et naïve dans la *Jeune Indienne*, petit acte en vers joué à la Comédie-Française, le 30 avril 1764. Un jeune Anglais, Belton, pris de la passion des voyages, a quitté sa famille, et, après un naufrage, il a été jeté mourant dans une île où il est soigné et sauvé par un vieillard et sa fille. Le vieillard mort,

---

1. *Éd.* Auguis, V, 222.
2. *Éd.* Auguis, III, 386.

Belton, las de la solitude, veut revoir Charlestown, sa patrie, et y ramène la jeune sauvage avec laquelle il a vécu quatre ans et dont il est aimé. Mais, à peine dans son pays, il est ressaisi par tous les préjugés sociaux ; il a peur de la pauvreté pour sa compagne, il en rougit pour lui-même, et, pour ne pas être exposé au dédain des puissants et des riches, il est sur le point de trahir Betti, la jeune Indienne, et d'épouser une héritière qui lui était destinée avant ses aventures. Betti apprend tout et reproche à son amant de la trahir ; c'est, comme on pense, une occasion de faire la satire de l'odieux et du ridicule des conventions sociales ; enfin un vertueux quaker, tout justement le père de l'héritière destinée à Belton, et qui vit de la vie civilisée tout en la condamnant, réconcilie les deux amoureux, puis les marie par-devant notaire. — Les critiques ne furent pas tendres pour ce premier essai de Chamfort. Fréron, qui le soupçonnait d'être entaché de philosophisme, lui reprocha de manquer de toute originalité. Collé, dans son *Journal*[1], déclara que l'auteur n'avait su que gâter en l'altérant l'historiette qu'il avait empruntée au *Spectateur Anglais* pour en faire le sujet de sa pièce. « C'est, dit Grimm, un ouvrage d'enfant dans lequel il y a de la facilité et du sentiment, ce qui fait concevoir quelque espérance de l'auteur ; mais voilà tout[2] ». Mais le public n'eut point, il s'en faut,

---

1. *Journal et Mémoires* de CHARLES COLLÉ publiés par HONORÉ BONHOMME (tome II, p. 364 sq.).

2. *Correspondance littéraire* de GRIMM, éditée par MAURICE TOURNEUX, tome V.

tant de sévérité. Collé, peu favorable pourtant, doit avouer que la pièce « a été fort applaudie à la première représentation ». Et il ajoute :

« L'on demanda l'auteur à grands cris, et, pendant vingt minutes au moins, M. Duclos eut à combattre les sentiments des comédiens, de M. le duc de Duras, de M. d'Argental, gens pleins de raison et de délicatesse. Il y eut dans le corridor et dans les foyers de la Comédie une dispute assez vive entre eux et Duclos, qui les poussa et l'emporta. Le petit Chamfort suivit le conseil de l'académicien et le préféra à ceux des histrions, du duc et du conseiller honoraire au Parlement [1].

Collé a beau le prendre sur le ton dédaigneux ; il n'en est pas moins vrai que le succès du *petit Chamfort* prit l'allure d'un triomphe. Voilà ce que nous nous expliquons mal aujourd'hui en lisant la *Jeune Indienne* et nous avons peine à concevoir que ce « début innocent [2] », comme dit Sainte-Beuve, ait reçu un accueil si flatteur et si vif. Ajoutons que ce ne fut pas le succès d'un soir ; dans sa nouveauté, la *Jeune Indienne* eut neuf représentations successives [3], ce qui, pour le temps, est un chiffre fort honorable ; en 1765, le roi la fit représenter devant lui à Versailles [4] ; on la monta sur les

---

1. *Journal* de Collé, II, 364 sq.
2. *Causeries du Lundi*, IV, 543.
3. Les neuf représentations de la *Jeune Indienne* rapportèrent 10271 livres 5 sols, sur quoi Chamfort toucha 524 francs qui lui furent payés le 15 juin 1764. — Nous devons à l'obligeance de M. G. Monval, d'avoir pu consulter le dossier dramatique de Chamfort aux archives de la *Comédie-Française*.
4. *Journal* de Papillon de la Ferté, publié par Ernest Boysse (Paris, Ollendorf, 1887, in-8°).

théâtres de société, qui florissaient alors ; dix ans plus tard ou environ, elle enchante les exilés de Chanteloup et vaut à Mme de Choiseul un triomphe d'actrice. Elle jouait pour ses invités Marianne du *Tartufe*, Lucinde du *Médecin malgré lui*. Mais le rôle de Betti lui convenait surtout, paraît-il. « La grand'maman, écrit l'abbé Barthélemy, était mise à ravir, et quand elle a paru, on l'a trouvée si jeune et si jolie que toute la salle a retenti d'applaudissements. » Enfin la pièce resta au répertoire, et on la voit figurer sur l'affiche jusqu'en 1789. D'où vient cette faveur si vive et si persistante accordée à une bluette que nous jugeons aujourd'hui sans conséquence ? Remarquez d'abord que la coupe en un acte était alors assez goûtée : les *Mœurs du Temps* de Saurin sont de 1760, et aussi l'*Amateur* de Barthe ; en 1764 on applaudit fort le *Cercle* de Poinsinet. Le public, qui avait essuyé tant de comédies froides et vides en cinq actes mortels, savait gré aux poètes de se montrer discrets avec lui. Mais ce n'est là qu'une raison accessoire du succès de Chamfort. Ce qui plut dans la *Jeune Indienne*, c'est que pour la première fois on entendait au théâtre un écho, très affaibli sans doute, distinct pourtant, des éloquentes déclamations de Rousseau contre les misères et les vices de la civilisation ; c'est surtout que l'auteur avait eu l'idée ingénieuse de transformer ces violents anathèmes en traits de naïveté ou en plaintes touchantes et de les placer dans la bouche d'une jeune femme qui avait quelque chose de la tendresse et de la passion de Julie. Rousseau porta bonheur à la première œuvre de Chamfort, qui, lorsqu'il était en quête d'inspirations, aurait pu s'adresser plus mal. La Harpe l'a bien compris, et il loue le rôle de cette Betti qui fait « entendre la plainte de l'amour dans le langage d'une habitante des bois dont l'auteur a très bien saisi la vérité pénétrante et la douce simplicité [1] ». Aujourd'hui que les idées et les héroïnes de Rousseau ne nous passionnent plus, nous pensons, comme Grimm, que la pièce de Chamfort n'est qu'un ouvrage d'enfant, et nous faisons bon marché de son mérite littéraire. Mais, en étudiant la vie et le caractère de Chamfort, nous ne pouvons cependant la négliger tout à fait. Malgré toutes les conventions de genre et de mode, elle trahit son auteur par quelque endroit. Les jeunes écrivains ont cet aimable défaut de se livrer, quoi qu'ils en aient ; et Belton, à bien des égards, parle comme sentait Chamfort. Inconnu, il portait allégrement la pauvreté ; mais, pour faire représenter sa pièce, il dut voir les Gentilshommes de la Chambre, les gens de lettres et les comédiens. Il éprouva, dès qu'il chercha à se mettre en vue, ce que la pauvreté traîne avec elle d'embarras qui déconcerte, quels froissements accompagnent la bienveillance qu'elle excite et qui sait mal se distinguer de la pitié, le sentiment de gêne, d'infériorité et de dépendance qu'elle impose à celui sur qui elle pèse, et combien elle rend lourd à porter le fardeau de la reconnaissance. Ce sentiment de pudeur fière, voilà ce qui fait,

---

1. LA HARPE, *Cours de Littérature*, tome XI, p. 428 (Paris, an VIII, in-8°).

comme on disait alors, le nœud de la pièce. Belton ne songerait pas un seul moment à abandonner Betti, s'il ne redoutait

> Le mépris, ce tyran de la société,
> Cet horrible fléau, ce poids insupportable
> Dont l'homme accable l'homme et charge son
> [semblable [1].

Et ce sentiment impatient et ombrageux, cette préoccupation inquiète de préserver sa dignité contre toute atteinte est justement le point résistant autour duquel, pour ainsi parler, devait se former le caractère de Chamfort.

Quelques mois après la représentation de la *Jeune Indienne*, l'Académie lui décerna un prix de poésie pour son *Epître d'un père à son fils sur la naissance d'un petit-fils*. Ici encore nous retrouvons la marque de l'influence de Rousseau ; ce n'est plus du *Discours sur l'Inégalité* et de la *Nouvelle Héloïse* que s'inspire le poète ; l'*Emile* a paru en 1762 ; le grand-père que fait parler Chamfort n'a pas négligé de le lire. Il a même, semble-t-il, devancé quelques-uns des conseils de Rousseau. « Au jour de ta naissance, dit-il à son fils,

> Je te pris dans mes bras ; un serment solennel
> Promit de t'élever dans le sein paternel. »

Rousseau pourtant n'avait pas encore pu écrire la phrase fameuse : « Comme la véritable nourrice est la mère, le véritable précepteur est le père ».

---

1. *Ed.* Auguis, IV, p. 322.

Nous reconnaissons dans l'épître académique l'anathème que Rousseau avait lancé contre « ces risibles établissements qu'on appelle collèges ».

> Loin de lui ces prisons où le hasard rassemble
> Des esprits inégaux qu'on fait ramper ensemble,
> Où le vil préjugé vend d'obscures erreurs
> Que la jeunesse achète aux dépens de ses mœurs.

Sophie même, tant ce grand-père voit loin dans l'avenir, figure dans ces vers :

> Qu'un seul objet, mon fils, t'enchaînant sous sa
> [loi,
> Te dérobe à son sexe anéanti pour toi [1].

Il est clair que cette seconde imitation de Rousseau réussit moins bien à Chamfort que la première, et Grimm a bien raison de dire : « Vous ne serez peut-être pas content de la totalité de ce morceau ; vous n'y trouverez point ce langage touchant et grave qui convient à un père dans la circonstance où le poète l'a placé [2] ». Mais aussi quel étrange sujet à proposer à des jeunes gens que cette lettre d'un aïeul ! Si faible d'ailleurs que fût l'œuvre de Chamfort, elle avait réussi. Le théâtre et les concours académiques étaient alors les deux grandes portes qui donnaient accès à la réputation, elles s'étaient ouvertes pour lui.

Dès lors il prend rang parmi les gens de lettres connus.

---

1. *Ed.* Auguis V, 103 sqq.
2. *Correspondance* de Grimm, VI, 73.

Voltaire qui, sans doute, ne sut pas quel était l'auteur de l'épigramme sur *Candide*, lui avait écrit, au début de 1764, qu'il attendait avec impatience la *Jeune Indienne*, et, dans une seconde lettre, datée du 25 mai : « Je suis persuadé, lui disait-il, que vous irez très loin. » Bien que Voltaire ne fût pas chiche de compliments pour les jeunes auteurs, de pareilles lettres valaient pourtant un brevet de talent. Aussi, d'Alembert lut-il lui-même en séance publique de l'Académie la pièce couronnée de Chamfort [1] ; et certaines anecdotes font croire qu'il y eut entre eux, vers ce temps, des relations assez fréquentes. Chamfort voyait aussi Marmontel, qui, bien qu'il eût perdu récemment le privilège du *Mercure*, n'en était pas moins un des mieux accrédités et des mieux rentés entre les beaux esprits. Duclos surtout semble avoir été le grand introducteur littéraire de Chamfort. « Duclos, dit Aubin, s'aperçut d'une ressemblance frappante entre la tournure d'esprit du jeune Chamfort et la sienne ; il s'empressa d'autant plus volontiers à l'introduire dans le monde » [2] ; et Duclos, en effet, avec sa verve un peu âpre, avec ses brusqueries de langage et la rudesse, au moins apparente, de son caractère, pouvait bien plaire à celui que, dès ce temps-là, Sophie Arnould nommait Dom Brusquin d'Algarade.

Dans le monde des lettres, Chamfort n'avait pas

---

1. Nous trouvons ce détail dans un petit écrit paru à Paris en 1791 sous ce titre : *Petite lettre à M. de Chamfort sur sa longue adresse contre les Académies,* — par un académicien de province. (A la Bibl. nationale, sous la cote Lb^{39} 4938.)

2. *Chamfortiana*, V.

seulement des protecteurs, mais aussi des amis :
c'était Delille, son compatriote, peu connu encore,
mais déjà goûté de ceux qui le connaissaient ; c'était
Sélis, un jeune professeur de rhétorique, plein d'esprit et de bonnes lettres ; c'était Saurin, déjà vieux,
mais bienveillant, aimable, vivant heureux et
souriant près de sa charmante femme ; c'était encore
Thomas et Ducis dont Chamfort admirait la fraternelle amitié ; tous hommes d'un caractère
estimable, de mœurs simples, et qui, quelle que
fût leur doctrine morale, vécurent avec dignité, en
stoïciens pratiques. Nul doute que ces relations
n'aient été profitables à Chamfort ; elles furent sa
sauvegarde aux heures de la jeunesse ; grâce à elles,
au milieu même de ses dissipations, il sut toujours
défendre son honnêteté et sa générosité natives.

Jeune, beau, spirituel, il fut en effet, après son
succès de la *Jeune Indienne*, très fêté et très recherché
dans le monde des théâtres ; son prix académique
lui avait ouvert aussi les salons ; et, à ce moment,
les salons n'étaient pas beaucoup plus sévères que
les coulisses. Chamfort, d'ailleurs, l'a déclaré : il
ne songea pas à vaincre ses passions ; avec elles il
ne sut faire rien autre que les détruire.... en les
satisfaisant. Autant qu'homme du siècle, il eut ce
qu'on a appelé depuis une éducation sentimentale.
Si l'on en croit les *Actes des Apôtres*, Mlle Guimard
fut une des premières femmes qu'il aima : « Mlle Guimard, dit le malin journal, qui imagine des confidences de Chamfort, était[1] alors une des plus
agréables danseuses de la nation ; je me fis une des

---

[1]. *Actes des Apôtres*, tome XX, p. 112.

colombes du char de cette Vénus ». Et ni l'âge, ni les mœurs de la danseuse et du poète ne rendent cette indiscrétion invraisemblable. Ajoutons que, dès 1763, Guimard, déjà riche, avait à Pantin un théâtre de société ; on y représentait des parades de Collé et des vaudevilles de Carmontelle ; n'y put-on pas jouer aussi la *Jeune Indienne*, si fort à la mode, et encore cette *Fanni* qui, d'après le *Dictionnaire dramatique*[1], fut donnée sur un théâtre de salon et dont nous n'avons retrouvé aucune trace ? Cette liaison ressembla, selon toute apparence, à celles de ce genre : orageuse et brève, Chamfort lui fit succéder d'autres amours plus faciles et moins relevées : « Il succomba volontairement, dit Aubin, à toutes les tentations[2] ». Sans calcul (il n'avait pas encore tant d'expérience), il gagnait ainsi l'attention des grandes dames. N'a-t-il pas conté lui-même cette anecdote significative ? « M........., qui avait vécu avec des princesses, me disait : Croyez-vous que M. de L... ait Mme de S... ? — Je lui répondis : il n'en a pas même la prétention ; il se donne pour un libertin, un homme qui aime les filles par-dessus tout. — Jeune homme, me répondit-il, n'en soyez pas la dupe ; c'est avec cela qu'on a des reines[3]. » Homme de plaisir, cela eût suffi à Chamfort, sans son esprit, pour devenir un homme à la mode. Vers ce temps, Mme de Genlis le rencontra chez Mme de Roncé, où

---

1. *Dictionnaire dramatique* (Paris, Lacombe, MDCCLXXVI, tome III, p. 526).
2. *Chamfortiana*, IX.
3. *Éd*. Auguis, II, 31.

il était, ce semble, très en faveur et où il triomphait peu discrètement : « J'allais quelquefois chez Mme de Roncé, ancienne dame de feu Mme la princesse de Condé ; elle recevait du monde tous les samedis ; on y causait, on y faisait de la musique ; j'y jouai quelquefois de la harpe. Je vis chez elle M. de Chamfort qui avait déjà donné la *Jeune Indienne* ; il avait une jolie figure et beaucoup de fatuité [1] ». Un mot de douairière lui avait d'ailleurs fait, dans le monde, la réputation la plus avantageuse. La vieille Mme de Craon, mère de cette marquise de Boufflers, qui fut la *dame de volupté* du roi Stanislas Leckzinski, avait dit de lui un jour dans un cercle de jeunes femmes : « Vous le prenez pour un Adonis, c'est un Hercule ».

Il attirait en même temps l'attention des grands seigneurs et des hommes en place. Nous avons vu le duc de Duras, un des quatre Gentilshommes de la Chambre, et d'Argental, l'homme d'affaires littéraire de Voltaire, s'occuper très fort de lui lors de la première représentation de la *Jeune Indienne*. Mais le duc de La Vallière surtout semble avoir été son premier patron. Grand amateur de livres, très riche et très prodigue, s'entourant volontiers de gens de lettres, le duc de La Vallière fréquentait aussi les déesses d'Opéra. C'est lui qui, voyant un jour la petite Lacour sans diamants, « s'approche d'elle et lui demande comment cela se fait : « C'est, lui dit-elle [2], que les diamants sont la croix de Saint-

1. *Mémoires* de Mme DE GENLIS (Paris, chez Ladvocat, tome I, p. 291).
2. *Éd.* AUGUIS, II, 28.

Louis de notre état ». Et, comme il aimait l'esprit, sur ce mot, il devint d'elle amoureux fou. Par surcroît, il était métromane ; ou plutôt, suivant la tradition de Richelieu, il composait des livrets de ballet, des divertissements pour les spectacles de la cour, et les faisait versifier par des auteurs à ses gages. C'est ainsi que Chamfort, qu'il avait dû rencontrer à l'Opéra, lui servit de *teinturier littéraire*, comme dit Papillon de la Ferté, pour les deux ballets héroïques de *Palmire*, et *Zénis et Almasie*, joués devant le roi en 1765[1]. Chamfort, comme il convient, disait très haut qu'il n'était pour rien dans ces ouvrages. « M. de Chamfort, écrit Grimm, s'en défend comme d'un meurtre ; il prétend qu'on a assez de ses propres péchés sans se charger des péchés d'autrui[2]. » Mais il avait beau dire ; on parlait beaucoup de lui à cette heure ; on annonçait qu'il préparait une tragédie de *Polyxène* et un *Pharamond* ; ses relations avec le duc de La Vallière engageaient tout le monde à croire qu'il avait pour lui tenu la plume ; et la maligne Sophie Arnould ne l'appelait plus que le « manteau ducal ».

Ces rapides succès dans le monde et dans les lettres grisèrent Chamfort. Assez peu disposé à la modestie, il ne se garda pas de l'infatuation. Plus tard il l'a confessé lui-même : « M*** avait montré beaucoup d'insolence et de vanité après une espèce de succès au théâtre (c'était son premier ouvrage). Un de ses amis lui dit : Mon ami, tu sèmes les ron-

---

[1]. *Journal* de PAPILLON DE LA FERTÉ (à la date du 30 juin et du 31 juillet 1765).
[2]. *Correspondance* de GRIMM, VI, 398.

ces devant toi ; tu les retrouveras en repassant ».
De même ses bonnes fortunes aisées lui firent perdre toute prudence. Très épris du plaisir, il s'y livra avec la fougue de son tempérament et de son âge ; et, durant ces années où, comme il dit, « on se sert de son estomac pour s'amuser et de sa personne pour tuer le temps »[2], il usa et abusa de sa santé. Il finit par la compromettre, ou plutôt par la perdre pour toujours. Tombé gravement malade, « ses nerfs, dit Ginguené, restèrent affectés et des humeurs âcres se jetèrent sur ses yeux ».

A cette heure il éprouva vraiment une extrême détresse. Les quelques louis de son prix académique, les 524 livres qu'il avait retirées des représentations de la *Jeune Indienne*, la maigre rétribution qu'il touchait au *Journal Encyclopédique*, sans doute aussi quelques largesses du duc de La Vallière, lui avaient permis de vivre au jour le jour ; mais, la maladie arrivée, que devenir ? Heureusement Saurin et sa femme lui vinrent en aide ; son rétablissement fut lent et incomplet ; mais enfin, après quelques mois, tout travail ne lui était plus interdit. Le bon abbé de La Roche, un ami des Saurin, aurait voulu le préserver à tout jamais contre le retour d'heures si pénibles. Il s'entremit pour lui, et, si Chamfort y eût consenti, il eût pu devenir le gouverneur de deux jeunes Anglais, qu'il aurait eu pour mission de guider dans un voyage en Italie ; le voyage achevé, il eût reçu une rétribution de 40,000 livres. Mais l'argent ne le tentait pas ;

1. *Ed.* Auguis, II, 98.
2. *Ed.* Auguis, I, 374.

quand on lui proposa cette place lucrative : « Je sais, dit-il, qu'on vit avec de l'argent ; mais je sais aussi qu'il ne faut pas vivre pour de l'argent »¹. Le monde, où il avait eu des triomphes d'amour-propre, l'attire et le retiendra longtemps encore ; il n'est point désabusé, tant s'en faut, des joies que donne la réputation littéraire ; et il se peut bien aussi qu'il se fasse illusion sur sa vocation poétique.

Le libraire Panckoucke lançait alors une grande entreprise de librairie ; il recrutait des collaborateurs pour la publication de son *Grand Vocabulaire français*, destiné à remplacer tous les dictionnaires en usage, toutes les encyclopédies connues. Le tome I de cette compilation, qui n'en compte pas moins de trente, parut en 1767. Panckoucke enrôla Chamfort, qui, d'après Sélis, serait l'auteur de plusieurs volumes de ce *Grand-Vocabulaire*. Sélis veut dire sans doute qu'il composa la valeur de plusieurs volumes ; il est certain, en tout cas, qu'il fut chargé de rédiger les articles de dramaturgie ; car dans les in-octavo massifs du *Grand Vocabulaire* nous avons retrouvé des pages entières que Chamfort inséra plus tard, presque sans y retoucher, dans le *Dictionnaire dramatique* paru en 1776. Probablement aussi certains articles de critique littéraire, de grammaire peut-être, sont de sa main ; et, si ce travail n'a rien de brillant, il atteste au moins que Chamfort, quoi qu'on en ait pu dire, sut, quand il le fallait, être laborieux.

En ces années 1766 et 1767, tandis qu'il portait

---

1. *Éd.* Auguis, II, 120.

courageusement le poids de cette lourde besogne,
il s'essaya encore à des compositions poétiques.
Un *Discours* philosophique en vers sur l'*Homme de
Lettres* (1766) ne fut point couronné par l'Académie;
c'est La Harpe qui emporta le prix. Des odes sur
la *Grandeur de l'Homme* (1767), sur les *Volcans*, sur
la *Vérité* (1768), passèrent à peu près inaperçues ;
et c'est en vérité ce qui pouvait leur arriver de
mieux. La Harpe n'a été ni injuste ni trop dur
pour ces vers, lorsqu'il dit à ce sujet : « Elles (ces
odes) sont écrites avec assez de correction et de
pureté, comme le sont d'ordinaire les productions
de cet écrivain ; mais elles sont aussi frappées de
froideur et de langueur, comme tout ce qu'il a composé en poésie noble » [1]. Chamfort, heureusement,
ne récidiva plus ; il était assez avisé pour comprendre qu'il se trompait de voie. A dater de ce moment, sauf sa tragédie de *Mustapha*, ses épigrammes et ses contes, simples jeux de société, il
n'écrivit plus rien qu'en prose.

Toutes ces œuvres de début ne laissent point
pressentir ce que Chamfort sera un jour, et ne permettent presque jamais de deviner ce qu'il était
alors ; sa personnalité ne s'y marque point ; tout
au plus s'y trahit-elle en quelques rares rencontres
que nous avons signalées. Et pourtant il y aurait
intérêt à savoir au juste quelle opinion l'on doit se
faire de son caractère à ce moment de sa vie.
« L'idée qu'il a imprimée de lui, dit Sainte-Beuve [2],
est celle..... d'une sorte de méchanceté en-

---

[1]. *Cours de littérature*, tome IX, p. 123 sqq.
[2]. *Causeries du Lundi*, IV, 539.

vieuse ! » Nous pensons que c'est trop dire ; mais on ne peut, en tout cas, nier son amertume et sa causticité. Si l'on veut le juger en toute justice, n'importe-t-il pas de se demander si cette causticité et cette amertume étaient en germe dans son âme, s'il les tenait de son propre fond, ou si c'est, au contraire, à l'école de la vie qu'il prit des leçons de désenchantement ?

Cette question ne saurait se résoudre très aisément. Les mémoires et les correspondances parlent peu alors de Chamfort dont la notoriété est toute fraîche et encore assez restreinte ; les confidences qu'il a faites plus tard ne se rapportent guère qu'à l'époque où il avait atteint la quarantaine. Il nous faut pourtant essayer, en ajoutant quelques traits à ceux que nous avons notés au passage, de saisir ce qu'aux heures de la jeunesse il y eut d'essentiel dans sa conduite et dans sa physionomie morale.

Homme de plaisir, à une époque d'extrême licence, il eut du moins cette excuse à son dérèglement, qu'il s'y livra avec une sorte de bonne foi. Plus tard, une femme lui dit, un jour, ce mot curieux : « Je n'aime pas les gens d'esprit en amour : ils se regardent passer[1] ». Elle entendait qu'ils ne perdent jamais la tête, qu'ils ne s'oublient pas. Lui, s'oubliait à cette heure. Il payait de sa personne sans ménagement et sans calcul. Point de calcul de bas intérêt ; et des calculs de ce genre étaient trop peu rares ; point de calcul d'ambition,

---

1. J'emprunte ce mot à quelques pensées inédites de Chamfort qui m'ont été gracieusement communiquées par M. Charavay.

et ceux-là étaient plus communs encore. Ne sait-on pas tout ce que Marmontel et Rulhierre, pour n'en point citer d'autres, durent à leurs belles amies ? Chez Chamfort nous ne voyons pas non plus trace de cette rouerie, de ces perfidies méchantes avec les femmes, que la mode autorisa et recommanda même vers ce temps. « Je n'ai pas toujours été aussi Céladon que vous me voyez, dit-il quelque part. Si je vous comptais trois ou quatre traits de ma jeunesse, vous verriez que cela n'est pas trop honnête, et que cela appartient à la meilleure compagnie [1]. » Mais ne prenons point cela pour un aveu ; il a voulu seulement, en parlant ainsi, se donner une occasion de lancer une épigramme contre les gens du bel air. « Dans ma jeunesse, dit-il, ailleurs, j'aimais à intéresser, j'aimais peu à séduire, et j'ai toujours détesté de corrompre » [2]. C'est ici qu'il est sincère. Emporté par l'ardeur de ses sens, il se peut qu'il n'eût pas grand respect pour les femmes et ne trouvât de bon en elles que ce qu'elles ont de meilleur. Mais pourtant il n'avait de mépris ni pour les femmes, ni pour l'amour. Le libertinage, qui ruina sa santé, ne le rendit pas incapable de tendresse. « Un jeune homme sensible et portant l'honnêteté dans l'amour était bafoué par des libertins qui se moquaient de sa tournure sentimentale. Il leur répondit avec naïveté : Est-ce ma faute à moi si j'aime mieux les femmes que j'aime que les femmes que

---

1. *Éd.* Auguis, I, 411.
2. *Éd.* Auguis, II, 95.

je n'aime pas » [1] ? Chamfort nous a la mine d'avoir été le héros de cette anecdote.

Epris de la réputation autant que des femmes, il la rechercha avec vivacité, ; mais il ne mit point d'âpreté à la poursuivre. N'est-ce pas un fait digne de remarque qu'il n'essaya point de faire violence à la gloire, qu'il ne songea point à la conquérir en dépit de Minerve, aux dépens de son naturel ? Malgré ses succès, il comprit vite qu'il n'était pas né pour la poésie et y renonça. C'est, dira-t-on, de la paresse ; il se peut. Mais un renoncement si facile et si prompt se concilie-t-il bien avec cette énergie ardente, qui, au gré de Sainte-Beuve, aurait trop tôt brûlé son âme et tari en lui toute sensibilité ? Dans ses démarches pour se faire valoir, pour faire valoir ses œuvres, trouve-t-on rien qui trahisse la jalousie, l'envie, le désir de se pousser à l'exclusion de ses rivaux ? Tout ce que l'on sait au contraire de ses rapports avec les gens de lettres indique qu'il y apporta beaucoup de réserve, de loyauté et une humeur pacifique peu commune chez les jeunes littérateurs de l'époque. Voltaire reçoit en hommage les œuvres de Chamfort ; mais c'est là une marque de déférence à laquelle nul ne se soustrait alors ; Chamfort est respectueux avec le patriarche, il ne lui fait point sa cour. Quand il brigue les couronnes académiques, il voit Marmontel, Duclos, d'Alembert : ce sont démarches que l'usage impose. Chamfort est poli avec ses juges ; dans ses œuvres, on ne trouve pas un mot

---

1. *Éd.* Auguis, II, 7.

de flatterie à leur adresse. Les coteries s'ouvrent sans peine aux gens pressés d'arriver; grâce à elles, on travaille commodément à détruire ses rivaux ; Chamfort fuit les coteries, au lieu de s'y engager. Après le succès de la *Jeune Indienne*, il est, nous dit Sélis, recherché « par ce qu'on appelait alors le parti philosophique ». Il se dérobe. Serait-ce qu'il compte sur des appuis dans le parti adverse ? Point. Car Fréron, c'est toujours Sélis qui l'atteste, « l'honora de ses mépris ». Avec sa verve de vingt-cinq ans, il est, à coup sûr, de ceux dont on peut dire qu'ils sont en état perpétuel d'épigramme contre leur prochain ; voit-on, lorsque son carquois est si bien garni, qu'il ait lancé quelques traits contre ses émules ? En aucune façon ; il n'est mêlé à aucune polémique. La Harpe est, dès ce temps, redouté et honni. « Je ne connais pas ce jeune homme, dit Grimm, pas même de figure. Il a du talent ; on dit généralement qu'il a encore plus de fatuité, et il faut qu'il en soit quelque chose, car il a une foule d'ennemis, et son talent n'est ni assez décidé, ni assez éminent pour lui en avoir attiré un si grand nombre [1]. » A ce moment on ne connaît pas d'ennemi littéraire à Chamfort.

Déjà son ambition, je crois bien, ne s'enfermait pas dans le domaine de la littérature. Depuis la mission de Voltaire près de Frédéric, beaucoup de gens de lettres espéraient être mêlés aux grandes affaires. Bernis n'était-il point arrivé au ministère ? et l'on savait qu'il devait sa fortune, non pas à sa mince noblesse, mais à ses vers qui n'étaient

---

1. *Correspondance* de Grimm, VIII, 48-49.

pourtant que de bien petits vers. Pourquoi se fût-on interdit les vastes espoirs ? Grands seigneurs et monarques étrangers faisaient des avances flatteuses aux poètes et aux philosophes de la France ; ne semblait-il pas qu'en France leur heure fût tout près de venir ? Chamfort chercha donc à s'ouvrir un accès dans le monde, et il est vrai qu'il réussit à y plaire, sinon sans le vouloir, au moins sans s'y efforcer. Vers 1770, Grimm a tracé un portrait du Chamfort qu'on voyait alors dans les salons :

« M. de Chamfort, dit-il, est jeune, d'une jolie figure, ayant l'élégance recherchée de son âge et de son métier. Je ne le connais pas, mais s'il fallait deviner son caractère d'après sa petite comédie (le *Marchand de Smyrne*), je parierais qu'il est petit maître ; bon enfant au fond, mais vain, pétri de petits airs, de petites manières,... en un mot, de cette pâte mêlée dont il résulte des enfants de vingt à vingt-cinq ans, assez déplaisants, mais qui mûrissent cependant et qui deviennent, à l'âge de trente à quarante ans, des hommes de mérite[1]. »

Grimm, il est vrai, dit qu'il ne connaît point Chamfort ; mais soyez sûr que ce portrait n'est pas de pure invention : Grimm est de ceux qui se renseignent. Or ce petit maître, bon enfant, qu'il nous peint, ressemble-t-il en aucune façon à un ambitieux inquiet et morose ?

Orgueilleux ? Ah ! certes, il ne manqua pas d'orgueil, si, par orgueil, on entend qu'il eut le souci de ne rien laisser entreprendre sur son indépendance et sur sa dignité. Très jeune, avant

---

[1]. *Correspondance* de Grimm, VIII, 448.

d'être devenu méfiant, il sentit que, dans la société de son temps, c'étaient là des biens sur lesquels il fallait toujours veiller. Le monde lui plaisait, mais à la condition d'y être traité sur le pied d'égalité. Il était pauvre et plébéien ; il se gardait de l'oublier, mais n'eût pas toléré qu'on le lui rappelât, si l'on eût ainsi voulu lui faire entendre qu'il était inférieur. « Un homme de lettres, à qui un grand seigneur faisait sentir la supériorité de son rang, lui dit : « Monsieur le duc, je n'ignore pas ce que je dois savoir ; mais je sais aussi qu'il est plus aisé d'être au-dessus de moi qu'à côté [1]. » Voilà une réplique de Chamfort dans le monde et quelle attitude il y prenait. Attitude honorable, mais pas toujours aisée. « On s'apercevait à ses manières, nous dit Aubin, qu'il n'était pas né dans le grand monde ; il y était gauche, et crut remplacer ce défaut d'aisance en s'y mettant trop à son aise [2]. » Assurément c'est dans des sentiments de fierté qu'il puisait les principes de sa conduite : « L'homme le plus modeste, en vivant dans le monde, doit, s'il est pauvre, avoir un maintien très assuré et une certaine aisance qui empêchent qu'on ne prenne quelque avantage sur lui. Il faut, dans ce cas, parer sa modestie de sa fierté [3] ». Mais, dans la pratique, il dut arriver que sa fierté dégénéra en orgueil.

Et d'ailleurs, reconnaissons-le sans difficulté, il ne fut pas exempt d'orgueil tout pur et tout simple,

1. *Éd. Auguis*, II, 146.
2. *Chamfortiana*, X et XI.
3. *Éd. Auguis*, I, 396.

sans équivoque possible. Lui-même n'a pas dissimulé sa fatuité après son premier succès littéraire. Mme de Genlis nous dit qu'il lui a paru très fat chez Mme de Roncé, et Diderot, si bienveillant pour les jeunes, témoigne dans le même sens : « C'est, dit-il (en 1767), un petit ballon dont une piqûre d'épingle fait sortir un vent violent[1]. » Mais l'orgueil qui fait de pareils éclats peut être désagréable ; il n'indique point une nature sèche, froide et mauvaise.

Au reste, des témoignages positifs assurent qu'il y avait dans l'âme de Chamfort des sentiments puisés aux sources les plus vives et les plus pures de la sensibilité. En passant, nous avons parlé des soins qu'il prit de sa mère. Il faut y insister, et dire qu'au milieu de ses désordres, au milieu de ses succès, ni ses secours ni sa tendresse ne manquèrent jamais à l'humble Thérèse Croiset. « J'applaudissais à sa piété vraiment filiale pour sa mère qu'il soulageait. Elle vieillit assez pour jouir des bienfaits d'un fils qui venait la chercher dans l'ombre, où il ne rentrait plus que pour elle[2]. » Les bons fils ne sont pas rares heureusement ; les bons camarades sont moins communs, et Chamfort fut bon camarade. Sa camaraderie allait volontiers jusqu'à l'amitié. Lié, dans sa jeunesse, avec Bret, qui collaborait au *Journal Encyclopédique*, il eut toute sorte d'égards pour ce compagnon plus âgé que lui, qu'il soigna dans sa dernière maladie et à qui il ferma les yeux. Au risque

---

1. Diderot, *Éd.* Assézat, XI, 375.
2. *Chamfortiana*, VII.

de se compromettre, il épousait chaleureusement la cause de ceux qu'il croyait devoir lui être chers. C'est pour Rulhierre qu'il eut avec Marmontel cette algarade qu'a contée Diderot[1] ; à la veille de concourir pour un prix académique, il attaquait un jugement de l'Académie parce qu'il lui paraissait léser un ami.

Rien, en somme, dans la jeunesse de Chamfort, ne permet de prendre mauvaise idée de son caractère. Ne pardonne-t-on pas aux jeunes gens du libertinage, quelque ambition et un peu d'orgueil, surtout lorsque ces défauts sont compensés par du désintéressement, par le goût de l'indépendance, le respect des devoirs de famille et par ce que La Fontaine appelait « le don d'être ami » ? D'Argenson dit dans ses Mémoires que le siècle fut atteint à un moment d'une *paralysie du cœur* ; c'est une maladie que Chamfort jeune ne connut pas.

[1]. Diderot, Éd. Assézat, XI, 375.

CHAPITRE III

SES SUCCÈS A L'ACADÉMIE ET AU THÉATRE.

Jusqu'aux approches de la quarantaine, jusque vers 1780, rien dans la vie ou les œuvres de Chamfort ne nous semble annoncer ce que l'on a nommé sa misanthropie et son pessimisme. Nous ne le voyons ni aigri, ni assombri, ni désenchanté, pas même assagi encore ; car le plaisir a beau lui avoir coûté la santé, il l'aime toujours et n'y renonce pas. Il nous paraît seulement plus enclin aux pensées sérieuses et même mélancoliques. La maladie l'oblige fréquemment à faire des retours sur lui-même : le souci des affaires publiques, qu'il sent aussi vivement qu'aucun homme de son temps, l'invite à examiner la société au milieu de laquelle il vit ; ses travaux littéraires enfin le poussent à observer la nature humaine. N'est-ce pas à ce moment qu'il écrit ses dissertations sur Molière et sur La Fontaine, c'est-à-dire sur les deux hommes qui, peut-être, dans l'étude des mœurs, ont apporté le plus de haute clairvoyance et de sincérité ? C'est vraiment l'époque où Chamfort fait son apprentissage de moraliste.

Avant même qu'il eût définitivement renoncé à la poésie, la politique l'attirait déjà. Vers 1766, l'Académie de Marseille mit au concours la question suivante : *Combien le génie des grands écrivains influe sur l'esprit de leur siècle.* Chamfort concourut, et, en 1767, remporta le prix. Il n'y aurait pas lieu de s'arrêter sur ce discours dont la forme grandiloquente rappelle trop le goût de Thomas, dont les idées sont incertaines et la composition assez flottante, si l'on n'y voyait le jeune auteur bien moins préoccupé de la beauté des œuvres et de leur action sur les âmes, que de leur utilité et de leur influence sur le développement des idées politiques. Dans ces pages, entre les grands écrivains du xviii° siècle, Voltaire n'est pas même nommé ; bien plus, il n'y est pas fait allusion. Au contraire, Chamfort adresse à Montesquieu cette vibrante apostrophe :

« O toi ! citoyen législateur des rois, sublime et profond Montesquieu, qui as fait remonter la philosophie vers le trône des souverains et qui fus le Descartes de la civilisation, sera-t-il vrai que l'ouvrage immortel que ton génie mit vingt années à produire ne servira qu'à nourrir la vaine gloire de ta patrie ? Les hommes, toujours aveugles, tiendront-ils dans leurs mains le code sacré de la raison publique sans le concevoir ? et, après l'avoir stérilement admiré, finiront-ils par le déposer, comme un vain ornement, dans le temple des Beaux-Arts, au lieu de le faire servir à leur bonheur ?

« Non..... Après avoir été barbares et ignorants, superstitieux et fanatiques, philosophes et frivoles, peut-être finirons-nous par devenir des hommes et des citoyens [1]. »

Et ailleurs, dans une apostrophe aux rois (car les apostrophes abondent dans cette œuvre de jeunesse) :

1. *Éd.* Auguis, I, 216.

« O rois, s'écrie-t-il, gardez-vous de croire que vous régnez seuls sur les nations et que vos sujets n'obéissent qu'à vous... Vous tenez dans vos mains le gouvernail de l'État ; mais c'est un vaisseau porté sur une mer inconstante et mobile, sur l'esprit national et sur la volonté de l'homme : si vous ne savez vous rendre maîtres de la force et de la direction de ce courant inévitable et insensible, il entraînera le vaisseau loin du but que le pilote se propose. Ce courant agit dans le calme comme dans la tempête ; l'on aperçoit trop tard, près de l'écueil, la grandeur de son effet imperceptible dans chaque instant. Et s'il se meut dans un sens contraire au mouvement que vous imprimez au gouvernail, qui pourra l'arrêter ou le changer[1] ? »

On voit, dans ces lignes, que si Chamfort n'appelle pas encore la Révolution, au moins il la prévoit ; évidemment les questions politiques le préoccupent dès ce temps ; il ne les traita point dans des écrits spéciaux, sans doute parce qu'il vivait à une époque « où l'Almanach de Liège est interdit de temps en temps[2] » ; mais on ne peut douter qu'elles aient tenu une large place dans ses réflexions et ses entretiens ; et à certaines allusions on s'aperçoit même que, dans ses œuvres purement littéraires, il ne les perd point de vue.

En 1768, l'Académie française mit au concours l'éloge de Molière. Depuis 1755, grâce à l'intervention de Duclos, elle avait cessé de proposer aux concurrents pour le prix d'éloquence d'insipides lieux communs, des textes de sermons, des versets de l'Évangile, ou des paraphrases édifiantes. On avait dès lors pris pour sujet de ces discours les

---

1. *Éd.* Auguis, II, 218.
2. *Éd.* Auguis, II, 108.

grands hommes qui avaient servi et illustré la France. A cette révolution académique on devait déjà les pièces d'éloquence de Thomas sur le maréchal de Saxe (1759), d'Aguesseau (1760), Duguay-Trouin (1761), Sully (1763) et Descartes (1765).

Il était temps qu'après ces guerriers, ces hommes d'Etat et ce philosophe, l'illustre compagnie songeât enfin à faire louer un littérateur. De plus, en proposant l'éloge de Molière, il semblait que l'Académie fît amende honorable à la mémoire de ce grand poète qu'elle n'avait point accueilli durant sa vie. Les concurrents se trouvaient dans une situation piquante, qui leur permettait de se dire que, s'ils remportaient le prix, leur travail serait en quelque façon le discours de réception posthume de Molière. Ces circonstances, sans parler de l'intérêt qui s'attache à l'œuvre de Molière et à sa vie, offraient de quoi tenter un jeune homme de talent ; Chamfort se mit donc sur les rangs, et eut, dans cette lutte, à se mesurer avec des rivaux de mérite, La Harpe, entre autres, déjà connu au théâtre, et Sylvain Bailly, qui faisait partie de l'Académie des Sciences. Chamfort l'emporta (1769) et la séance où le prix lui fut décerné eut une solennité inaccoutumée.

« Quand Messieurs sont entrés pour se mettre en place, disent les Mémoires de Bachaumont, on a été surpris de voir siéger parmi eux un abbé qu'on ne connaissait pas ; M. Duclos, le secrétaire de l'Académie, a éclairci l'embarras général, en annonçant que M. l'abbé était un Pocquelin, petit neveu de Molière. Tout le monde a applaudi à cette distinction par des battements de mains multipliés. Ensuite, M. l'abbé de Boismont, Directeur, après avoir fait une espèce d'amende honorable à Molière, au nom de l'Académie, qui, le comptant au rang de ses maîtres, le voyait toujours avec une douleur amère omis entre ses membres, a déclaré que, pour réparer cet outrage autant qu'il était en elle, elle avait proposé son éloge au concours des jeunes candidats ; que M. de Chamfort avait obtenu le prix ; que trois autres pièces avaient fait regretter aux juges de n'avoir qu'un prix à donner et qu'une quatrième avait approché de très près celles-ci. Duclos s'était levé ensuite, pour inviter les auteurs qui avaient concouru avec Chamfort, à faire imprimer leurs pièces pour que le public pût juger, approuver ou casser l'arrêt de l'Académie, et il avait ajouté : « Nous nous croyons plus forts qu'un particulier, mais le public est plus fort que nous [1]. »

Il est bien vrai que le discours de Chamfort ne reste pas trop indigne de tout cet apparat avec lequel il fut couronné. Pourtant, dans sa *Correspondance*, Grimm le maltraite fort.

« Si, dit-il, le prix de l'Académie est fondé pour des enfants qui babillent bien, elle a bien fait de couronner le discours de M. de Chamfort, et je me persuade aisément que c'était le meilleur de ceux qui ont concouru..... Les petites fleurs de rhétorique, les petites vues, les petites réflexions, même celles qui ont encore un air de nouveauté pour bien des gens, ne sauraient se procurer aujourd'hui un succès durable. L'art d'arranger les idées courantes avec un peu d'ordre et une certaine facilité et pureté est le mérite du siècle, de la culture générale, non de l'auteur [2]. »

Quand il écrit ces lignes, Grimm n'est pas en humeur d'indulgence, pas même de justice ; il se

1. *Mémoires secrets* de BACHAUMONT réunis et publiés par P.-L. JACOB. (Paris, 1859, in-18, p. 360-361.)
2. *Correspondance* de GRIMM, VIII, 448 sqq.

peut qu'il ne pardonne pas à Chamfort d'être patronné par Duclos, devenu la bête noire de Mme d'Epinay ; et même je suis assez tenté de croire que Grimm condamne ce qu'il n'a pas lu. N'en fait-il pas à demi l'aveu ? « Quand j'ouvre, dit-il, l'Eloge de M. Chamfort et que je vois, dès la première ligne, l'Académie appelée le *sanctuaire des lettres*, le ton m'est donné, et je n'ai plus envie de lire. » Et vraiment, il a bien tort. Voltaire n'avait pas de ces dédains. Il écrivait au jeune lauréat une lettre fort obligeante, où l'on peut distinguer, à travers les formes de la politesse, l'estime réelle qu'il fait de son talent[1].

C'est en effet une œuvre de talent, sinon un chef-d'œuvre, que cet *Eloge de Molière* et qui vaut qu'on l'analyse. — Malgré les habitudes et les conventions académiques, qui réclamaient surtout de l'éloquence, c'est-à-dire de la rhétorique, Chamfort a écrit un morceau de critique exact, solide et agréable. Il commence par marquer rapidement, mais avec netteté, comment, à l'époque où débuta Molière, la société française présentait l'aspect le plus favorable aux tentatives d'un poète comique : au sortir des guerres civiles, il y a, dans les mœurs, une certaine âpreté, une certaine rudesse, qui contraste avec les idées nouvelles que la culture classique a répandues depuis la Renaissance. Tous les travers « se présentaient avec une franchise et une bonne foi très commodes pour le poète comique ; la société n'était point encore une arène où l'on se mesurât des yeux avec une défiance déguisée

---

1. VOLTAIRE, *Correspondance*. Lettre du 27 septembre 1769.

en politesse¹ ». — Puis nous assistons à l'éducation de Molière, et, avec raison, Chamfort insiste sur tout ce que la liberté de son esprit dut aux leçons de Gassendi : « Il eut l'avantage de voir de près son maître combattre des erreurs accréditées dans l'Europe, et il apprit de bonne heure ce qu'un esprit sage ne sait jamais trop tôt, qu'un seul homme peut quelquefois avoir raison contre tous les peuples et contre tous les siècles² ». Enfin Chamfort refait avec Molière les lectures par lesquelles il nourrissait son talent et préparait sa poétique : ce qu'il dut aux théâtres grec, latin, espagnol, italien, ce qu'il emprunta aux dialogues de Platon, aux satires d'Horace et de Lucien, aux contes de Boccace, aux romans de Cervantès, aux nouvelles et joyeux devis de nos conteurs gaulois et même aux *Provinciales* de Pascal, comment il profita de tant d'éléments divers pour se faire une conception personnelle de son art, tout cela est analysé en quelques pages pleines et précises ; pour qui voudrait faire une étude des sources de Molière, il n'y aurait, en somme, qu'à reprendre ces pages et à les développer. On sent que l'érudition de Chamfort n'est point de seconde main ; mais, enfermé dans les limites d'un discours académique, il n'avait point le loisir de lui donner carrière. Il arrive donc vite à ce qui est son objet propre : « saisir le génie de ce grand homme et le but philosophique de son théâtre³ ». A son gré, l'originalité de Molière con-

---

1. *Ed.* Auguis, I, 4.
2. *Ed.* Auguis, I, 5.
3. *Ed.* Auguis, I, 12.

sisté à avoir fait jaillir la source du comique des caractères mêmes de ses personnages. « Le comique ancien, dit-il, naissait d'un tissu d'événements romanesques qui semblaient produits par le hasard, comme le tragique naissait d'une fatalité aveugle. Corneille, par un effort de génie, avait pris l'intérêt dans les passions; Molière, à son exemple, renversa l'ancien système ; et, tirant le comique du fond des caractères, il mit sur la scène la morale en action et devint le plus aimable précepteur de l'humanité qu'on eût vu depuis Socrate¹. » Nous ne pensons pas autrement aujourd'hui et nul critique n'a mieux défini la révolution opérée par Molière. Chamfort n'indique pas moins heureusement comment Molière, tout en ayant une haute idée de la dignité de son art, sut ne pas se faire d'illusion sur sa portée et ne point passer les limites au delà desquelles il cesse de pouvoir être utile. « Il conçut qu'il aurait plus d'avantage à combattre le ridicule qu'à s'attaquer au vice. C'est que le ridicule est une forme extérieure qu'il est possible d'anéantir ; mais le vice, plus inhérent à notre âme, est un Protée qui, après avoir pris plusieurs formes, finit toujours par être le vice. Le théâtre devint donc en général une école de bienséance plutôt que de vertu². » Notons aussi que Chamfort témoigne pour la verve déployée dans les farces une admiration que nous trouvons pleinement justifiée, mais qui put bien surprendre les hommes du xviii° siècle; en ce temps, on croyait avoir assez fait pour notre

---

1. *Ed.* Auguis, I, 12.
2. *Ed.* Auguis, I, 14.

grand comique, en lui pardonnant en faveur du *Misanthrope*, d'avoir écrit *M. de Pourceaugnac*. — Après cette étude du talent de Molière, vient celle de son caractère, de son âme, comme dit Chamfort, qui, en quelques pages exactes, pénétrantes et émues, nous montre comment ce poète unique fut aussi un homme supérieur. Enfin le discours s'achève par l'examen des efforts qui ont été tentés par ceux qui ont succédé à Molière. « Tout ce que peut faire l'esprit, venant après le génie, on l'a vu exécuté [1]. » On a même essayé de renouveler la scène en y introduisant la comédie attendrissante et le drame réaliste. Mais, bien que les mœurs offrent une ample matière à la comédie, « rien n'a dédommagé la nation forcée enfin d'apprécier ce grand homme, en voyant sa place vacante pendant un siècle [2]. »

Si brève que soit notre analyse, elle permet pourtant de voir qu'il y a autre chose dans l'*Eloge de Molière* que ce babil dont parle Grimm. « L'art d'arranger les idées courantes avec un peu d'ordre et une certaine facilité et pureté » ne serait point un mérite à dédaigner ; mais il semble bien, quoi que Grimm puisse en dire, qu'on trouve plus que des idées courantes dans le discours de Chamfort. J'ouvre le cours de littérature de La Harpe ; je lis le chapitre qu'il a consacré à la comédie, au siècle de Louis XIV ; je reconnais sans peine, à certaines formules oratoires, qui paraissent là un peu dépaysées, qu'il y a fondu son *Eloge de Molière*

1. *Ed.* Auguis, I, 26.
2. *Ed.* Auguis, I, 27.

présenté naguère à l'Académie ; et je ne vois pas qu'il nous dise rien des circonstances heureuses que rencontra le génie de Molière à ses débuts ; rien non plus sur l'élaboration de son talent qui s'assimile, en les transformant, tant d'éléments divers ; rien sur l'heureuse influence qu'exerça sur son esprit l'enseignement de Gassendi. En vain je cherche aussi les vues de Chamfort sur le caractère et la portée philosophique de la comédie de Molière. Et, comme La Harpe, en somme, a été surtout l'interprète des idées et des opinions des lettrés de son temps, je me persuade, malgré Grimm, que « les petites réflexions » de Chamfort sont plus personnelles que l'auteur de la *Correspondance* ne veut l'avouer. Ce qu'on ne saurait nier en tout cas, c'est que le discours de Chamfort soit animé d'un bout à l'autre par une admiration émue, sincère, sans déclamation. Qu'il ait profité des idées d'autrui pour comprendre Molière, il se peut ; mais il l'a directement et pleinement goûté ; il nous le fait goûter ; et son *Eloge* reste très digne d'ouvrir la longue liste des travaux qui, depuis lui, ont été écrits sur l'auteur de *Tartufe* et du *Misanthrope*.

C'est sans doute ce commerce intime avec Molière qui engagea Chamfort à tenter pour la seconde fois la fortune au théâtre. En 1770, le 16 janvier, la Comédie-Française représenta le *Marchand de Smyrne*. C'est un acte en prose, très court, mais fort agréable et qui réussit bien, puisqu'il eut treize représentations consécutives. Grimm, qui, à cette heure, a bien décidément de l'humeur contre Chamfort, confesse de mauvaise grâce que c'est « une jolie bagatelle », mais qui, ajoute-t-il, « n'annonce rien du tout, et ne tient pas plus que sa *Jeune Indienne* ne promettait autrefois [1] ». L'appréciation de Collé, plus sommaire, est encore moins favorable : « Cette pièce, dit-il, est un rien ; il a été accueilli comme tel [2] ». On s'explique mal la dureté de pareils jugements. Il n'y avait point de prétention dans ce petit acte, qui n'est qu'une bluette à scènes épisodiques. Chamfort ne s'était pas même donné la peine de se mettre en quête d'un canevas ; il l'avait emprunté à l'histoire de Topalosman, que Fuzelier avait déjà mise au théâtre dans un des actes de ses *Indes galantes*. Mais, sur cette donnée d'un romanesque un peu banal, il avait semé d'une main légère de jolis détails, des traits de satire rapides et spirituels, de vives épigrammes contre les médecins, les jurisconsultes, les abbés et les gentilshommes, *gens de dure défaite*, dit le *marchand d'esclaves*, qui est le protagoniste, parce qu'ils n'ont d'autre valeur que celle que leur donnent les conventions d'une société artificielle et parce qu'ils sont incapables de tout service utile. L'auteur n'attachait pas lui-même grande importance à son œuvre, puisque, au témoignage de Rœderer [3], il disait, en 1789, que, s'il l'avait encore en portefeuille, il la jetterait au feu. Pourtant ce petit acte doit compter dans l'histoire du talent de Chamfort. C'est là que, pour la première fois, nous le voyons, délivré des exigences et des contraintes du goût académique,

---

[1]. *Correspondance* de GRIMM, VIII, 448 sq.
[2]. *Journal et Mémoires* de CHARLES COLLÉ, III, 245.
[3]. *Œuvres du comte* ROEDERER, tome IV.

manier librement la prose ; et l'on s'aperçoit bien que sa langue est déjà aiguë, si elle n'est pas tranchante encore. Notez aussi que la morale de sa pièce, c'est celle de la fable de La Fontaine: *le Marchand, le Gentilhomme, le Pâtre et le Fils d'un roi*: morale révolutionnaire, puisqu'elle découvre la vanité des arts et des institutions de notre civilisation. Chamfort sans doute ne songeait pas alors à ébranler les fondements de la société: rien d'amer, ni de violent dans ses railleries. Il n'en est pas moins vrai que, si les traits qu'il lance ne vibrent pas encore et n'ont point de vigueur, au moins ont-ils trouvé leur cible ; et l'on comprend qu'en 1793 il ait parlé du *Marchand de Smyrne* comme d'un de ses titres révolutionnaires [1].

Nous devons, au moins en passant, signaler un recueil d'anecdotes publié en 1771 chez Delalain sous le titre de *Bibliothèque de société*. Ce recueil, achevé par d'Hérissant, avait été entrepris par Chamfort. Il n'y faut voir assurément qu'un travail de librairie. On n'y trouve que de la compilation, et non de l'observation ; car les ana qui composent ce livre (4 vol. petit in-12) se rapportent au règne de Louis XIV, à la Régence, et non pas à l'époque contemporaine. Mais ne se peut-il pas que ce travail ait donné à Chamfort l'idée de noter les anecdotes qu'il tenait de première main ? N'est-ce pas l'origine de ces petits papiers sur lesquels plus tard il a écrit sa vie, et la vie de son temps ? A ce titre nous ne pouvions omettre d'en parler.

1. *Ed.* Auguis, V, 323.

Cette année 1771 mit Chamfort à une dure épreuve.

« Le sieur Chamfort (nous disent les *Mémoires secrets* de Bachaumont, à la date du 28 janvier 1771), auteur de quelques ouvrages et surtout d'une comédie intitulée la *Jeune Indienne*, joignait à ses talents littéraires une jolie figure et de la jeunesse ; il cheminait vers la fortune et devait passer avec le baron de Breteuil dans une cour étrangère. Tant de prospérités l'ont amolli : il s'est livré avec tant d'ardeur au plaisir qu'il se trouve aujourd'hui atteint d'une maladie de peau effroyable, qui paraît tenir de la lèpre. »

Ce passage est fort intéressant : il nous montre Chamfort sur le point de réaliser ce qui, je crois bien, fut le rêve de toute la première partie de sa vie. D'esprit sérieux, malgré l'apparente frivolité de sa conduite, dévoré du désir d'agir, persuadé par ses succès dans le monde qu'il pourrait exercer une influence sur les hommes, il aurait souhaité être mêlé aux grandes affaires. Vauvenargues n'avait-il pas été tourmenté par l'ambition d'être employé dans la diplomatie ? Et Rulhierre, un ami de Chamfort, n'avait-il pas joué une manière de rôle près du baron de Breteuil, lorsque celui-ci, en 1760, fut envoyé en ambassade en Russie ? Voilà ce qui tentait Chamfort ; Rulhierre lui ayant donné accès près de son patron, et, par lui, près de Choiseul, il se trouvait, comme on voit, tout près d'atteindre son but ; mais sa maladie fit tout manquer. Dure déception ! Ajoutez que Chamfort n'ayant jamais cessé de vivre au jour le jour, se trouva, une fois malade, dans le dénûment le plus complet.

Heureusement, il rencontra alors, comme en toutes les occasions semblables, un ami généreux et dévoué ; et c'est peut-être le cas de remarquer que ces actes de dévouement, dont Chamfort fut l'objet, témoignent en faveur de son caractère autant que pour ceux qui les accomplirent : on n'aime pas tant qui ne mérite pas d'être aimé. Un amateur de lettres nommé Chabanon se trouvait avoir sur le *Mercure*, sans bien savoir à quel titre, une pension de 1200 livres ; comme d'ailleurs il possédait une fortune personnelle, il n'omit aucun effort et aucune adresse pour décider Chamfort à accepter cette pension dont il le jugeait plus digne que lui. Grâce à cet ami généreux, Chamfort échappa à la misère ; il put se soigner, aller aux eaux de Contrexeville, et faire un séjour à la campagne. Il y travailla, nous dit Ginguené, à un commentaire sur Racine ; de ce travail il ne nous reste que des notes assez informes sur *Esther*. Sans doute il fournissait en même temps de la copie au *Grand Vocabulaire* et au *Journal Encyclopédique*. Surtout, dans cette retraite, il se recueillait, jugeait les hommes et les événements, et, dans ces tristes dernières années du règne de Louis XV, commençait à concevoir pour l'institution monarchique ce mépris qui se traduisit plus tard en traits si sanglants. Nous le voyons, quand il fut rétabli, fréquenter à Chanteloup : c'était un foyer de mécontentement, mais là on n'avait affaire qu'au roi et à ses ministres ; Chamfort allait plus loin ; il s'en prenait déjà à la royauté. Au début d'un de ses contes, écrit, à ce qu'il semble, vers ce temps, il nous dit :

> Je fus toujours un peu républicain ;
> C'est un travers sous une monarchie.
> Vous conclurez, certes, que le destin
> Sous Louis XV a mal placé ma vie [1].

Je suis très tenté de croire qu'à ce moment il était parmi les frondeurs. Dans un pamphlet révolutionnaire, le *Livre Rouge* [2], on dit qu'il est l'auteur d'un roman scandaleux intitulé *Leoquenisul roi des Cofirans* (c'est-à-dire Louis XV, roi des Français); cette attribution est fausse, et ce médiocre libelle appartient, soit à Mme de Vieux-Maisons [3], soit à La Beaumelle. Il y a là pourtant un indice; et il semble bien vraisemblable que Chamfort dut jouer son rôle dans cette opposition républicaine, qui existait dès longtemps, et que les hontes de la fin du règne avaient grossie.

Pourtant, la santé une fois de retour, il dissipa « ce fond de mélancolie qui lui revenait trop souvent » alors, comme il dit dans une lettre à Mme Saurin. Les dispositions de son âme devaient être tranquilles et douces, lorsque, vers la fin de 1773, il écrit son aimable *Eloge de La Fontaine*, mis au concours pour 1774 par l'Académie de Marseille. Ce concours fut accompagné de circonstances assez piquantes :

> « L'Académie de Marseille, lit-on dans la *Correspondance secrète, politique et littéraire*, a proposé pour prix de cette année l'éloge de La Fontaine. M. de La Harpe a composé, sur ce sujet, un ouvrage qu'il a lu dans toutes

---

1. *Ed.* Auguis, V, 144.
2. *Bibl. nationale* (Lb³⁹ 3187).
3. V. *Mémoires* de Mme du Hausset (Paris, Baudoin, 1824), à la page 222 (en note).

les sociétés dont il est le coryphée, et principalement chez M. Necker, homme riche, et dont la femme tient chez elle ce qu'on appelle bureau d'esprit. L'ouvrage de M. de La Harpe a été jugé si parfait par tous ses partisans qu'on a décidé en dernier ressort qu'il était impossible qu'il ne remportât pas le prix. En conséquence, M. Necker, voulant faire honnêtement un présent à son protégé, a prié l'Académie de Marseille de joindre une somme de deux mille livres au prix accoutumé. L'Académie a accepté la proposition.

« Le hasard a fait que M. de Chamfort, jeune auteur très estimable et très connu par des contes charmants, s'est mis dans la tête de concourir pour le prix de l'Académie de Marseille... L'Académie a jugé sa pièce victorieuse et lui a décerné le prix de deux mille livres, de manière que le don que M. Necker avait destiné à M. de La Harpe est passé à M. de Chamfort ; et, ce qui rend cette aventure plus risible, c'est que M. Necker est ennemi de M. de Chamfort, pour lequel il a eu les procédés les plus malhonnêtes [1]. »

Fut-ce le hasard seul, comme le prétend la *Correspondance secrète*, qui engagea Chamfort à concourir ? Ne fut-il pas plutôt tenté par le plaisir de jouer un bon tour à Necker et à La Harpe, qu'il n'aimait guère [2] ? Au reste, n'eût-il eu aucune

---

1. *Correspondance secrète, politique et littéraire* (tome I, p. 89. Bibl. nationale, Lc³ 77 A).
2. Un passage de Grimm (*Correspondance*, XI, 223) montre qu'il y eut toujours un peu plus que de la froideur dans les rapports de Necker et de Chamfort. Grimm rapporte que celui-ci, après la mort de Thomas, qui passait pour composer les ouvrages de Necker, aurait lancé l'épigramme suivante :

> Vous jugez bien qu'à la mort de Thomas,
> A Saint-Ouen ce fut un grand fracas,
> Et Necker désolé fit, sans être en délire,
>   Un serment d'un genre nouveau :
> « Puisqu'un ami si cher, dit-il, est au tombeau,
>   Je jure de ne plus écrire. »

préméditation malicieuse, l'importance du prix à gagner avait de quoi le décider, et aussi l'éclat exceptionnel qui devait s'attacher à la victoire remportée dans ces circonstances. La libéralité de Necker faisait beaucoup de bruit : il se trouva des poètes pour la célébrer sur le mode lyrique, et François de Neufchâteau termine une ode, qui fut insérée à la suite des Eloges publiés par les soins de l'Académie, par les deux strophes suivantes :

> Mais pourquoi te cacher à la France incertaine,
> O toi, noble étranger, toi, qui de La Fontaine
> Par un culte si pur honores les succès !
> Pourquoi nous dérober sous d'épaisses ténèbres,
>   Amant des noms célèbres,
> Le nom du bienfaiteur du Parnasse français !
>
> Une divinité dans Athène ignorée,
> Dans Athène, dit-on, fut jadis adorée ;
> Nous suivrons cet exemple, ô généreux mortel,
> Et nos muses qu'enchaîne une loi trop austère,
>   Respectant ce mystère,
> Au Mécène inconnu dresseront un autel [1] !

Ajoutons qu'entre les Académies de province, l'Académie de Marseille tenait, et avec une grande avance, le premier rang. Elle avait pour *protecteur* François-Joachim de Pierre de Bernis, archevêque d'Albi ; et si ses membres actifs ne lui apportaient que des cotisations et non de l'éclat, en revanche elle comptait parmi ses *associés régnicoles* des personnages connus, comme Nicolaï, Le Franc de Pompignan, d'Ansse de Villoison, Chabanon, Gaillard, de Rochefort, Elie-Catherine Fréron

---

1. *Recueil de l'Académie des Belles-Lettres, Sciences et Arts de Marseille pour 1774* (Marseille, Ant. Favet, 1774).

et même un homme illustre, François-Marie
Arouet de Voltaire ! Peut-être aussi Chamfort
n'eut-il point d'autre raison pour l'engager à concourir que son goût pour La Fontaine et le plaisir
d'en parler. Quoi qu'il en soit, il ne dut pas regretter de s'être mis sur les rangs. Son *Eloge* est
charmant de tout point, et, lorsqu'on en a retranché
quelques expressions un peu peinées et obscures,
on y goûte un style d'une élégante fluidité et qui
semble retenir quelque chose de l'aisance de La
Fontaine. Un plan clair, naturel et qui consiste à
étudier d'abord la morale du fabuliste, puis la
finesse de son goût, enfin « l'accord singulier que
l'un et l'autre eurent toujours avec la simplicité de
ses mœurs [1] » ; des citations toujours heureusement choisies ; une extrême habileté à fondre dans
la prose du discours, pour l'en parer, ce qu'il y a
de plus aimable dans la poésie de La Fontaine ;
des morceaux éclatants, comme le parallèle de La
Fontaine et de Molière, qu'il faudrait citer tout
entier, car il « est plein de vues, de justesse et de
sagacité » ; toutes ces qualités mettent ces pages
entre les meilleures qui aient été écrites sur notre
grand fabuliste. Sainte-Beuve, de nos jours, les
tenait en haute estime [2] et les critiques du XVIII° siècle
furent unanimes à applaudir à la décision de l'Académie de Marseille. Grimm, cette fois, a désarmé :

« Quoique, dit-il, M. de La Harpe tienne à un parti, et
par ses soumissions continuelles aux chefs de ce parti, et
par ses empressements à faire le coup de poing avec tous

[1]. V. l'article de Fréron dans l'*Année littéraire*, 1774, tome VIII,
p. 145 sqq.
[2]. *Chateaubriand et son groupe littéraire*, I, 120 (en note).

ceux qui osent les attaquer ; quoique M. de Chamfort n'ait pour lui que son talent et quelques amis ; quoiqu'enfin l'on n'eût pas été fâché de trouver à casser le jugement d'une Académie de province, il me semble que, malgré toutes ces considérations, l'on s'accorde assez généralement à donner la préférence à l'ouvrage que Marseille a couronné. — D'abord tout le monde convient qu'il y a infiniment plus d'esprit dans l'éloge de M. de Chamfort que dans celui de La Harpe. Tout le monde convient encore que le plan du premier a plus de profondeur et plus d'intérêt. On ne peut guère douter non plus que son admiration pour La Fontaine ne soit plus vive, plus sincère, plus sentie. Et ce titre seul ne devait-il pas lui assurer une grande supériorité sur son rival [1] ? »

Fréron, dans l'*Année littéraire*, consacra à l'œuvre de Chamfort un article très élogieux et très motivé. Voltaire enfin ne se contenta plus d'envoyer à l'auteur un billet courtois et banal, mais il lui écrivit une vraie lettre, pleinement élogieuse et presque émue. La mort de Louis XV, l'avènement de Louis XVI purent diminuer un peu le retentissement du succès de Chamfort ; on s'en occupa pourtant dans les salons littéraires. Une lettre de Mlle de Lespinasse (25 octobre) nous apprend qu'on se prépare à lire l'*Éloge de La Fontaine* dans son cercle, et, deux jours avant, Mme du Deffand écrivait à l'abbé Barthélemy : « Vous auriez bien dû prévenir le Chamfort sur le désir que j'ai d'entendre son *Éloge*. »

Par son esprit, Chamfort était déjà connu dans le monde ; dès lors il passe célèbre. Il avait de la notoriété ; il gagne la considération. Bien accueilli

---

1. *Correspondance* de Grimm, X, 511 sq.

dans la société des Choiseul (Mme la duchesse, nous l'avons vu, lui devait un de ses triomphes d'actrice), il va y prendre pied tout à fait. Pendant l'été de 1774, enrichi par le prix de l'Académie de Marseille, il se rendit aux Pyrénées pour y faire une cure. A Barèges, il rencontra Mme de Choiseul-Gouffier, Mme de Grammont, d'autres encore, et, comme il était plutôt convalescent que malade, il sut plaire beaucoup. Mlle de Lespinasse, sur un ton de douce raillerie, en témoigne très expressément : « Il (Chamfort) revient des eaux en bonne santé, beaucoup plus riche de gloire et de richesse, et en fonds de quatre amies qui l'aiment, chacune d'elles comme quatre : ce sont Mmes de Grammont, de Roncé, d'Amblimont et la comtesse de Choiseul. Cet assortiment est presque aussi bigarré que l'habit d'Arlequin ; mais cela n'en est que plus piquant, plus agréable et plus charmant. Aussi je vous réponds que M. de Chamfort est un jeune homme bien content et il fait de son mieux pour être modeste. » (25 octobre 1774.) Et à ce moment en effet Chamfort, après les heures pénibles de maladie et de détresse qu'il venait de passer, éprouvait un contentement véritable. Ses quatre amies y contribuaient sans doute, mais à son âme déjà sérieuse il fallait d'autres motifs. Heureusement ils ne lui manquaient pas.

« J'ai toutes sortes de raisons, écrit-il à Mme Saurin, d'être enchanté de mon voyage de Barèges. Il semble qu'il devait être la fin de toutes les contradictions que j'ai éprouvées, et que toutes les circonstances se sont réunies pour dissiper ce fond de mélancolie qui se reproduisait trop souvent. Le retour de ma santé, les bontés que j'ai éprouvées de tout le monde ; ce bonheur, si indépendant de tout mérite, mais si commode et si doux, d'inspirer de l'intérêt à tous ceux dont je me suis occupé; quelques avantages réels et positifs, les espérances les mieux fondées et les plus avouées par la raison la plus sévère, le bonheur public et celui de quelques personnes à qui je ne suis ni inconnu ni indifférent, le souvenir de mes anciens amis, le charme d'une amitié nouvelle mais solide avec un des hommes les plus vertueux du royaume, plein d'esprit, de talent et de simplicité, M. Dupaty, que vous connaissez de réputation ; une autre liaison non moins précieuse avec une femme aimable que j'ai trouvée ici, et qui a pour moi tous les sentiments d'une sœur; des gens dont je devais le plus souhaiter la connaissance, et qui me montrent la crainte obligeante de perdre la mienne ; enfin la réunion des sentiments les plus chers et les plus désirables : voilà ce qui fait, depuis trois mois, mon bonheur; il me semble que mon mauvais génie ait lâché prise ; et je vis, depuis trois mois, sous la baguette de la fée Bienfaisante [1]. »

On voit par ces lignes que Chamfort se réjouit d'autre chose que de satisfactions d'amour-propre ; il est doucement ému de la sympathie qu'on lui a marquée : les témoignages d'affection qu'il a reçus des amis anciens et nouveaux lui ont été au cœur; le bonheur public, c'est-à-dire les promesses de réforme du règne de Louis XVI, qui vient d'appeler Turgot au ministère, le remplissent de joie; et enfin, puisque dans toute joie il entre toujours de l'espérance, il conçoit pour son avenir « les espérances les mieux fondées et les plus avouées par la raison la plus sévère ». Que veut-il faire entendre par là ? Qu'attend-il ? Sans doute il compte que Choiseul reviendra au pouvoir, et que,

1. *Éd.* Auguis, V, 262 sq.

par lui, il obtiendra enfin cet emploi près d'un de nos ministres à l'étranger qu'il avait manqué en 1771. N'est-ce point ce qu'on peut lire entre les lignes de ce passage de sa lettre à Mme Saurin :

« M. de B. (Breteuil) a trouvé absurde que je négligeasse l'occasion de voir M. de Choiseul. Il prétend que ma connaissance avec M. de Gr. (Grammont) pourrait finir par n'être qu'une connaissance des eaux. C'est ce qui ne peut jamais arriver. Il est actuellement à Chanteloup ; il peut s'en assurer par lui-même ; et, entre nous, je crois qu'il ne laissera pas d'être un peu surpris. »

Au reste, si vives que fussent ses espérances et son ambition, Chamfort ne mit pas de hâte à courir au-devant de la fortune qui, à ce moment, lui souriait. « La fortune, a-t-il dit, pour arriver à moi, passera par les conditions que lui impose mon caractère[1] », et, en fait, il ne voulut être ni empressé, ni obséquieux. A son retour de Barèges, comme il l'avait promis, il se rendit à Chanteloup ; mais loin de s'y imposer, il ne s'y attarda même pas. « De cet Olympe où il passa plusieurs jours, nous dit Sélis, il descendit dans un humble entresol de la rue de Beaune. Là on lui donna de l'ouvrage à tant la feuille[2]. » Il se mit avec courage à cette besogne mercenaire, et, comme l'atteste Sélis, il la fit avec probité. C'était le *Dictionnaire dramatique*, dont le privilège est de 1774, mais qui parut seulement en 1776, et qu'il s'agissait sans doute de remanier et de refondre. Voici comment La Harpe appréciait cette compilation :

« Le libraire Lacombe a mis en vente le *Dictionnaire dra-*

---
1. *Éd.* Auguis, I, 408.
2. *La Décade philosophique*, tome VII.

matique en 3 volumes. Nous avons déjà plusieurs nomenclatures de cette espèce ; ce qui peut donner quelque prix à celle-ci, c'est que les principes de l'art y sont traités par ordre alphabétique. C'est une petite encyclopédie théâtrale, et ces articles-là sont faits par un homme d'esprit et de mérite, M. de Chamfort. Ils sont dictés par le bon goût et la saine critique ; mais on n'en peut dire autant des jugements sur les pièces de théâtre : aussi cette partie n'est-elle pas du même auteur [1]. »

Et il est vrai que, si les articles de Chamfort ne nous le révèlent point comme un théoricien dramatique original, au moins y voyons-nous que sa culture littéraire était assez étendue ; qu'il avait sur le théâtre ancien des idées plus exactes et plus complètes que la plupart des hommes de son temps ; qu'il portait sur notre théâtre classique des jugements, non pas neufs sans doute, mais personnels pourtant et qu'il faisait valoir par des exemples très heureusement choisis ; que son goût enfin manque de hardiesse, car il ne veut admettre ni la tragédie en prose de Lamothe, ni la tragédie bourgeoise de Diderot, ni le drame réaliste de Beaumarchais, mais qu'il n'est pourtant ni timoré, ni retardataire, puisque la *Comédie larmoyante* lui paraît avoir cause gagnée et que, sans superstition, il déclare seule indispensable l'unité d'intérêt.

Chamfort, cependant, se tenait un peu à l'écart ; il s'était retiré à Sèvres près de Mme Helvétius, cette femme si distinguée et si bonne, qui eut toujours de l'affection pour lui, même quand son humeur la déconcertait un peu. Qu'il n'y eût point quelque coquetterie dans cette retraite, on n'oserait l'affir-

---

[1]. *Correspondance littéraire* de LA HARPE, I, 409 (Paris, an XI).

mer. Il est possible qu'il ait voulu, par sa réserve même, stimuler le zèle de ses amis; lui-même a indiqué qu'il croyait cette tactique permise et utile. « La considération de l'homme le plus célèbre, écrit-il dans une de ses lettres, tient au soin qu'il a de ne pas se prodiguer. Ayez donc cette coquetterie décente qui n'est indigne de personne[1]. » Avec son caractère, il n'eût pas su sans doute faire jouer d'autres ressorts. Et il est vrai que, cette fois au moins, en se dérobant, il engagea ses amis puissants et ses belles amies à s'occuper de lui. La coterie des Choiseul avait, comme on sait, l'oreille de la reine; il semble qu'elle ait songé à faire de Chamfort l'auteur du nouveau règne. Une cruelle disette de talents sévissait à ce moment; personne pour remplacer les illustres qui finissaient ou, tout au moins, vieillissaient. Or ce jeune écrivain de trente-cinq ans, qui avait, au su de tout le monde, un esprit si brillant, qui venait d'écrire cet *Eloge de La Fontaine* qu'une approbation unanime avait accueilli, semblait désigné pour parcourir une belle carrière littéraire. Soutenu, porté par la faveur de la cour, il ne manquerait pas de prendre son essor.

Chamfort avait en portefeuille une tragédie à laquelle il travaillait depuis quinze ans, disaient les uns, depuis dix ans, disaient les autres, depuis fort longtemps en tout cas. Ce pouvait être le chef-d'œuvre qui inaugurerait le règne de Louis XVI. Mmes de Choiseul, de Grammont, d'Amblimont,

---

1. *Ed.* Auguis, V, 262.

s'employèrent donc de leur mieux pour que la pièce fût jouée en grande solennité. Elle le fut en effet. On la donna pour la première fois à Fontainebleau le 7 novembre 1776, au milieu de grandes fêtes qui eurent un éclat exceptionnel. « On ne se souvient pas, dit Grimm, d'avoir vu un voyage si brillant que l'a été celui-ci... Une affluence de monde prodigieuse, des fêtes, des parties de jeu, des courses de chevaux, l'élégance et la variété des toilettes en ont fait presque tous les frais. » Presque tous les frais, oui, — car, ajoute Grimm, « les lettres... quoique très accueillies par notre jeune souveraine... ont encore assez peu contribué aux plaisirs de la cour[1] ». Sur une douzaine de pièces qu'on représenta devant Leurs Majestés, il y en eut beaucoup de mauvaises, quelques-unes à peine de passables. La tragédie de Chamfort, *Mustapha et Zéangir*, triompha facilement, trop facilement. Du moins, ce succès d'une heure fut un succès très vif. Si l'on en croit La Harpe, la pièce avait eu par avance l'approbation royale. « Il avait eu l'honneur de lire sa tragédie au roi et à la reine qui en avaient témoigné leur satisfaction et qui l'avaient honorée de leurs suffrages[2]. » On conte que Louis XVI fut très ému par ce tableau de l'amitié fraternelle et les courtisans, pour bien montrer qu'ils comprenaient et goûtaient cette allusion à l'union de la famille royale, portèrent aux nues l'œuvre nouvelle. La reine, d'ailleurs, fit connaître la faveur de Chamfort de la façon la plus

---

1. *Correspondance* de Grimm, XI, 360.
2. *Correspondance littéraire* de La Harpe, II, 15.

déclarée. « On fait courir dans Paris les propres paroles de cette princesse aimable dont l'affabilité ajoute encore un nouveau prix à ses bienfaits ; elles méritent d'être conservées, et je vais les rapporter telles qu'on me les a envoyées : M. de Chamfort, au plaisir que m'a procuré la représentation de votre pièce, j'ai voulu joindre celui de vous annoncer que le Roi, pour encourager vos talents et récompenser vos succès, vous a fait une pension de 1,200 livres sur les Menus. — Et, au remercîment de M. de Chamfort, la reine a ajouté : Je vous demande pour remercîment de faire représenter vos pièces à Versailles [1]. » Ces paroles, quoi qu'en dise le rédacteur de l'*Année littéraire*, ne méritent peut-être pas d'être conservées ; mais il est certain qu'elles sont gracieuses, et l'on comprend que Chamfort ait répondu à celui qui lui demandait de redire les choses flatteuses qu'il avait entendues de la bouche de la reine : « Je ne pourrai jamais ni les oublier, ni les répéter ». Chamfort était passé poète de cour. Il recevait plus que de douces paroles ; le roi lui donnait une pension extraordinaire de 1,200 livres sur les Menus Plaisirs, et le prince de Condé l'appointait à cent louis pour qu'il devînt secrétaire de ses commandements. Les courtisans, à l'ordinaire, se mirent à renchérir sur les applaudissements et les éloges que Chamfort avait reçus des souverains. « Les courtisans, dit Collé, l'exaltèrent, que c'était une bénédiction ! Corneille et Racine devaient

---

1. *Année littéraire*, 1766, tome V.

faire place à Chamfort. On criait de partout : gare ! gare[1] ! »

Mustapha eût-il été une œuvre de génie, un zèle si intempérant et si indiscret pouvait lui faire courir bien des risques. Or *Mustapha* n'était qu'un ouvrage correct, recommandable par des sentiments honnêtes, par une composition régulière et par un style d'une élégance et d'une pureté assez soutenues. Quand Chamfort fut joué à la ville, il lui fallut payer ce qu'il y avait eu d'excessif dans son succès à la cour. Et l'on ne peut pourtant l'accuser d'avoir cédé à l'infatuation des auteurs heureux. Très patiemment il avait écouté les critiques, très docilement il avait remanié sa pièce ; très modestement il la recommandait à l'intérêt de MM. les Comédiens français. A la première représentation (15 décembre 1777), comme les gens de la cour remplissaient les loges, il put croire que son succès de Fontainebleau serait ratifié par Paris. De même qu'à la première représentation de la *Jeune Indienne*, le public le couvrit d'applaudissements et voulut qu'il parût sur la scène. « Toutes les voix, dit le *Journal des Théâtres*, se sont réunies en faveur de M. de Chamfort, et il a été demandé avec les instances les plus vives ; il n'a point voulu paraître ; il a bien fait[2]. » Mais, ce soir-là, il n'avait pas affaire au grand public. Les jours suivants, il fallut rabattre des espérances qu'il avait pu concevoir. « Les représentations de *Mustapha*,

---

1. *Journal et Mémoires* de CHARLES COLLÉ, III, 245 sq. (en note).
2. Lettre aux auteurs du *Journal des Théâtres*, Paris, 15 décembre 1777 (tome IV, Bib. nationale, (Z 2284 Zayr 3-4).

dit La Harpe, sont très peu suivies et très peu applaudies. Les samedis, le grand jour de nos spectacles pendant l'hiver, se soutiennent assez par l'avantage de la saison et l'ascendant de la mode ; mais, les lundis et les mercredis, où l'on ne pourrait aller au spectacle que pour la pièce, il n'y a personne. Rien ne prouve mieux que toute la protection et toute la faveur possibles ne peuvent pas faire réussir un ouvrage dont le fond est mauvais [1]. » *Mustapha* eut quinze représentations qui rapportèrent 44,770 livres avec le produit des petites loges à l'année [2].

Assurément la pièce de Chamfort n'a rien qui puisse nous faire paraître étonnante cette indifférence du public. Il était arrivé pourtant que bien des œuvres qui ne valaient pas mieux se fussent plus longtemps soutenues. On ne peut guère douter que cette tragédie, trop louée par les uns, n'ait été trop dépréciée par les autres, et que des préoccupations, qui n'avaient rien de littéraire, n'aient nui à sa fortune.

La preuve en est dans cette curieuse anecdote :

« C'est une chose cruelle que l'esprit de parti. J'étais à la dernière représentation de *Mustapha et Zéangir*, tragédie que je n'estime pas plus qu'il ne faut, malgré la ca-

---

1. *Correspondance littéraire* de LA HARPE (II, 193).
2. *Archives de la Comédie-Française.* Ces quinze représentations rapportèrent à Chamfort 3489 livres 19 sols 6 deniers. Beaumarchais fut chargé par l'auteur de les toucher en son lieu et place, comme le prouve ce reçu : J'ai reçu pour M. de Chamfort, en vertu du pouvoir que je joins ici, la somme de..., etc., pour les honoraires de *Mustapha et Zéangir* échus jusqu'à ce jour, sans préjudice de l'avenir.
A Paris, ce 21 décembre 1780.
CARON DE BEAUMARCHAIS.

bale qui la porte aux nues, mais où il y a sans doute quelques beautés. Un abbé vint avec une dame se placer près de moi. Je vis que c'était l'abbé M. (Morellet), l'un des coryphées de la secte encyclopédique, et sa nièce qui vient d'épouser M. de M. (Marmontel). La jeune dame paraît avoir un cœur sensible ; ses larmes aux endroits touchants faisaient un contraste parfait avec le sourire dédaigneux dont l'abbé accompagnait les applaudissements outrés du public. Il n'y peut pas tenir : « Madame, lui dit-il avec aigreur, n'avez-vous pas de honte de vous laisser attendrir par un ouvrage d'un homme qui n'est pas des nôtres ? Oubliez-vous que vous êtes ma nièce et la femme de M. de M.... ? C'est un scandale affreux. » Il faut que vous sachiez que M. de Chamfort, auteur de cette tragédie, a refusé de se faire incorporer dans l'encyclopédisme, et l'intolérance des philosophes par état est plus féroce que celle tant reprochée des gens d'église [1]».

Linguet, dans ses *Annales* [2], conte la même aventure, qui a bien la mine d'être vraie ; en tout cas, elle semble fort vraisemblable. La Harpe, qui portait la parole pour le parti encyclopédique, qui, suivant un mot de Chamfort, était « son exécuteur des hautes œuvres », ne perdit aucune occasion de maltraiter d'autant plus l'œuvre d'un rival que, par elle-même, elle ne se défendait guère. C'est sans doute alors que, harcelé par le critique hargneux, Chamfort lui lança cette furieuse épigramme, ce mot cruel que Tacite, dit Grimm, eût pu ne pas désavouer : « M. de La Harpe ! C'est un homme qui se sert de ses défauts pour cacher ses vices. [3] »

A ce demi-succès Chamfort trouva certainement la cruauté d'un insuccès. Il avait fondé tant d'espé-

---

1. *Correspondance littéraire secrète*, tome V, p. 366.
2. *Annales politiques*, tome III, p. 154.
3. *Correspondance*, tome XII, p. 248.

rances sur « sa tant belle tragédie », comme dit Collé. « Vous voyez là ma fortune », avait-il déclaré naguère à Aubin, en lui montrant un manuscrit sur la table où il écrivait. C'était *Mustapha et Zéangir*. Sa déconvenue ne pouvait manquer de lui causer un vif dépit. Et il l'exhalait sans doute quand il écrivait ce jugement sommaire : « Le public de ce moment-ci est, comme la tragédie moderne, absurde, atroce et plat [1] ». Mais que cette blessure d'amour-propre l'ait atteint à fond, que son humeur noire date de ce jour, qu'il n'ait point pardonné au siècle, comme l'ont prétendu quelques-uns, d'avoir trop peu prisé *Mustapha et Zéangir*, c'est ce que nous nous refusons à admettre [2].

Où voit-on donc, en effet, qu'il ait, à cette heure, rompu avec le monde ? S'il donna sa démission de secrétaire des commandements du prince de Condé vers cette époque (à la fin de 1777 ou au commencement de 1778), *Mustapha et Zéangir* ne fut pour rien dans l'affaire. Il trouvait la charge dépendante et fatigante ; il s'excusa en bons termes de ne la pouvoir remplir, et en abandonna généreusement les appointements d'abord, puis le titre à Grouvelle [3]. Mais il conserva ses relations avec le prince, qui, comme nous le verrons, assistait avec toute sa famille à sa réception académique. Il était aussi de la société de *Monsieur* avec Condorcet, Suard, Ducis, M. de Montesquiou, Moreau, l'histo-

---

1. *Él.* Auguis, I, 389.
2. C'est l'opinion d'Auger (*Mélanges philosophiques et littéraires.* — Paris, Ladvocat 1828).
3. Nous donnons, à *l'appendice*, la correspondance échangée entre Chamfort et le prince de Condé à cette occasion.

riographe, etc. *Monsieur* avait aussi fondé une Société des Echecs, véritable club, où l'on ne manquait pas de voir Chamfort qui avait la passion de ce jeu. Les questions qui intéressent les gens de lettres ne le laissent pas alors indifférent; il s'enrôle sous la bannière de Beaumarchais, quand celui-ci, par sa circulaire du 27 juin 1777, fonda en fait la Société des auteurs dramatiques, et il donne son adhésion, non par manière d'acquit, mais dans les termes les plus chauds et les plus vifs [1].

Enfin, c'est vers ce moment que commencent les relations de Talleyrand et de Chamfort. Chamfort, dans les fameux *Mémoires*, ne fait pas la mine d'un poète aigri par un échec, ni d'un mauvais compagnon.

« Mon temps, dit Talleyrand, se passait d'une manière fort douce et n'était point trop perdu; mes relations augmentaient. Celles qu'il fallait avoir avec les beaux esprits d'alors me venaient d'une bonne femme, nommée Mme d'Héricourt, dont le mari avait occupé la place d'intendant de la marine à Marseille. Elle aimait l'esprit, les jeunes gens et la bonne chère. Nous faisions chez elle toutes les semaines un dîner fort agréable. Il était composé de M. de Choiseul, de M. de Narbonne, de l'abbé Delille, de Chamfort, de Rullière, de Marmontel... La gaîté contenait les prétentions, et je dois remarquer que, dans une réunion où il y avait tant d'amours-propres en présence, il n'est sorti, dans l'espace de cinq années, ni un bavar-

---

1. Dans la collection des autographes réunis par M. de Loménie et vendus le 14 décembre 1883, se trouve une lettre de Chamfort où il dit à Beaumarchais : « Je souhaite, Monsieur, que les Etats-Généraux de l'art dramatique qui doivent se tenir demain chez vous, n'éprouvent pas la destinée des autres Etats-Généraux, celle de voir tous nos maux, sans en soulager un. » L'existence de cet autographe m'a été signalée par M. Henri Stein, le distingué archiviste.

dage, ni une tracasserie. Le comte de Creutz, ministre de Suède, qui croyait plaire à son maître, en se plaçant en France sur le rang du bel esprit, se donna beaucoup de soins pour que les mêmes personnes qui composaient le dîner de Mme d'Héricourt se réunissent un jour de la semaine chez lui [1]. »

Creutz ayant été rappelé à Stockholm en 1783, c'est donc vers 1778 et 1779 qu'il faut placer ces réceptions aimables où Chamfort tenait sa place. — Et d'ailleurs, si sa vanité d'homme de lettres eût été profondément atteinte, elle aurait cherché certainement l'occasion, sinon de prendre une revanche, au moins d'exercer des représailles. Cette occasion, loin qu'il l'ait cherchée, Chamfort l'écarta quand elle s'offrait à lui. En 1778, le libraire Lacombe, qui avait le privilège du *Mercure*, vint à faire faillite. Panckoucke, ce grand entrepreneur de publicité au XVIIIe siècle, prit cette feuille à son compte et fusionna avec elle le *Journal de Politique et de Littérature* (Linguet), le *Journal français* (Clément et Palissot), le *Journal des Dames* (Dorat) [2]. Le *Mercure* devenait ainsi, ou pouvait devenir, une grosse machine de guerre. Panckoucke, qui connaissait Chamfort dès longtemps, lui proposa de faire partie de la rédaction et de traiter la partie des spectacles. Il reçut un refus très poli, mais très net. Chamfort s'excusait en disant que, dans un journal, il n'y avait point de place pour la vraie critique et qu'il ne voulait ni discréditer son jugement par l'indulgence extrême qui plaît aux au-

---

1. *Mémoires* de TALLEYRAND (I, 45-46).
2. *Correspondance littéraire* de LA HARPE (Lettre 88, 1778).

teurs, ni compromettre son caractère par la malignité qui, seule, agrée au public [1]. Il s'en faut donc que l'échec de *Mustapha* lui ait donné l'impatience de devenir agressif, et après cela l'on devra reconnaître qu'il n'en avait pas été atteint jusqu'à l'âme.

1. *Ed.* Auguis, V, 302.

CHAMFORT MORALISTE

CHAPITRE PREMIER

ANNÉES DE RETRAITE. — RELATIONS AVEC VAUDREUIL
ET MIRABEAU.

Dans une lettre qu'il écrivait, vers le commencement de 1784, à un de ses amis de province, l'abbé Roman : « J'ai fait mille lieues sur une feuille de papier, lui disait Chamfort, voilà mon histoire depuis quatre ans [1] ». Ce n'est donc qu'en 1779 qu'il commença, pour parler comme lui, « à retirer sa vie en lui-même ». Ceux qui se sont persuadé que la fâcheuse destinée de *Mustapha* fut la grande blessure de la vie de Chamfort n'ont pas assez remarqué que les atteintes portées à l'amour-propre littéraire ne tardent point tant à faire sentir leurs effets. — D'ailleurs cette retraite sous la tente ne ressemble en rien à une bouderie. Il y eut sans doute, durant ces quatre années, des intermittences dans son existence de solitaire ; mais il est certain qu'il éprouve alors le besoin et le goût de la solitude. Elle n'était point nouvelle pour lui ; déjà la mala-

1. *Ed.* Auguis, V, 288.

die l'avait forcé de la subir, et il l'avait acceptée ; mais à ce moment il la recherche, s'y attache et évite ce qui pourrait l'en arracher. Non seulement il cesse d'être un homme de plaisir, un homme à la mode ; mais il ne veut pas plus de bruit autour de son nom qu'il n'en veut autour de sa personne ; et comme il renonce à se produire, il renonce à produire ou plutôt à publier. Pareil renoncement est, je crois bien, chose assez rare dans l'histoire des lettres ; du moins, au xviiie siècle, le cas me paraît unique ; et il vaut sans doute la peine d'en rechercher les causes.

Chamfort venait d'atteindre la quarantaine, ou, mieux, elle venait de l'atteindre ; c'est un âge critique : c'est le moment où l'on sent que l'on porte la vie, qu'elle ne nous porte plus. Et nul ne le sent mieux que celui pour qui, dans la jeunesse, la volupté fut la grande affaire. « Les voluptueux, a-t-on dit, sont aisément mélancoliques... Il semble que la volupté, quand elle s'empare d'un homme, s'y fasse à ce point la maîtresse de son être qu'après elle plus rien ne soit qui vaille la peine de vivre [1]. » Sans elle, tout au moins, l'existence perd singulièrement de son intérêt : écoutez cette confession de Chamfort ; car le propos qu'il prête à un tiers, c'est vraiment lui qui le tient : « M. de L... me disait, relativement au plaisir des femmes, que lorsqu'on cesse de pouvoir être prodigue, il faut devenir avare, et qu'en ce genre celui qui cesse d'être riche commence à être pauvre. Pour moi,

---

[1]. HENRY FOUQUIER, *Au siècle dernier*, 240 (Bruxelles, Kistemœckers).

dit-il, aussitôt que j'ai été obligé de distinguer entre
la lettre de change payable à vue et la lettre payable
à échéance, j'ai quitté la banque[1] ». Sage en effet
celui qui, à cette heure, peut quitter la banque ; mais
cette sagesse coûte bien de la tristesse et des regrets ;
on s'aperçoit que Chamfort n'y échappa point, à ce
mot où il y a peut-être encore plus de mélancolie que
d'esprit : « M..., ayant lu la lettre de saint Jérôme
où il peint avec la plus grande énergie la violence
de ses passions, disait : La force de ses tentations
me fait plus d'envie que sa pénitence ne me
fait peur [2] ». Et cette sagesse, qui s'impose, brise
comme un ressort de l'âme et l'emplit d'atonie. —
Joignez que Chamfort sentait son énergie diminuée
non seulement par l'âge, mais aussi par sa santé
qui, dès lors, est pour toujours compromise ; lorsqu'il
était jeune, à plusieurs reprises, nous l'avons
vu, il avait été aux prises avec la maladie ; mais
quelle différence entre tomber malade et être
devenu maladif ! On lutte contre les souffrances ;
on se traîne sous le poids de la langueur. Et c'est
ce qu'il exprime très bien dans un billet adressé
vers ce temps à Mme de Créqui : il lui dit que, sans
souffrir d'aucun mal particulier, il est contraint de
garder la chambre et qu'il s'y résigne difficilement.
« Il y a peut-être plus de cris dans un hôpital,
ajoute-t-il ; mais, à coup sûr, il y a plus de larmes
dans une prison [3]. »

1. *Ed.* Auguis, II, 116.
2. *Ed.* Auguis, II, 5.
3. *Catalogue des lettres autographes composant la collection de
M.* Alfred Bovet, *décrites par* Etienne Charavay (Charavay frères,
1887).

Il était pourtant capable de se consoler de la perte du plaisir par le sentiment de l'amour, qu'il savait bien en distinguer et qu'il comprenait dans toute sa délicatesse. « L'entêtement, a-t-il dit un jour, représente le caractère à peu près comme le tempérament représente l'amour [1]. » Il trouvait aussi assez de ressources dans son âme ardente pour triompher de la débilité de sa santé. « Au physique, disait M...., homme d'une santé délicate et d'un caractère très fort, je suis le roseau qui plie et ne rompt pas ; au moral, je suis au contraire le chêne qui rompt et qui ne plie point. *Homo interior totus nervus*, dit Van Helmont [2]. » Ces misères physiques ont contribué sans doute à prédisposer son âme au découragement ; mais elles n'en sont pas la cause directe.

Le spectacle des affaires publiques exerça sur lui une influence bien autrement active et profonde. Nous savons avec quelle joie il avait salué l'arrivée de Turgot au ministère : il espérait qu'avec un pareil homme les réformes ardemment rêvées allaient bientôt s'accomplir. Et Turgot avait gouverné deux ans à peine ; sa tentative n'avait servi qu'à montrer comment tous les projets de bien public devenaient impraticables sous un gouvernement arbitraire et un régime social fondé sur le privilège. En même temps, de l'autre côté de l'Atlantique, un peuple jeune, au milieu des épreuves, grandissait pour la liberté ; en France, on s'intéressait passionnément à la lutte soutenue par les Insur-

1. *Éd.* Auguis, I, 369.
2. *Éd.* Auguis, II, 121.

gents ; l'opinion publique contraignait le gouvernement à venir à leur aide. Mais les lenteurs calculées du ministère français, les répugnances de Louis XVI, déguisées à peine, prouvaient de reste à qui voulait voir que, dans les conseils du roi, l'on était hostile aux réformes populaires. Ceux qui, après Louis XV, les avaient attendues du jeune roi, pouvaient bien se sentir irrités et découragés ; et ce découragement, Chamfort l'éprouva autant que personne et l'a énergiquement traduit : « Savez-vous pourquoi, me disait M. de M...., on est plus honnête en France, dans la jeunesse et jusqu'à trente ans, que passé cet âge ? C'est que ce n'est qu'après cet âge qu'on s'est détrompé ; que, chez nous, il faut être enclume ou marteau ; que l'on voit clairement que les maux dont gémit la nation sont irrémédiables [1] ».

Il aurait pu, il aurait dû, a-t-on dit, chercher de la consolation et du réconfort dans la production littéraire. « Le malheur de Chamfort, dès avant l'âge de quarante ans, remarque Sainte-Beuve, fut dans son inaction et dans sa stérilité [2] ! » Cette stérilité dont il aurait souffert venait, au dire de Sainte-Beuve, d'un vice originel de son talent qui était sec, étroit, de courte haleine et de courte portée. Que Chamfort fût incapable d'une production abondante, cela est possible, mais ne peut guère se prouver ; ce qui est certain, c'est qu'il a dit très haut qu'il voulait, non pas ne plus rien produire, mais ne plus rien publier ; qu'il a exprimé

---

1. *Éd.* Auguis, II, 11.
2. *Causeries du Lundi*, IV, 550.

dans les termes les plus forts son dégoût du métier et de la vie d'homme de lettres, et qu'il a essayé de le justifier par des raisons qui méritent qu'on les examine et qu'on les pèse.

Au commencement de 1784, quelques amis puissants s'occupaient de faire obtenir à Chamfort je ne sais quel emploi à la cour ; et, lui, songeant que, s'ils réussissaient, il lui faudrait rompre son silence et remettre son enseigne littéraire, faisait part de ses inquiétudes à son ami, l'abbé Roman, dans une lettre où l'on ne peut méconnaître l'accent de la sincérité : « Il est certain, lui disait-il, que je désire le non-succès d'un événement prétendu heureux, dont les suites, comme nécessaires, sont de me rengager dans une carrière pleine de misères et de dégoûts, de me faire exister pour le public que je méprise presque autant que les gens de lettres, leurs cabales, leurs noirceurs, leurs vanités absurdes, etc. ; de me faire ou manquer ou atteindre une célébrité, qui, grâce au ton régnant dans la littérature actuelle, n'est qu'une infamie illustre faite pour révolter un caractère décent[1] ». Ces lignes contiennent le résumé des griefs de Chamfort contre le métier et la vie littéraires : voyons ce qu'ils valent.

La profession d'écrivain était-elle donc aussi pleine de misères qu'il le prétend ? — On peut, je crois, affirmer hardiment que l'homme de lettres qui, à cette époque, n'eût voulu rien attendre que de ses œuvres, ne pouvait pas espé-

---

1. *Éd.* Auguis, V, 290.

rer arriver à la richesse. Ce qui enrichit Voltaire, ce furent d'heureuses spéculations ; ses ouvrages ne contribuèrent que pour bien peu à sa grande fortune. Si Marmontel se trouve, à un moment, fort bien renté, c'est qu'il a su se faire donner force pensions et sinécures. Et il faut même remarquer que l'opinion des grands seigneurs et des gens du monde n'admettait guère que, même par des faveurs, un homme de lettres pût s'élever au-dessus de la médiocrité : « J'ai toujours été choqué, écrivait Chamfort, de la ridicule et insolente opinion, répandue presque partout, qu'un homme de lettres qui a quatre ou cinq mille livres de rente est au périgée de la fortune [1] ». Il n'y a pas là de mauvaise humeur ; c'est l'expression même de la vérité ! En veut-on la preuve ? Suard rédigeait la *Gazette de France*. Il avait imaginé une combinaison qui, tout en profitant à l'État, lui permettait d'augmenter ses appointements.

« Comme tout le monde devait gagner, Madame de Tessé imaginait que tout le monde serait bientôt d'accord ; qu'il était superflu de s'adresser directement au ministre, M. de Choiseul, et qu'au premier mot du chef de division la décision ministérielle serait dictée et signée. La marquise se rend en grande hâte dans les bureaux ; mais quelle est sa surprise ! Ce chef superbe de quelques commis ne conteste pas les profits à faire et à partager ; mais il s'étonne et s'indigne que des hommes de lettres ne se trouvent pas assez riches avec 2500 francs, et lui, commis, en avait 25000 ou 30000 [2] ! »

1. *Éd.* Auguis, V, 267.
2. *Mémoires* de Garat sur Suard (Paris, 1820, in-8°).

Les bons commis n'ont point d'ordinaire d'opinions personnelles ; celui-là ne faisait que traduire l'opinion de ses supérieurs, l'opinion des gens du monde.

Les libraires, éditeurs, entrepreneurs de journaux, ne pensent point autrement ; et de peur que les gens de lettres ne deviennent plus riches qu'il ne convient, ils les exploitent à l'envi. Brissot, à ce sujet, cite un mot bien caractéristique d'un libraire de la rue Saint-Jacques : « Que ne puis-je, s'écriait cet honnête commerçant, tenir dans un grenier Voltaire, Helvétius et Diderot sans culottes! Comme je gagnerais de l'argent ! Comme je les ferais travailler [1] ! » Ses confrères n'eussent pas désavoué ce propos. Pour se rendre compte des profits que pouvait tirer un écrivain d'une notoriété modeste de la publication de ses œuvres, il n'est que de voir comment furent payés quelques-uns des auteurs les plus illustres pour leurs œuvres les plus retentissantes. La *Nouvelle Héloïse*, au dire de Brissot, fut achetée 4000 livres à Rousseau. Les libraires de l'*Encyclopédie* s'étaient engagés vis-à-vis de Diderot à lui servir d'abord une rente de quinze cents livres jusqu'à la fin de l'ouvrage, puis trois cent cinquante livres par volume de planches et trois cent cinquante livres par volume de discours, c'est-à-dire quinze mille francs qui devaient être payés dans l'intervalle de cinq ans [2].

---

1. *Mémoires* de Brissot, p. 298 (Paris, Firmin-Didot, in-18).
2. *Diderot et la Société du baron d'Holbach*, par AVEZAC-LAVIGNE (Paris, Leroux, 1875, in-8°, p. 122).

Au reste, il ne suffit pas aux éditeurs de mettre à si bas prix la main-d'œuvre littéraire. Il en est parmi eux qui, non contents de prendre vis-à-vis des auteurs des engagements dérisoires, se dispensent même de les tenir. Brissot, qui, maintes fois, fut la victime de ces corsaires, a conté quelques-unes de leurs prises. Notez qu'il ne paraît pas s'en irriter beaucoup et qu'il ne s'en indigne en aucune façon ; on sent, à la façon dont il les conte, que c'était la pratique courante.

Cette pauvreté forcée de l'homme de lettres, Chamfort, tout en protestant, l'eût supportée peut-être ; mais elle s'aggravait d'humiliations et de dégoûts qu'il trouvait intolérables. Il les énuméra un jour dans une ligne : « Gentilshommes de la Chambre, comédiens, censeurs, la police ». — Etiez-vous auteur dramatique ? Il fallait, en effet, vous ménager les bonnes grâces de messieurs les six Gentilshommes de la Chambre à qui incombait la direction de la Comédie française et de la Comédie italienne ; surtout il fallait vous assurer la faveur de leur intermédiaire, Monsieur l'intendant des Menus-Plaisirs. Ce n'était point toujours besogne commode, et Sedaine s'en aperçut. Une fois qu'il s'était plaint de ce fonctionnaire, Papillon de la Ferté, celui-ci, arrivant furieux, crie très haut : « Où est Sedaine ? — La Ferté, dit résolument celui-ci, *Monsieur* Sedaine est ici ; que lui voulez-vous ? » La reine approuva la réplique du poète ; mais il ne fallait pas se risquer à donner de ces leçons-là tous les jours. — Messieurs les comédiens étaient aussi en fonds de hauteur; les preuves abondent sur ce point. Sans renvoyer aux Mémoires du temps, nous croirons avoir donné une idée suffisante de la sujétion où ils tenaient les auteurs en citant la lettre que leur écrivit Chamfort, lorsqu'il leur envoya le manuscrit de *Mustapha et Zéangir* :

« Messieurs, vous ne devez pas être surpris qu'aux approches des dangers d'une première représentation, je me sois effrayé et que j'aie cherché à tourner au profit de mon ouvrage les derniers moments qui me restaient. Je m'étais flatté qu'étant à peine prêts à jouer la comédie de l'*Égoïsme*, vous me demandiez mon manuscrit beaucoup trop tôt, et l'excès de ma timidité vous imputait, je vous l'avoue, un excès de prévoyance. Mais puisqu'il faut que je triomphe de mes craintes, j'ai l'honneur de vous envoyer, Messieurs, le manuscrit de *Mustapha et Zéangir*, auquel je joins les rôles de Solyman et Roxelane, les seuls que j'eusse repris. — Il ne me reste plus qu'à recommander mon ouvrage à vos talents. Je leur dois l'indulgence qu'il a obtenue à Fontainebleau ; et la ville n'est pas moins favorable que la cour à ceux auxquels il est redevable de son succès. J'ai l'honneur d'être avec une parfaite considération, Messieurs, votre très humble et très obéissant serviteur, *Chamfort*, secrétaire des commandements de S. A. Monseigneur de Condé. » (De Chantilly, samedi 21 juin 1777)[1].

Il est naturel qu'un poète dramatique se mette en frais de gracieuseté avec ses interprètes ; mais à ces formules de protocole, ne sent-on pas dans cette lettre que Chamfort traitait avec une véritable puissance ? Inutile de rien dire de la censure et de la police qui étendaient leur empire sur toutes les

---

1. *Archives de la Comédie-Française.*

provinces de la littérature. D'un mot, qui n'a rien d'exagéré, Chamfort a indiqué ce qu'elles avaient alors de capricieux et de tracassier. « On reprochait à M. L..., homme de lettres, de ne rien plus donner au public : Que voulez-vous qu'on imprime, dit-il, dans un pays où l'*Almanach de Liège* est défendu de temps en temps [1] ? »

Si du moins ce triste métier d'homme de lettres était relevé par ceux qui l'exercent !... Mais non ; lorsque l'on a mis à part quelques très grands écrivains, que trouve-t-on alors dans la gent littéraire ? Un petit nombre d'amateurs, fort infatués d'eux-mêmes, des habiles, qui courent après les grâces et les pensions, et, tout en bas, une tourbe nombreuse, très décriée, très justement décriée, et qui ne rappelle notre bohème moderne que par son dénuement et son désordre. C'est la foule des compilateurs et des plagiaires ; ce sont ceux dont Chamfort disait qu'au lieu de mettre leurs livres dans leurs bibliothèques, ils mettent leurs bibliothèques dans leurs livres [2] ; — et encore : « Quelqu'un a dit que de prendre sur les anciens c'était pirater au delà de la ligne ; mais que de piller les modernes c'était filouter au coin des rues [3] ». Ce sont ceux, romanciers ou poètes, qui flattent les basses passions du public, et qui se font ses pourvoyeurs de gravelures et d'obscénités. J'ai sous les yeux une liste d'almanachs publiés en

---

1. *Ed.* Auguis, II, 108.
2. Cité par Rœderer (OEuvres, tome IV).
3. *Ed.* Auguis, I, 424.

1778[1] ; leurs titres indiquent assez quel était le goût du public, même du public populaire, pour les œuvres libertines, et qu'il ne manquait pas de gens pour le satisfaire. Ce sont enfin les libellistes, les auteurs de pamphlets scandaleux, les *gazetiers cuirassés*, les Morande, les Pelleport, ceux qui écrivent les *Amours du vizir de Vergennes*, les *Petits soupers de l'Hôtel de Bouillon*, les *Passe-temps d'Antoinette*, ceux qui diffament sur commande, et qui, parfois, emploient le chantage, non sans succès.

On aurait tort de croire qu'on pouvait sans peine tenir ce vilain monde à l'écart ; ces gens fort méprisables étaient en même temps fort audacieux. Très bruyants, très remuants, ils entraient partout, se mêlaient à tout. On les trouvait dans toutes les cabales ; il fallait compter avec eux ; car les lauriers de l'illustre La Morlière les empêchaient de

---

1. *Liste des Almanachs nouveaux, chantants et lyriques*, qui se trouvent, pour cette année 1778, chez Valade, libraire, rue Saint-Jacques, vis-à-vis celle des Mathurins :
Les Étrennes de l'Amour, almanach chantant et lyrique.
Les Bouquets de l'Amour, au beau sexe, almanach lyrique, dédié aux amants ; par M. Gal.
Les caprices, ou l'aimable fantaisie du beau sexe, étrennes amusantes sur des airs connus et choisis exprès.
Étrennes à ma maîtresse, ou code de l'amour, almanach chantant.
Le messager d'amour, almanach chantant et lyrique.
Les folies amoureuses, ou le précepteur d'amour, almanach chantant.
Tablettes de Flore, ou les étrennes de l'amour et de l'amitié.
Passe-temps des jolies femmes, ou almanach des Lises et des Suzons.
La rosée de Cythère, almanach lyrique, par H***.
Le présent sans prétention, ou l'amusement de la jeunesse.
L'Amusement des coquettes, ou l'emploi d'un quart d'heure, almanach chantant.
Les charmes de la Volupté, almanach dansant, par M. Guillaume maître de danse.

dormir. Les cabales, au reste, ne se formaient pas seulement parmi ces stercoraires de la littérature ; et nous avons vu que la secte encyclopédique, où l'on comptait tant d'honnêtes gens, avait fait payer à Chamfort l'indépendance qu'il avait voulu garder vis-à-vis d'elle.

Sans doute, on pouvait citer des écrivains qui ne descendaient point à ces bassesses, et qui gardaient une attitude décente. Mais ceux-là mêmes n'échappaient pas à des défauts déplaisants que leur métier, si excédant, si bien fait pour surexciter l'amour-propre, leur imprimait comme des stigmates. Ils ont beau se répandre dans le monde, ils conservent, malgré eux, comme un pli professionnel, et, en dépit d'eux-mêmes, laissent toujours percer quelque pédantisme. Leur vanité surtout, qui les rend maladroits ou malheureux, fait que leur commerce est le plus souvent incommode. Ils sont toujours empressés à parler d'eux-mêmes et de leurs œuvres. « L'abbé Delille devait lire des vers à l'Académie pour la réception d'un ami. Sur quoi il disait : Je voudrais bien qu'on ne le sût pas d'avance, mais je crains bien de le dire à tout le monde [1]. » Ils ont, fussent-ils très grands, un éternel et insatiable besoin de louanges, fussent-elles très basses. « M. de Buffon s'environne de flatteurs et de sots qui le louent sans pudeur [2]. » Pour éviter que cette vanité ne reçoive des atteintes, ils ne reculent pas devant des vilenies. « Lorsque l'*Esprit des Lois* parut, il s'en fit plusieurs critiques

---

1. *Éd.* Auguis, II, 69.
2. *Éd.* Auguis, II, 24.

mauvaises ou médiocres qu'il (Montesquieu) méprisa fortement. Mais un homme de lettres connu en fit une dont M. du Pin voulut bien se reconnaître l'auteur et qui contenait d'excellentes choses. M. de Montesquieu en eut connaissance et en fut au désespoir. On la fit imprimer, et elle allait paraître, lorsque M. de Montesquieu alla trouver Mme de Pompadour qui, sur sa prière, fit venir l'imprimeur et l'édition tout entière. Elle fut hachée, et on n'en sauva que cinq exemplaires [1]. » L'envie, enfin, suite ordinaire et comme nécessaire de la vanité, met dans les rapports que les gens de lettres ont entre eux une malveillance ou tout au moins une défiance continuelle. « M.... qui venait de publier un ouvrage qui avait beaucoup réussi, était sollicité d'en publier un second, dont ses amis faisaient grand cas : Non, dit-il, il faut laisser à l'envie le temps d'essuyer son écume [2]. »

Les délices de la réputation sont telles que, dans tous les temps, elles ont suffi à bien des écrivains pour qu'ils oublient ce qu'il y a d'ingrat et d'âpre dans leur métier. Mais, à quarante ans, Chamfort avait cessé de les goûter :

« J'ai aimé la gloire, je l'avoue, dit-il ; mais c'était dans un âge où l'expérience ne m'avait point appris la vraie valeur des choses, où je croyais qu'elle pouvait exister pure et accompagnée de quelque repos, où je pensais qu'elle était une source de jouissances chères au cœur, et non une lutte éternelle de vanité ; quand je croyais que, sans être un moyen de fortune, elle n'était pas un titre d'exclusion à cet égard. Le temps et la réflexion m'ont éclairé [3]. »

1. *Ed.* Auguis, II, 64.
2. *Ed.* Auguis, II, 107.
3. *Ed.* Auguis, V, 273.

Et il avait été éclairé d'une lumière pénétrante et crue. Quoi de plus vain que la célébrité ? « Célébrité : l'avantage d'être connu de ceux qui ne nous connaissent pas [1]. » Quoi de moins honorable ? Ce public, par qui l'on devient célèbre, est, au vrai, si indifférent au mérite ! « Le travail du poète, et souvent de l'homme de lettres, lui est bien peu fructueux à lui-même ; et de la part du public, il se trouve placé entre le *Grand merci* et le *Va te promener* [2]. » Ce public d'ailleurs n'est-il point de goût gâté et perverti ? « Un homme de goût est, parmi ce public blasé, ce qu'une jeune femme est au milieu d'un cercle de vieux libertins [3]. » Faites de votre mieux, travaillez à donner une œuvre forte ou distinguée : combien de chances pour que vous restiez « à moitié chemin de la gloire de Jeannot [4] » ! L'homme qui ne se laisse point étourdir par le bruit dont la réputation l'entoure, ni aveugler par la poussière qu'elle soulève autour de lui, reconnaîtra vite qu'elle apporte plus de charges que d'avantages. Un écrivain en vue ne s'appartient plus à lui-même ; le monde, qui fait les réputations, n'entend pas les faire gratis ; il veut qu'on le paie en se soumettant à quelques-unes de ses servitudes : servitudes extérieures, visites, dîners, fêtes, cérémonial et, ce qui est plus grave, servitudes morales, préventions, préjugés de toute sorte. Il ne lui suffit pas qu'on

---

1. *Éd.* Auguis, I, 365.
2. *Éd.* Auguis, I, 427.
3. *Éd.* Auguis, I, 427.
4. *Éd.* Auguis, I, 336.

soit des siens, il veut qu'on soit sien ; on ne s'acquitte avec lui qu'en le surpayant. Et les avantages de la célébrité ? En regard de ses inconvénients, Chamfort avec une parfaite netteté en a établi le bilan : « Il est aisé de réduire à des termes simples la valeur précise de la célébrité ; celui qui se fait connaître par quelque talent ou quelque vertu se dénonce à la bienveillance inactive de quelques honnêtes gens et à l'active malveillance de tous les hommes malhonnêtes. Comptez les deux classes et pesez les deux forces [1]. »

Les misères et les tracasseries de la vie littéraire l'ont donc excédé sans qu'on puisse en être surpris ; mais surtout l'insignifiance, le vide de ce qu'on nommait alors la littérature, ont fait éprouver à son âme comme une lourde lassitude. Après de courtes excursions dans presque tous les genres consacrés, il sent que tous ces genres sont épuisés, qu'ils ne peuvent tout au plus servir que de distraction à une société vieillie et blasée, que la littérature pure va à sa fin, qu'elle a cessé d'être autre chose qu'un jeu d'esprit, et un jeu d'esprit suranné.

Le siècle est octogénaire ; il radote et ne se plaît plus qu'à l'absurdité ou à la platitude. Ecrire et penser sont devenus des termes presque contradictoires :

> Je touche au midi de mes ans,
> Et je me dois tous mes instants
> Pour jouir, non pour faire un livre ;

---

1. *Ed.* Auguis, I, 392.

Amis, penser, sentir, c'est vivre ;
Ecrire, c'est perdre du temps [1].

Chamfort pressentait-il un renouvellement littéraire ? le croyait-il proche ? — Il en a parlé en tout cas : « Pour être un grand homme dans les lettres ou du moins opérer une révolution sensible, il faut, comme dans l'ordre politique, trouver tout préparé et naître à propos [2] ». A coup sûr, il comprenait que, de son temps, l'heure de cette révolution n'avait point sonné. Alors à quoi bon publier ? Et, très résolument, il prit le parti de ne plus rien donner au public. Pendant de longues années il a tenu l'engagement qu'il prenait vis-à-vis de lui-même dans une lettre écrite en 1784 à l'abbé Roman :

« L'impression, disait-il..., j'en ai une si grande aversion que je n'ai de repos que depuis le moment où j'ai imaginé un moyen sûr de lui échapper et de faire en sorte que ce que j'écris existe, sans qu'il soit possible d'en faire usage, même en me dérobant tous mes papiers. Le moyen que j'ai inventé m'en rend maître absolu jusqu'au monument et même par delà ; car je n'ai qu'à me taire ; et ce que j'aurai écrit sera mort avec moi [3]. »

Ainsi gagnée par le désenchantement, l'âme de Chamfort reçut, vers cette époque, dans des circonstances restées obscures, une blessure qui envenima la tristesse qui s'était amassée en elle.

L'expérience qu'il avait acquise de la vie suffi-

---

1. *Ed.* Auguis, V, 236.
2. *Ed.* Auguis, I, 425.
3. *Ed.* Auguis, V, 292.

sait sans doute à faire de lui un moraliste désabusé; mais si la société de son temps ne lui eût point porté une atteinte directe et profonde, on ne trouverait pas, je crois, dans son livre une observation si amère et une satire si cruelle. « J'ai été une fois, dit-il, empoisonné avec de l'arsenic sucré, je ne le serai plus ; *manet alta mente repostum* [1]. » A quoi fait-il allusion ? On ne sait. Fut-il trahi et bafoué par quelque grand seigneur à qui il avait donné son amitié ? « J'ai vu les plus intimes amis faire des blessures à l'amour-propre de ceux dont ils avaient surpris le secret. Il paraît impossible que, dans l'état actuel de la société (je parle de la société du grand monde), il y ait un seul homme qui puisse montrer le fond de son âme et les détails de son caractère et surtout de ses faiblesses à son meilleur ami [2]. » Désireux, nous l'avons vu, d'obtenir un emploi dans la diplomatie, fut-il leurré, berné, et lui fit-on sentir sa déconvenue de façon humiliante ? Il y a chez lui plus d'un mot où éclate l'irritation d'avoir été pris pour dupe. Comme on le félicitait de ses relations avec les plus hauts personnages, il protestait : « Ce sont, disait-il, des joueurs qui m'ont montré leurs cartes, qui ont même, en ma présence, regardé dans le talon, mais qui n'ont point partagé avec moi les profits du gain de la partie [3] ». On a parlé aussi d'une passion malheureuse : sur ce point rien de précis ; mais combien de vraisemblance ! Dans les paroles

---

1. *Ed.* Auguis, V, 276.
2. *Ed.* Auguis, I, 379.
3. *Ed.* Auguis, I, 321.

de Chamfort sur les femmes, on distingue aisément l'accent d'une souffrance et d'une rancune personnelles. A l'âge où il n'aimait plus seulement le plaisir, où il avait besoin de tendresse, il possédait ses grandes entrées dans les salons les plus brillants ; après avoir été « l'amant d'une femme galante, le jouet d'une coquette, le passe-temps d'une femme frivole, l'instrument d'une intrigante », de flatteuses avances ne purent-elles pas lui faire croire qu'il trouverait dans ce monde de choix une liaison « d'âme à âme » ? S'il le crut, combien sa déception dut être cruelle quand il fut convaincu qu'il n'y avait dans le monde que des « coucheries sans amour [1] ! »

Et là encore peut-être lui fit-on sentir, et en nulle occasion il ne la pouvait sentir de façon plus cuisante, son infériorité sociale. Peut-être quelque grande coquette se fit-elle un jeu de rendre ridicule ce plébéien amoureux : « M... disait à propos de Mme de... : J'ai cru qu'elle me demandait un fou, et j'étais prêt à le lui donner ; mais elle me demandait un sot, et je le lui ai refusé net [2] ». En battant en retraite, il était ulcéré.

Quelle qu'ait été la cause de l'amertume de Chamfort, c'est vers l'année 1780 qu'elle se marque nettement pour la première fois. Il quitte alors Paris et se retire dans ce qu'il appelle « son établissement d'Auteuil ». Il ne fréquente plus que chez les Panckoucke et chez Mme Helvétius dont il est devenu le voisin. Assurément la maison de cette

---

1. *Ed.* Auguis, II, 15.
2. *Ed.* Auguis, II, 39.

femme aimable n'est point une chartreuse ; mais, comme elle n'a guère pour familiers que quelques philosophes, on y trouve » un lieu de relâche, un asile contre les formes fatigantes du monde ¹ ». C'est là que, sans contrainte, Chamfort venait exhaler sa bile, à l'heure où elle fermentait avec le plus d'âcreté. Morellet, un des habitués du salon de Mme Helvétius, le vit et l'entendit à ce moment ; et il fait de lui un portrait où il met une malveillance marquée, mais qui donne pourtant l'impression de la vérité et de la vie.

« Je le voyais, dit-il, dans la société de Saurin et de Mme Helvétius... il m'est arrivé vingt fois à Auteuil, après l'avoir entendu deux heures de la matinée contant anecdotes sur anecdotes et faisant épigrammes sur épigrammes avec une facilité inépuisable, de m'en aller l'âme contristée comme si je fusse sorti du spectacle d'une exécution ; et Mme Helvétius, qui avait beaucoup plus d'indulgence que moi pour ce genre d'esprit, après s'être amusée des heures entières de sa malignité, après avoir souri à chaque trait, me disait, après qu'il était parti : L'abbé, avez-vous jamais rien vu de si fatigant que la conversation de Chamfort ? Savez-vous qu'elle m'attriste pour toute la journée ? et cela était vrai ² ».

Les blessures de Chamfort sont alors en effet toutes fraîches ; dans son irritation contre le siècle, il commence à recueillir, dans la solitude, ses anecdotes accusatrices ; et l'on imagine sans peine l'impression pénible et douloureuse que devaient

---

1. Dr Roussel, *Notice sur Mme Helvétius* (à la suite de *Système physique et moral de la femme.* — Paris, 1813, in-8°).
2. *Mémoires* de Morellet, tome II, chap. II (Paris, Ladvocat, 1821).

laisser ses entretiens, où il s'efforçait de masquer ses souffrances par l'ironie. A peu près à cette date, il fit chez Mme Agasse la connaissance d'une femme dont l'influence fut grande sur lui : c'était Mme Buffon [1], veuve d'un médecin du comte d'Artois, femme d'esprit qui avait été élevée à la cour de la duchesse du Maine, et à qui son âge et sa situation avaient donné une grande expérience. C'était, nous dit un contemporain [2] qui l'a connue, « une femme bien vive... bien spirituelle.. avec une physionomie pleine d'âme et d'expression... parlant bien, mais beaucoup trop peut-être pour toujours bien parler ; elle avait conservé tout l'empire de son sexe, qu'elle n'exerçait plus que sur le cœur, par l'esprit qu'elle avait aussi jeune, aussi aimable qu'à quinze ans ». Attiré vers elle, Chamfort se mit en peine de lui plaire ; comme entre elle et lui se rencontrait « une réunion complète d'idées, de sentiments et de positions [3] », il conçut pour elle une de ces « amitiés passionnées » où l'on a « le bon-

---

[1]. Ginguené ne désigne l'amie de Chamfort que par son initiale (Mme B....). Les biographes de notre temps, qui n'avaient plus de raisons pour être discrets, ne l'ont pas nommée, sans doute parce qu'ils ne savaient pas son nom. En allant visiter Vaudouleurs (commune de Morigny-Champigny), nous avons, grâce à l'obligeance de l'instituteur, M. Brizemure, trouvé dans les registres de Saint-Germain-lès-Estampes (aujourd'hui Morigny), l'acte de décès suivant : « L'an mil sept cent quatre-vingt-trois, le vingt-neuf août, dame Marthe-Anne Buffon, veuve de M. Buffon, premier médecin de Mgr le comte d'Artois, de Madame la comtesse et des princes leurs enfants, âgée d'environ cinquante-cinq ans, décédée du jour d'hier, a été inhumée... etc. ». Outre qu'elle révèle le nom de l'*inconnue* de Chamfort, cette pièce offre cet intérêt qu'elle détruit la légende d'après laquelle il se serait marié avec cette rare amie ; on a vu qu'elle est qualifiée de veuve.

[2]. Aubin, dans le *Chamfortiana*, XVI.

[3]. *Ed.* Auguis, V, 275.

heur des passions, et l'aveu de la raison par-dessus le marché » [1]. Et ces relations aimables, qui devinrent une véritable liaison dans l'été de 1781, rendirent son humeur moins sombre, apaisèrent l'ardeur de ses colères et firent entrer un peu de calme dans son âme tourmentée. Lorsqu'en juillet 1781, il parut pour la dernière fois sur la scène littéraire, lors de sa réception à l'Académie, il y porta l'esprit et les grâces qu'on lui avait connus naguère ; rien ne parut de sa tristesse et de son désenchantement ; l'Académie ne se douta pas qu'elle avait ouvert ses portes à un terrible satirique ; elle put croire qu'elle n'avait admis qu'un critique disert et un poète spirituel. « C'est, disait Rivarol, une branche de muguet entée sur des pavots. »

Le jour où il prit séance fut une fête mondaine (19 juillet 1781). On voulait entendre le causeur brillant qui, depuis quelque temps déjà, avait déserté les salons. Le prince de Condé, accompagné de Mlle de Condé et de toutes les dames de sa cour, était dans l'assistance, et l'auditoire se composait « en grande partie... du beau sexe ». « M. de Chamfort a la réputation d'un des hommes de Paris qui a le plus d'adresse ; personne ne brille plus dans la société ; on s'attendait que pour l'esprit son discours de réception serait une espèce de feu d'artifice ; on n'a point été trompé entièrement . » Et en effet, dans cet éloge de Sainte-Palaye, son prédécesseur, qui avait écrit une Histoire de la Chevalerie, il dit force jolies choses aux dames à

---

[1]. *Ed.* Auguis, I, 405.
[2]. *Correspondance littéraire secrète*, tome XI, p. 379 sqq.

propos de la galanterie des anciens chevaliers. L'effort se sentait pourtant ; l'ironie même, par endroits ; et, sans en comprendre la cause, les contemporains s'aperçurent que l'orateur était à la gêne dans toute cette partie de son discours. « Le style en est peiné, les rapprochements en sont minutieux ; il semble que l'auteur ait été condamné à faire de l'esprit [1]. » En revanche, la fin de la harangue, consacrée à la peinture de l'union fraternelle des deux frères de Sainte-Palaye, fut goûtée sans réserve. Là Chamfort qui, comme Montesquieu, a été « amoureux de l'amitié », parla d'abondance de cœur ; et tel passage, comme celui où il rappelle qu'une « éducation maternelle, bornée pour d'autres à la première enfance, et qui se prolongea pour lui jusqu'à la jeunesse, fut, pour M. de Sainte-Palaye, une des sources de cette douceur insinuante, de cette indulgence aimable, dont le cœur d'une mère est sans doute le plus parfait modèle [2] » ; tel autre, où il nous montre chez son héros cet optimisme qui « n'est point la vertu sans doute, mais que la vertu même pourrait envier », ont, au milieu des formes traditionnelles, des élégances convenues, un accent de sincérité, une émotion contenue, qui approchent vraiment de l'éloquence.

La cérémonie académique achevée et sa tâche remplie, Chamfort, malgré son succès, se hâta de rentrer dans le silence et la retraite. Mme Buffon

---

1. *Correspondance littéraire secrète*, tome XI, p. 379 sqq.
2. Le discours de réception de Chamfort à l'Académie française se trouve au tome I de l'édition Auguis.

avait bien pu l'empêcher de rompre brusquement et complètement avec le monde ; mais elle n'avait point changé l'opinion qu'il s'était faite de la société de son temps ; elle n'y avait pas songé sans doute et peut-être la partageait-elle elle-même. Ce qui est certain, c'est qu'un jour l'un et l'autre jugèrent qu'à Paris ou aux portes de Paris on ne pouvait se créer une solitude assez complète ; au printemps de 1783, tous les deux allèrent vivre au petit château de Vaudouleurs, près d'Etampes. « Je vous ai déjà étonné, écrivait Chamfort à l'abbé Roman en 1784, en vous parlant d'un éternel adieu dit à la ville de Paris, l'année dernière. Oui, mon ami, c'en était fait, et j'ai vécu six mois en province, à la campagne, partagé entre l'amitié, un jardin et une bibliothèque. C'est presque le seul temps de ma vie que je compte pour quelque chose [1]. » Ce fut en effet une retraite véritable et non pas une simple villégiature de blasés. Point de parties bruyantes et magnifiques ; Vaudouleurs est une maison fort modeste, mais entourée d'eaux fraîches et de beaux ombrages ; tout y respire le repos. Point de passion non plus : Chamfort et Mme Buffon avaient tous les deux passé la quarantaine. « Il n'y avait point d'amour, écrit Chamfort, parce qu'il ne pouvait y en avoir, puisqu'elle avait plusieurs années de plus que moi ; mais il y avait plus et mieux que de l'amour, puisqu'il existait une réunion complète de tous les rapports d'idées, de sentiments et de positions [2]. » Mais, à défaut

---

1. *Éd.* Auguis, V, 288 sq.
2. *Éd.* Auguis, V, 274 sq.

d'amour, ils étaient unis par une tendresse très vive et qui y ressemblait fort. Chamfort a pu mettre une sorte de pudeur délicate à parler de sa liaison avec son amie. Mais, nous dit Aubin, « je l'ai vu l'aimer aussi ardemment qu'une maîtresse, aussi tendrement que sa mère [1] ». Ce subtil roman, cette singulière idylle de deux quadragénaires eut un dénouement tragique : après six mois passés ainsi à Vaudouleurs, Mme Buffon mourut brusquement. Les lettres où Chamfort parle de cette perte sont pleines de cœur et montrent de quelle affection il avait aimé celle qui n'était plus : « Je ne finirais pas, dit-il à l'abbé Roman, si je vous parlais de ce que j'ai perdu. C'est une source éternelle de souvenirs tendres et douloureux. Ce n'est qu'après six mois que ce qu'ils ont d'aimable a pris le dessus sur ce qu'ils ont de pénible et d'amer. Il n'y a pas deux mois que mon âme est parvenue à se soulever un peu, et à soulever mon corps avec elle [2]. » Et, à peu près à la même époque, il écrit à Mme Agasse, qui avait été la meilleure amie de Mme Buffon, qu'il n'a pas eu le courage d'aller la voir aussitôt après le coup qui l'a frappé :

« J'ai craint d'être suffoqué en voyant, dans ces premiers jours, la personne que mon amie aimait le plus, et dont nous parlions le plus souvent. Le cœur sait ce qu'il lui faut. C'est de vous que j'ai besoin maintenant : j'irai vous voir au premier jour.... Je ne réponds pas du premier moment ; mais je ne suffoquerai point, parce que mon cœur peut s'épancher auprès de vous. Mais quand je songe que ce même jour, et sans doute à la même heure

---

1. *Chamfortiana*, XVII.
2. *Éd. Auguis*, V, 289.

où je serai chez vous, elle me verrait aussi !... Je m'arrête, et ne puis plus écrire ; et c'est depuis qu'elle n'est plus, le moment le moins malheureux [1]. »

Plus tard il écrivit des vers à la mémoire de cette morte si chèrement aimée ; et le sentiment qui les dicta est si profond et si sincère que, cette fois au moins, Chamfort fut vraiment poète [2].

Cette retraite, pendant laquelle il connut le calme et la tendresse, n'est pas seulement un épisode singulier dans la vie aride et vainement agitée, que Chamfort mena comme presque tous les hommes de son temps ; ces deux ans de liaison avec Mme Buffon, surtout ces six mois de solitude à Vaudouleurs, comptent beaucoup dans l'histoire de son esprit et dans le développement de son talent. Loin des hommes et de leurs atteintes, les blessures qu'il en avait reçues devinrent moins cuisantes ; il songea moins à ses griefs personnels ; il voulut voir les choses de haut, se consoler des cruautés de l'expérience par l'exercice de sa pensée, et, pour tout dire en un mot, détourner sa vue des réalités pratiques pour rechercher les vérités spéculatives. Cette tentative fut vite interrompue ; il ne semble guère d'ailleurs que Chamfort pût y réussir. Elle lui fut utile pourtant, elle a son intérêt et mérite de nous arrêter.

C'est sans doute à ce moment qu'il écrivit les lignes suivantes :

« Je me suis réduit à trouver tous mes plaisirs en moi-même, c'est-à-dire, dans le seul exercice de mon intelli-

---

1. *Éd.* Auguis, V, 304.
2. *Éd.* Auguis, V, 234.

gencé. La nature a mis, dans le cerveau de l'homme, une
petite glande appelée cervelet, laquelle fait office d'un miroir ; on se représente, tant bien que mal, en petit et en
grand, en gros et en détail, tous les objets de l'univers, et
même les produits de sa propre pensée. C'est une lanterne
magique dont l'homme est propriétaire, et devant laquelle
se passent des scènes où il est acteur et spectateur. C'est
là proprement l'homme ; là se borne son empire ; tout le
reste lui est étranger [1]. »

Par ce passage même on voit que Chamfort n'eut
point d'ambition métaphysique ; ce qu'il demande
à la philosophie spéculative, c'est un divertissement, au sens où Pascal entendait ce mot ; il ne
prétend nullement à se faire un système, mais
examine les divers systèmes, et cherche en quoi
leurs grandes conclusions répugnent ou conviennent à son intelligence.

Il semble que, d'une façon générale, il ait incliné
vers le spiritualisme ; au moins ne trouve-t-on pas
chez lui une seule ligne qui puisse faire croire qu'il
ait jamais partagé les idées de Diderot ou d'Helvétius. Et pourtant, devant les dogmes qui sont à la
base de la doctrine spiritualiste, il reste singulièrement hésitant et perplexe. Est-il déiste ? « Je ne
me soucierais pas, dit-il quelque part, d'être chrétien ; mais je ne serais pas fâché de croire en
Dieu [2]. » Ailleurs il prend évidemment à son compte
un mot de Diderot : « Les athées sont meilleure
compagnie pour moi, disait M. D***, que ceux qui
croient en Dieu. A la vue d'un athée, toutes les
demi-preuves de l'existence de Dieu me viennent

---

1. *Ed.* Auguis, II, 1.
2. *Ed.* Auguis, II, 150.

à l'esprit ; et, à la vue d'un croyant, toutes les demi-preuves contre son existence se présentent à moi en foule¹. » Comme il ne cessa jamais d'être préoccupé de morale pratique, une de ces demi-preuves contre l'existence de Dieu qui le frappait le plus, c'était le désordre moral : « Le monde physique, disait-il, paraît l'ouvrage d'un être puissant et bon qui a été obligé d'abandonner à un être malfaisant l'exécution d'une partie de son plan. Mais le monde moral paraît être le produit des caprices d'un diable devenu fou². » Aussi ne peut-il admettre la Providence ; s'il en parle, c'est pour citer, en l'approuvant évidemment, le mot de Mme de Créqui : « Quelqu'un disait que la Providence était le nom de baptême du hasard³... » Quant à l'immortalité de l'âme, question qui se lie intimement à celle de l'existence de Dieu, il ne la nie point, mais semble croire qu'elle se pose comme un problème que l'homme ne saurait résoudre. « J'ai lu, dans je ne sais quel voyageur, que certains sauvages de l'Afrique croient à l'immortalité de l'âme. Sans prétendre expliquer ce qu'elle devient, ils la croient errante, après la mort, dans les broussailles qui environnent leurs bourgades et la cherchent plusieurs matinées de suite. Ne la trouvant pas, ils abandonnent cette recherche et n'y pensent plus. C'est à peu près ce que nos philosophes ont fait et avaient de meilleur à faire⁴. » Mais, malgré tant d'hésitations, on peut penser qu'en fin de compte

1. *Éd.* Auguis, II, 140.
2. *Éd.* Auguis, I, 357.
3. *Éd.* Auguis, I, 352.
4. *Éd.* Auguis, I, 344.

Chamfort acceptait le déisme ; n'en fait-il pas l'aveu quand il dit que les athées, qui l'inclinent à la croyance en Dieu, sont pour lui *meilleure compagnie*? C'est qu'il s'est fait un idéal de justice et de vertu et que le besoin de donner une forme à cet idéal s'impose aisément à ceux qui, à l'ordinaire, ne vivent pas dans l'abstraction. De ses excursions dans le domaine de la métaphysique, Chamfort est revenu très sceptique. « Je dirais volontiers des métaphysiciens ce que Scaliger disait des Basques : on dit qu'ils s'entendent, mais je n'en crois rien [1]. » Mais, sceptique par l'esprit, il serait volontiers déiste par le cœur.

On conçoit qu'ayant une foi si peu décidée aux dogmes de la religion naturelle, il ait moins encore accepté la religion révélée. En fait, il fut absolument indévot. Une anecdote nous édifiera sur ce point.

« M. de Chamfort, dit la *Correspondance littéraire secrète* (8 avril 1781), a enfin obtenu le fauteuil académique... Ce n'est pas son orthodoxie qui l'a conduit là. On en peut juger par sa réponse au curé de sa paroisse qui le venait exhorter dans une maladie qu'il eut cet hiver. M. Marsollier, jeune poète, qui était témoin, l'a consignée dans la pièce de vers que voici... »

Suivent des vers où l'on nous représente le prêtre engageant le moribond à finir en bon chrétien. Puis,

> Le mourant, ouvrant la paupière,
> Lui répond : Hélas ! mon doux père,
> Je voudrais souscrire à vos vœux ;
>   Mais il fallait venir plus vite,
> Car le docteur qui, dans l'instant, me quitte
>   M'a défendu les farineux.

---

[1]. *Ed.* Auguis, I, 424.

A n'en pas douter, rien ne contribua plus à l'éloigner de la religion que les privilèges exorbitants dont jouissait alors le clergé, et l'abus qu'il en faisait ; c'est un point sur lequel nous reviendrons bientôt. Mais pour l'écarter du christianisme, ne suffisait-il pas de la soumission intellectuelle qu'il exige de ses fidèles ? Chamfort avait le respect et l'orgueil de sa pensée ; il n'eût pas souffert qu'on lui demandât de l'abdiquer. Jamais il n'eût pu suivre le conseil qu'il prête à certain dévot : « J'ai entendu un dévot, parlant contre des gens qui discutent des articles de foi, dire naïvement : Messieurs, un vrai chrétien n'examine point ce qu'on lui ordonne de croire. Tenez, il en est de cela comme d'une pilule amère : si vous la mâchez, jamais vous ne pourrez l'avaler[1]. »

Certes, nous sommes fort loin de prétendre que, dans ce que Chamfort a dit sur ces grandes questions, il y ait autre chose que des *mots* ; nous reconnaissons volontiers qu'il les aborda avec le préjugé du doute préalable qui était l'esprit même du siècle. Nous ne voulons nullement surfaire sa portée philosophique, et nous ne pensons point, quoi qu'il en ait dit, qu'il eût pu jamais trouver son plaisir « dans le seul exercice de son intelligence ». Quand il vécut, on avait désappris dès longtemps ce qu'est la contemplation des pures idées ; comment, seul entre tous, fût-il arrivé à cet état de désintéressement, où quelques-uns, comme Gœthe, ont atteint plus tard, où l'on n'a plus d'autre joie

---

1. *Éd.* Auguis, II, 137.

que de comprendre, où le monde extérieur, l'univers visible, le monde intérieur, le moi, ne sont plus qu'un spectacle pour un témoin intelligent ! Tout ce que nous voulons faire entendre, c'est que, pour avoir seulement abordé ces grands problèmes, son esprit prit une trempe plus forte ; sa pensée ne s'éleva pas peut-être, mais elle s'élargit ; il devint capable, non pas de concevoir les idées universelles, mais des idées générales. Sans ces heures de recueillement, il n'eût été sans doute qu'un satirique plein de malignité ; il devint un moraliste. Et de plus, convaincu, beaucoup trop vite assurément, mais enfin convaincu de l'inutilité de son effort spéculatif, il s'attacha avec plus d'ardeur et de force aux questions pratiques. « La vie contemplative, pensa-t-il, est souvent misérable ; il faut agir davantage, penser moins et ne pas se regarder vivre. — L'homme peut aspirer à la vertu ; il ne peut raisonnablement prétendre de trouver la vérité [1]. » Il jugea qu'en tout, comme dit Rivarol, il ne faut pas songer à être plus qu'homme, mais seulement à être plus homme. Et, à y bien regarder, c'est là précisément qu'est son point de départ révolutionnaire.

Quand survint la mort de Mme Buffon, il fut brusquement rejeté dans le monde. Choiseul-Gouffier, qu'il connaissait depuis plusieurs années et pour qui il venait d'écrire, sous l'anonyme, la préface du *Voyage pittoresque de la Grèce* ; M. de Vaudreuil, avec qui il était entré en relations depuis deux ans

---

1. *Ed.* Auouis, 410.

environ, et dont il avait reçu maintes preuves d'affection, résolurent de l'enlever à sa retraite. « Un ami, dit-il, est venu m'arracher en chaise de poste de ce séjour charmant [1] » (Vaudouleurs). Pour distraire sa douleur, Vaudreuil et Choiseul-Gouffier, qui s'étaient adjoint le vicomte de Narbonne, l'emmenèrent faire un voyage en Hollande. Puis, de retour en France, Vaudreuil ne négligea rien pour obtenir de Chamfort qu'il consentît à accepter un logement dans son hôtel; comme il connaissait son goût pour l'indépendance et qu'il vivait lui-même presque toujours à Versailles, quand il était absent, « il faisait servir une table pour Chamfort et ceux qu'il plaisait à Chamfort d'inviter [2] ». Il ne s'en tint pas là ; tandis que Chamfort, malade et quinteux, restait à l'écart et sur la réserve, il sollicitait pour lui des faveurs et travaillait « essentiellement à sa fortune [3] ». C'est ainsi qu'il lui fit obtenir la place de secrétaire de Mme Elisabeth (12 septembre 1784) et, plus tard, par Calonne, une pension de 2000 livres sur la maison du roi (21 août 1786).

A l'époque de la Révolution, les adversaires et les ennemis de Chamfort lui reprochèrent très durement cette liaison avec un des derniers favoris de l'ancien Régime. Faut-il croire, comme ils l'ont prétendu, que, par cupidité ou par ambition, il ait trahi son cœur et ses idées ? Il suffit d'ouvrir sa

---

1. *Ed.* AUGUIS, V, 289.
2. *Souvenirs* de Mme VIGÉE-LEBRUN, tome I, p. 222 (Paris, 1835, 3 vol. in-8º).
3. *Ed.* AUGUIS, V, 289.

correspondance, de lire des lettres intimes où rien ne l'oblige à déguiser ses sentiments, pour reconnaître qu'il sentit pour M. de Vaudreuil une affection véritable :

« Il faut vous dire de plus, écrit-il à l'abbé Roman, qu'indépendamment de ma nouvelle place, ma liaison avec M. de Vaudreuil est devenue telle qu'il n'y a plus moyen de penser à quitter ce pays-ci. C'est l'amitié la plus parfaite et la plus tendre qui se puisse imaginer. Je ne saurais vous en écrire les détails ; mais je pose en fait que, hors l'Angleterre où ces choses-là sont simples, il n'y a presque personne en Europe digne d'entendre ce qui a pu rapprocher, par des liens si forts, un homme de lettres isolé, cherchant à l'être encore plus, et un homme de la cour jouissant de la plus grande fortune et même de la plus grande faveur. Quand je dis des liens si forts, je devrais dire si tendres et si purs ; car on voit souvent des intérêts combinés produire entre des gens de lettres et des gens de la cour des liaisons très constantes et très durables ; mais il s'agit ici d'amitié, et ce mot dit tout dans votre langue et dans la mienne [1]. »

Pourquoi nous refuserions-nous à croire à la sincérité d'une amitié qui s'exprime en termes si vifs et si sentis ? Que l'on juge aussi sévèrement que l'on voudra le rôle que Vaudreuil a joué dans l'histoire : il n'en faut pas moins reconnaître qu'il avait de quoi se rendre aimable ; aux meilleures traditions de politesse et d'élégance de l'ancien monde, il joignait les goûts de la société moderne.

« M. de Vaudreuil aimait passionnément les arts et les lettres ; il se plaisait à les encourager plus encore en amateur qu'en homme puissant. Toutes les semaines il donnait un dîner qui était uniquement composé de littérateurs et

---

1. *Ed.* Auguis, V, 281.

d'artistes. La soirée se passait dans un salon où l'on trouvait des instruments, des crayons, des couleurs, des pinceaux, des plumes, et chacun composait, peignait, écrivait, selon son goût ou son talent. M. de Vaudreuil lui-même en cultivait plusieurs ; sa voix était fort agréable ; il était bon musicien [1]. »

Il savait en outre, dans ses rapports avec les écrivains et les artistes, leur marquer une considération flatteuse qui les lui gagnait vite.

« Il trouve très bien, écrivait Chamfort à Morellet, très simple qu'on ait des talents, du mérite, même de l'élévation, et qu'on soit honoré à ces titres, fût-ce publiquement, quand même on ne serait par hasard ni ministre, ni ambassadeur, ni premier commis. Il devance de quelques années le moment où l'orviétan de ces Messieurs sera tout à fait éventé [2]. »

Si ombrageux qu'il pût être, comment Chamfort eût-il résisté aux avances d'un homme si séduisant ? Et il est vrai qu'il aima très sincèrement Vaudreuil ; si, par lui, il obtint des places et des pensions, ce fut, non pas sans doute à son corps défendant, mais sans avoir cherché à user de la faveur de son ami. Mirabeau, ayant à faire recommander quelqu'un à M. de Vaudreuil, témoigne du désintéressement que Chamfort apporta dans ces relations :

« Je ne vous ai jamais recommandé personne en France, dit-il dans une lettre datée de Londres, pas même moi, parce que j'ai toujours trouvé que cette discrétion était de délicatesse et d'honnêteté envers un homme que son mérite personnel et le hasard des circonstances ont mis en

---

1. Note de l'éditeur des *Mémoires* de Mme CAMPAN, I, 145 (Paris, 1823, in-8°).
2. *Éd.* AUGUIS, V, 287.

mesure, même intime, avec les grands, sans qu'il ait jamais voulu compromettre son indépendance, trafiquer de leur amitié, mettre, en manière quelconque, à profit, sa situation[1]. »

Ce désintéressement lui donnait le droit de garder toute son indépendance, toute la liberté de son langage ; il ne manquait pas d'user de ce droit. On a conservé de lui certains propos qui prouvent que sa franchise avec le grand seigneur, son ami, allait parfois jusqu'à la rudesse. « Se promenant, raconte Rœderer, sur le pont d'Amsterdam avec le comte de Choiseul et le comte de Vaudreuil, qui admiraient l'activité des crocheteurs et des charpentiers : Qu'est-ce, leur dit-il, qu'un gentilhomme français en comparaison de ces hommes-là[2] ? » Et comme, un jour, Vaudreuil lui reprochait de ne pas vouloir, malgré sa pauvreté, lui confier ses besoins : « Je vous promets, lui répondit-il, de vous emprunter cent louis quand vous aurez payé vos dettes »[3]. Aux approches de la Révolution surtout, quand s'ouvrit, pour emprunter ses expressions, le grand procès entre vingt-cinq millions d'hommes et sept cent mille privilégiés, Chamfort ne déguisa point ses opinions et ne dissimula pas ses espérances. Comme tant d'autres membres de la noblesse, Vaudreuil s'était montré

---

1. *Éd.* Auguis, V, 430.
2. *Œuvres du comte* Rœderer (tome IV). — L'attitude de Chamfort devant Vaudreuil ressemblait si peu à celle d'un subalterne, que, d'après certain témoignage, il aurait imposé une sorte de sujétion à son protecteur. « J'ai ri, dit un rédacteur anonyme du *Journal de Paris*, de l'humilité où il tenait l'élégant Vaudreuil, son patron. » (Cité dans Auguis, V, 349.)
3. *Éd.* Auguis, II, 157.

favorable aux idées des novateurs, tant qu'elles avaient été seulement un sujet d'entretien pour les gens d'esprit ; mais, au moment où elles allaient se transformer en passions armées et redoutables, il se troublait, ne voyait plus clair dans cette situation nouvelle : « Vous n'avez pas de taie dans l'œil, lui disait alors son ami, mais il y a un peu de poussière sur votre lunette [1] ».

Bientôt Vaudreuil, effrayé tout à fait, se jeta, sans réserve, dans le parti de la résistance. Lorsque Necker convoqua une seconde assemblée des notables, le 6 novembre 1788, pour délibérer sur la composition des Etats-Généraux et sur l'élection de leurs membres, le clergé et la noblesse repoussèrent le doublement du tiers. Et Vaudreuil pensa et parla alors comme les hommes de sa caste. Il aurait voulu engager Chamfort à composer quelque badinage sur les débats de cette assemblée et sur l'objet même de ces débats ; mais celui-ci lui répondit par une fort belle lettre d'une gravité émue, où l'on peut voir qu'il n'attendit point que la Révolution fût triomphante ou même commencée pour se prononcer hautement en sa faveur.

« Ce n'est pas, dit-il à Vaudreuil, le moment de prendre les crayons de Swift ou de Rabelais, lorsque nous touchons peut-être à des désastres. »

Il montre ce qu'il y a d'injuste et de périlleux dans cette attitude de l'aristocratie, qui insulte à la nation en voulant lui « ravir le droit d'influer

---

1. *Ed. Auguis*, II, 41.

sur les lois qui doivent décider de son honneur et
de sa vie », en prétendant aussi ne rien abandonner
de ses privilèges pécuniaires qui font « de l'oppression du faible le patrimoine du fort ».

> « Et vous voulez que j'écrive ! poursuit-il. Ha ! je n'écrirai que pour consacrer mon mépris et mon horreur
> pour de pareilles maximes ; je craindrais que le sentiment
> de l'humanité ne remplît mon âme trop profondément et
> ne m'inspirât une éloquence qui enflammât les esprits
> déjà trop échauffés ; je craindrais de faire du mal par
> l'excès de l'amour du bien. »

Puis, avec une netteté qui n'admet pas de réplique, il signifie à Vaudreuil que son opinion est
faite sur ces sujets, et que rien ne saurait la changer. « J'ai voulu vous faire ma profession de foi,
afin que si, par hasard, nos opinions se trouvaient
trop différentes, nous ne revinssions plus sur cette
conversation. » Au reste, quelque divergence qu'il
y ait entre leurs idées, son amitié pour Vaudreuil
reste la même, mais, au nom même de cette amitié,
il le conjure d'ouvrir les yeux sur ce qu'il y a d'injuste et même d'inhumain dans cette résistance des
aristocrates, et sur les tempêtes qu'ils vont déchaîner, s'ils ne veulent point s'en départir.

> « Souffrez que j'en appelle à la noble portion de cette
> âme que j'aime, à votre sensibilité, à votre humanité généreuse. Est-il plus noble d'appartenir à une association
> d'hommes, quelque respectable qu'elle puisse être, qu'à
> une nation entière, si longtemps avilie et qui, en s'élevant
> à la liberté, consacrera les noms de ceux qui auront fait
> des vœux pour elle, mais peut se montrer sévère, même

injuste envers les noms de ceux qui lui auront été défavorables [1] ? »

Est-ce ainsi qu'un parasite parle à son Mécène, un client à son protecteur? Si cette lettre eût été connue, les pamphlétaires de la réaction aristocratique, qui ont calomnié la nature des relations de Chamfort avec Vaudreuil, auraient été réduits à se taire ; il leur aurait bien fallu reconnaître aussi que Chamfort ne devint point, comme ils l'ont dit, un partisan de la Révolution seulement lorsqu'elle eut cause gagnée.

Dès l'époque, en effet, où Chamfort accepta d'être l'hôte du marquis de Vaudreuil, il entretenait un commerce suivi avec Mirabeau. En même temps que son intimité avec le grand seigneur, favori des Polignac, familier du cercle de la reine, le mettait, pour ainsi dire, au cœur même de l'ancienne société et lui permettait de confirmer, de développer ainsi ses premières observations, d'en recueillir de nouvelles, il devenait l'ami de l'homme qui allait être, sinon le créateur, au moins l'évocateur du monde nouveau. Cette liaison avec Mirabeau ne fut pas une simple liaison mondaine ; ils échangèrent leurs idées, écrivirent ensemble un livre dont le caractère révolutionnaire est, comme nous le verrons, bien accusé ; et, s'ils n'allèrent pas jusqu'à préparer un plan de campagne, leur correspondance marque clairement qu'ils avaient cons-

---

[1]. Voir toute cette lettre dans l'édition Auguis, V, 293 sqq.

cience de faire, de concert, comme une veillée des armes

Cette correspondance, dont il ne nous reste que les lettres de Mirabeau, s'ouvre à la date du 4 décembre 1783. La première lettre atteste qu'il y a dès lors entre ces deux hommes, non pas encore de l'intimité, mais déjà de la familiarité : ce qui indique que les deux correspondants avaient dû entrer en relations à une époque antérieure. Où et quand s'étaient-ils connus ? Il se peut que Talleyrand les ait rapprochés dès 1779. Peut-être aussi se rencontrèrent-ils vers 1780 ou 1781, au temps où Mirabeau, sorti du donjon de Vincennes, ne s'était pas encore constitué prisonnier à Pontarlier. Franklin venait alors souvent visiter Mme Helvétius à Auteuil et, chez cette aimable femme, et chez lui-même à Passy, se pressaient les écrivains, les utopistes et même les simples curieux désireux de le voir et de l'entendre. Mirabeau ne pouvait guère manquer de se rendre à ces réunions, où passa tout Paris ; et, dans le cercle de Mme Helvétius, où Chamfort, comme on sait, se faisait écouter [1], le futur tribun, aigri alors par tant de malheurs mérités ou non, remarqua probablement le causeur spirituellement amer qui, devant cet auditoire de choix, se donnait toute liberté d'être agressif. Les traverses par lesquelles Mirabeau

---

1. On ne saurait douter que Chamfort et Franklin se soient rencontrés et connus chez Mme Helvétius. On sait que Franklin, en 1781, écrivit à Mme Helvétius une lettre badine, où il contait avoir vu, aux enfers, Helvétius marié avec Mme Franklin. « Vengeons-nous », disait-il, en terminant. Or, un contemporain (Castéra) nous dit que la copie qu'il a de cette lettre intime est de la main de Chamfort.

passa de 1781 à 1783, sa captivité à Pontarlier, ses procès, ne lui permirent pas d'abord d'entretenir avec Chamfort des relations régulières ; mais en 1784 leur liaison est complète, leur correspondance devient assez active, et, sur les dix-sept lettres de Mirabeau, qui nous ont été conservées, douze sont de cette année.

Ces lettres, au début, n'offrent qu'un intérêt médiocre. Les huit premières, écrites de Paris, nous entretiennent, dans un langage que des allusions de société rendent fort obscur, d'une intrigue galante pour laquelle Mirabeau se faisait obligeamment l'intermédiaire de Chamfort. De quels personnages s'agit-il en cette affaire? On ne sait et l'on peut croire que cela importe peu. Mais ce qu'il faut retenir de ces lettres, ce sont les passages relatifs à la publication du pamphlet sur l'Ordre des Cincinnati ; cet ouvrage, destiné en apparence à combattre l'institution d'un Ordre militaire aux Etats-Unis, était en réalité une attaque à fond contre toute noblesse héréditaire ; il contient des passages singulièrement éloquents et vigoureux et qui atteignent directement l'aristocratie française. Or, des termes mêmes des lettres de Mirabeau, il résulte évidemment que, quoi qu'en ait pu dire Lucas Montigny[1], il s'était associé Chamfort comme collaborateur à cette œuvre, et que cette part de collaboration fut peut-être très large.

« N'ayez pas peur, mon ami, que ce que vous ferez soit mal fait, écrit un jour Mirabeau ; il n'est pas en vous

---

1. *Mémoires* de MIRABEAU, par Lucas Montigny, tome V, p. 140 sqq. (Paris, 1834-1865, 8 vol. in-8°.)

de ne pas finir ; et, d'ailleurs, pour une âme aussi neuve et aussi forte que la vôtre, un tel sujet est d'inspiration, surtout lorsque l'écrivain expose une théorie qui n'est presque qu'à lui seul et dont la pratique a composé et dirigé sa vie. C'est cependant une chose curieuse et remarquable que la philosophie et la liberté s'élevant du sein de Paris, pour avertir le nouveau monde des dangers de la servitude et lui montrer de loin les fers qui menacent sa postérité [1]. »

Et ailleurs, comme Chamfort lui paraissait travailler avec trop de lenteur :

« Vous êtes bien aimable de m'avoir sacrifié Navarre, lui écrit Mirabeau ; mais vous le seriez plus encore de pousser votre besogne : 1° parce que vous êtes digne de mettre la gloire à régner chez vous, 2° parce que la besogne presse, et tellement qu'il m'a fallu entrer en explication avec F... (Franklin) pour expliquer le retard [2]. »

Après avoir lu ces passages, on ne peut contester, je crois, que Chamfort ait eu part à ce pamphlet des *Cincinnati*.

Il est plus malaisé de savoir dans quelle mesure s'exerça sa collaboration. Quand, sous la Terreur, on le dénonça comme contre-révolutionnaire, dans sa réponse aux délateurs, il disait en parlant de lui-même : « C'est un homme à qui cette prétendue manie contre la noblesse a dicté les morceaux les plus vigoureux insérés dans le livre sur l'Ordre américain de Cincinnatus, ouvrage publié en 1786, et qui porta les plus rudes coups à l'aristocratie française dans l'opinion publique[3] ». A s'en tenir

---

1. *Éd.* Auguis, V, 371.
2. *Éd.* Auguis, V, 384.
3. *Éd.* Auguis, V, 325.

à ce passage, il semblerait que son rôle s'est borné à ajouter au travail de Mirabeau quelques développements, quelques morceaux à effet. Malgré ce qu'il a dit lui-même, il me semble qu'il fit davantage. Dans une lettre de Mirabeau, datée du 27 juin 1784, c'est-à-dire du moment où il put concevoir le projet de publier son pamphlet, on lit les lignes suivantes : « J'attends avec une impatience proportionnée à l'objet, à la situation et à l'opinion que j'ai de l'homme et du sujet traité par un tel homme, la traduction que vous savez. Ne la négligez pas, je vous en prie ; vos futures moissons y sont fortement intéressées [1] ». De quel homme peut-il être question ici, de quelle traduction, sinon de Franklin, et de la traduction de son livre sur les *Cincinnati* qui avait paru, en anglais, au commencement de 1784, à Philadelphie. Or, à ce moment, Mirabeau ne savait pas l'anglais ; il se mit à l'apprendre, dans le voyage qu'il fit à Londres, en août de cette même année 1784 ; mais, à son arrivée, il nous dit lui-même qu'il ne le comprenait point. Insulté par un « Gilles de carrefour » avec sa compagne, Mme de Nehra, il conte que des Anglais bien mis sont intervenus dans cette bagarre : « ils nous donnaient, dit-il, des conseils que malheureusement nous n'entendions pas [2] ». La traduction serait donc l'œuvre de Chamfort, qui, dès le collège, possédait bien la langue anglaise ; et c'est sur ce texte enrichi de quelques passages brillants composés par son ami,

1. *Éd.* Auguis, V, 367,
2. *Éd.* Auguis, V, 395.

què Mirabeau se serait, comme il dit dans la préface du pamphlet, « abandonné à quelques-uns de ses mouvements [1] ».

Quoi qu'il en soit du reste, et la part que Chamfort prit à cet ouvrage eût-elle été assez restreinte, il reste toujours que sa collaboration certaine avec Mirabeau atteste qu'il y avait déjà entre eux une sorte d'intimité intellectuelle. C'est ce qui ressort encore plus clairement de la lecture des autres lettres de cette correspondance. Ce qu'on y trouve, ce n'est pas seulement des protestations d'amitié, des détails de vie intime, des anecdotes de voyageur ; ce qui remplit surtout ces pages, ce sont des considérations sur la situation politique, économique et sociale de l'Angleterre, ce sont des vues sur les rapports de la politique et de la morale. On sent que Mirabeau s'adresse à un homme avec qui il avait l'habitude de traiter ces hautes questions, dont les pensées et les préoccupations civiques sont en communion avec les siennes ; et, — chose qui a scandalisé les admirateurs du grand tribun et qui ne laisse pas en effet de surprendre au premier moment, — Mirabeau ne parle point ici à Chamfort comme un maître à son disciple, mais plutôt comme un disciple à son maître.

---

[1] « L'ouvrage qui occupait alors Mirabeau était celui sur l'*Ordre de Cincinnatus*, dont on craignait en Amérique les conséquences fâcheuses pour la liberté. Franklin lui avait communiqué un petit pamphlet, dont il désirait une traduction Au lieu d'une traduction, Mirabeau en fit une imitation; il y ajouta ses propres idées sur la noblesse héréditaire, sur les Ordres en général, et fit de cette bagatelle un livre excellent. » (*Notice sur Mirabeau*, par Mme DE NEHRA, citée par LOMÉNIE, *Revue des Deux-Mondes*, 1er juin 1858.) — L'édition originale des *Cincinnati* a paru à Londres chez *Johnson*, MDCCLXXXV.

Lucas Montigny, qui, dans l'excès de sa piété filiale, nie, contre toute évidence, que Chamfort ait eu part à la composition des *Cincinnati*, ne veut pas admettre davantage que Mirabeau lui ait témoigné de la déférence et de l'admiration. Dans les lettres de son père adoptif, il n'y a, dit-il, que « beaucoup de louanges et de flatteries assez guindées pour qu'il soit permis d'en suspecter la sincérité ». Outre que Lucas-Montigny ne prend point garde que cette façon de présenter les choses n'est pas à l'honneur de Mirabeau, il oublie trop que le texte des lettres est là, et qu'elles sont conçues en termes trop peu équivoques pour qu'il soit possible de leur faire dire autre chose ou moins qu'elles ne disent. — Nous consentirons, si l'on veut, à penser que Mirabeau a forcé la louange, quand il vante le talent d'écrivain de Chamfort : « Pour vous, lui écrit-il, qui savez méditer et dilucider, composer et colorier, vous qui avez l'âme et le génie de Tacite, avec l'esprit de Lucien et la muse de Voltaire, quand il rit et ne grimace pas..... [1] ». Oui, il se peut que, sur ce point, Mirabeau, qui était du midi, se soit laissé aller aisément à l'exagération ; il aimait d'ailleurs à séduire et savait bien qu'on ne risquait pas de déplaire à un écrivain en faisant violence à sa modestie.

Mais il est d'autres passages où il nous semble qu'il n'a exprimé que sa pensée et toute sa pensée. Il nous paraît pleinement sincère, quand il loue,

---

[1]. *Ed.* Auguis, V, 354.

dans Chamfort, l'observateur bien informé et le moraliste original « riche en résultats moraux......, en vues profondes, en aperçus nouveaux¹ » ; quand il se réjouit de trouver, dans ses entretiens avec lui, un partner toujours fécond en ressources : « Je ne peux résister, lui écrivait-il, au plaisir de frotter la tête la plus électrique que j'aie jamais connue² ». Ne trouve-t-on pas comme contrôle de cette parole ce que Chamfort, qui savait comme Mirabeau aimait à faire valoir l'esprit des autres, disait, un jour, à Vitry, leur ami commun : « Mirabeau est précisément le briquet qu'il faut à mon fusil » ? Et, certainement encore, Mirabeau parle sans hyperbole et sans feinte, quand il déclare que, s'il tentait quelque grand ouvrage philosophique, il voudrait avoir Chamfort pour inspirateur et pour guide.

« Je n'ai jamais si bien senti combien vous étiez nécessaire pour m'encourager et me guider... un grand ouvrage de morale et de philosophie, je ne l'entreprendrai jamais qu'auprès de vous, qui êtes la trempe de mon âme et de mon esprit³. »

C'est que, à bien prendre les choses, la haute idée que Mirabeau se fait de l'intelligence de Chamfort vient surtout de la grande estime où il tient son caractère ; en fait, Chamfort a sur lui une autorité surtout morale. Voilà ce que de nombreux passages de la correspondance manifestent jusqu'à l'évidence. Un jour, Mirabeau écrira ceci :

1. *Éd.* Auguis, V, 354.
2. *Éd.* Auguis, V, 406.
3. *Éd.* Auguis, V, 418.

« Je ne vous embrasserai pas de longtemps, *moi* qui m'étais fait une si douce habitude de ne penser, de n'observer, de ne sentir qu'avec vous, de n'agir que sous vos yeux, de n'avoir qu'une âme avec mon meilleur et presque mon unique ami [1] ».

Et ailleurs :

« Si j'eusse eu le bonheur de vous connaître il y a dix ans, combien ma marche eût été plus ferme !..... J'ai beaucoup gagné dans votre commerce, j'y gagnerai davantage : il est peu de jours, et surtout il n'est point de circonstance un peu sérieuse où je ne me surprenne à dire : Chamfort froncerait le sourcil, n'écrivons pas cela, ou : Chamfort sera content, et alors la jouissance est doublée et centuplée [2]. »

Que l'on dise, si l'on veut, que l'amitié engagea Mirabeau à s'exagérer la valeur morale de son ami ; car cette amitié fut très vive, et il apporta, dans ce sentiment, calme d'ordinaire, toute l'ardeur et toute la fougue de son âme : « Je reçois, mon cher ami, une lettre dont l'écriture a fait palpiter mon cœur comme celle d'une maîtresse lorsque j'avais vingt ans..... Il est si doux de s'entendre répéter qu'on est aimé de l'homme du monde qu'on aime, estime et respecte le plus [3] ! » Mais, sous peine de faire de Mirabeau le pire des comédiens et le plus plat des flatteurs, on ne saurait prétendre que ses protestations et ses louanges aient manqué de sincérité. — Il faut bien prendre garde d'ailleurs que cette amitié, si promptement qu'elle fût née, si vive qu'elle ait été, ne ressemble en rien à cer-

1. *Éd.* Auguis, V, 388.
2. *Éd.* Auguis, V, 377.
3. *Éd.* Auguis, V, 398.

taines affections, qui sont aussi aveugles que
l'engouement. Il aimait à connaître les hommes,
lorsqu'ils en valaient la peine ; et Chamfort est un
de ceux qu'il prit soin d'étudier. Tout compte fait,
si l'on atténue certains termes un peu trop enthousiastes de cette correspondance, c'est par elle
encore qu'on pourrait se faire l'idée la plus exacte
de ce qu'était Chamfort vers ce temps. Au Cabinet
des Estampes, on n'a de lui qu'un portrait d'une
authenticité douteuse [1]. Mais voici quelques
lignes de Mirabeau qui permettent d'entrevoir ce
que pouvait être la physionomie de ce personnage
à la constitution débile et au tempérament igné :

« Vous êtes un des êtres les plus vivaces qui existent.
Or la ténuité de votre charpente, la délicatesse de vos traits
et la douceur résignée et même un peu triste de votre
physionomie, laquelle est calme, dès que votre tête et
votre âme ne sont point en mouvement, alarmeront et in-
duiront toujours en erreur vos amis sur votre force.
Pour moi, vous m'avez prouvé, non pas tout à fait qu'on
ne meurt que de bêtise, mais que les forces vitales sont
toujours proportionnées à la trempe de l'âme. Ainsi,
l'axiome proverbial *la lame use le fourreau* n'est pas vrai
pour l'espèce humaine. Comment son feu intérieur ne le
consume-t-il pas, se dit-on ? Eh ! comment le consume-

---

1. En l'absence de documents iconographiques très sûrs, nous don-
nerons au moins le signalement de Chamfort : *Taille* de cinq pieds
quatre pouces; *cheveux et sourcils* châtains ; *front* découvert; *nez* court;
yeux bleus (*sic*) ; *bouche* moyenne ; *menton* ordinaire ; *visage* allongé.
Ce signalement fut délivré à Chamfort qui avait demandé une carte
civique, le 18 avril 1793 (*Archives nationales*). — Citons aussi le portrait à la plume que Chateaubriand a tracé de Chamfort dans son
Essai sur les Révolutions : « Chamfort était d'une taille au-dessus de
la médiocre, un peu courbé, d'une figure pâle, d'un teint maladif.
Son œil bleu, souvent froid et couvert dans le repos, lançait l'éclair
quand il venait à s'animer. Des narines un peu ouvertes donnaient
à sa physionomie l'expression de la sensibilité et de l'énergie. » (Cité
par SAINTE-BEUVE dans *Chateaubriand et son groupe littéraire* I, 120).

rait-il? C'est lui qui le fait vivre. Donnez-lui une autre âme, et sa frêle existence va se dissoudre [1]. »

La singularité du caractère de Chamfort, que les contemporains comprirent peu, parce que la sentimentalité, qui venait du fond de son âme, et le scepticisme cruel, qu'il tenait de l'expérience, semblaient se contrarier et même se contredire, est délicatement saisie par Mirabeau : « Vous avez trop de raison pour être très romanesque ; vous avez l'imagination trop ardente et le cœur trop essentiellement bon pour ne l'être pas un peu [2] ». Et il discerne à merveille ce qui fait la faiblesse de cet homme trop nerveux, ce qui peut l'empêcher de devenir persuasif : j'entends sa brusquerie caustique, son impatience irritée, qui donnent à ce qu'il a écrit, qui donnaient sans doute à sa parole, quelque chose de pénible et de troublant.

Au lieu de contester l'admiration que Mirabeau professa pour Chamfort, alors que les textes la mettent hors de doute, il vaut mieux chercher à l'expliquer, puisqu'il est vrai qu'elle a de quoi surprendre un peu ; et pourtant cette explication est aisée.

N'oublions pas d'abord que, au moment où leurs relations commencent, Mirabeau est très pauvre, très décrié, n'a guère d'autre notoriété que celle qui lui vient du scandale de ses aventures ; Chamfort, au contraire, en possession de toute sa réputation littéraire, est connu dans la société la plus élevée, et l'Académie se prépare à lui ouvrir ses

1. *Éd.* Auguis, V, 399.
2. *Éd.* Auguis, V, 371.

portes. On a beau être un grand esprit, quand un homme a pris sur vous une pareille avance, on ne laisse pas que d'être prévenu en sa faveur.

Combien peu de ressemblance, dit-on, entre Chamfort et Mirabeau, pour le talent et le caractère ! — Mais précisément ce que Mirabeau admire en son ami, c'est ce par quoi il diffère de lui-même. L'orateur bouillonnant, épandu, dont la voix éclatera demain, et qui est aujourd'hui déjà formé, considère avec intérêt et surprise le causeur qui sait concentrer sa pensée en mots brefs et incisifs. L'aventurier fougueux, débridé, tumultueux, se sent pris d'une sorte de respect pour l'homme du monde qui se montre capable « de retirer sa vie en lui-même » et qui peut suivre la règle de conduite qu'il s'est tracée.

Ne sent-on pas enfin que rien n'est plus naturel que la sympathie qui rapprocha ces deux hommes ? Ne sont-ils pas consumés l'un et l'autre par une énergie ardente ? Ne nourrissent-ils pas contre la société de leur temps un commun mécontentement ? N'éprouvent-ils pas, quoiqu'à des degrés divers, le besoin d'agir et de lutter ? Et, pour tout dire, à la veille de la Révolution, ne portent-ils pas l'un et l'autre dans leur âme les passions et les espérances révolutionnaires ?

CHAPITRE II

CHAMFORT OBSERVATEUR ET MORALISTE.

C'est au cours des années que nous venons de parcourir (1780-1788), que Chamfort trouva enfin la direction et l'emploi qui convenaient à son activité et à son talent. Il a alors vécu dans la retraite, ou, du moins, lorsqu'il s'est mêlé au monde, il y a porté avec lui, suivant le mot de Schopenhauer, une partie de sa solitude. Il a cessé de se flatter que la société de son temps voulût jamais lui confier un de ces rôles qui sont réservés aux privilégiés de la naissance, et que quelques favoris d'un jour n'ont pu jouer parfois que grâce à un coup de fortune. En même temps, il renonce à produire pour le public, au moins sous son nom, et, affranchi des conventions et des formules en cours, il n'écrit plus ce qu'il voit, ce qu'il sent, ce qu'il pense, que sur de petits carrés de papier, aussitôt enfouis pêle-mêle dans des cartons, dont plusieurs, nous dit Ginguené, « se trouvèrent remplis au jour de sa mort ».

Il est certain, nous le savons par une anecdote qu'il a pris soin de dater lui-même, que, dès 1780[1], il commençait à recueillir, au jour le jour, les

---

1. *Éd.* Auguis, II, 30.

traits de mœurs qui le frappaient. Il est même probable que ce recueil fut commencé plus tôt ; car, dès 1784, Mirabeau nous apprend qu'il avait « un immense répertoire [1] » d'anecdotes. Mais, au début, quand il en usait ainsi, il semble qu'il n'ait eu d'autre dessein que d'amasser des ressources qu'il ferait valoir dans sa conversation ; il y a en effet, dans son livre, des bons mots qui ne sont que des bons mots, de simples calembours, des historiettes purement plaisantes.

Au moment où la blessure mystérieuse, qui lui fit fuir le monde, était encore toute fraîche, ses petits papiers furent pour lui comme des confidents sûrs entre tous ; sans réserve, sans réticence, il pouvait leur confier son dépit, ses colères, ses tristesses. Dans les *Maximes, Caractères et Anecdotes*, plus d'une page a un caractère tout intime ; et nul ne peut s'y méprendre. On sent qu'il n'a pu résister au besoin d'épancher son âme ; et comme elle est encore toute frémissante des passions et des douleurs dont il a souffert, c'est en ces passages que se marque le plus ce qu'on a nommé sa misanthropie.

Mais l'idée lui vint assez tôt qu'il pourrait faire de ces notes prises au jour le jour autre chose qu'un simple *ana* ou une sorte de journal intime. Dans la masse de petits papiers, que Ginguené recueillit après la mort de son malheureux ami, il en trouva un où se lisaient ces mots : PRODUITS DE LA CIVILISATION PERFECTIONNÉE. — 1re *partie*: *Maximes*

---

1. *Ed.* AUGUIS, V, 418.

et pensées ; — 2° *partie : Caractères* ; — 3° *partie : Anecdotes*. Ginguené fut persuadé qu'il y avait là le titre et les divisions d'un grand ouvrage dont Chamfort « avait parlé à mots couverts à très peu de personnes ». Et c'est bien sans doute ce même ouvrage auquel il fait allusion dans un morceau écrit en 1785 ou 1786 et où il répond à cette question : « Pourquoi ne donnez-vous plus rien au public ? » — « C'est que, dit-il entre autres choses, je travaille pour les *Variétés amusantes*, qui sont le théâtre de la nation, et que je mène de front, avec cela, un ouvrage philosophique, qui doit être imprimé à l'imprimerie royale [1]. » En rapprochant ce passage du témoignage de Ginguené, n'est-on pas conduit à penser que Chamfort ne tarda guère, en prenant ses notes, non pas peut-être à être guidé par un dessein, mais dominé par une préoccupation ? Il voulut, en observant la société de son temps, saisir l'influence que les institutions politiques et sociales exerçaient sur les mœurs, et marquer comment les abus engendraient la corruption. C'est là le sens du titre ironique qu'il voulait donner à son ouvrage : *Produits de la civilisation perfectionnée*. Et ce qu'on y trouve surtout en effet, ce sont des études qui semblent bien avoir été faites pour composer un tableau de la décadence morale de la société monarchique et aristocratique en France.

Pour faire cette œuvre d'observateur et d'historien moraliste, il fut assurément bien placé.

---

1. *Ed.* Auguis, I, 334.

Ministres d'hier, d'aujourd'hui et même de demain, Choiseul, Calonne et Necker, ambassadeurs et premiers commis, Breteuil et Renneval, diplomates étrangers, Caraccioli et Creutz, princes du sang, Condé et d'Artois, favoris de la cour et de la mode, Vaudreuil et Lauzun, dames de l'ancienne cour élevées au rang d'arbitres des élégances et du bon ton, comme Mesdames de Luxembourg, de Rochefort et de Créqui, jeunes femmes, qui, au temps de Louis XVI, sont devenues les reines des salons par leur faveur et leur beauté, comme Mme de Polignac et son entourage, toute la société de cette époque passa sous ses yeux, et non à distance. Car on ne peut dire de lui comme de La Bruyère, qu'il n'assista à la comédie de son temps que d'une place de *coin*; il put voir le spectacle de face et même parfois entra dans les coulisses et se mêla aux acteurs. Les grands seigneurs du xviiie siècle, qui n'avaient pas moins d'orgueil que les gentilshommes du règne de Louis XIV, ne savaient pas garder la même réserve avec les hommes de lettres et se laissaient approcher de plus près. Il arrivait même que les hommes en place et ceux qui aspiraient à se mêler aux affaires publiques demandaient à certains écrivains de collaborer anonymement à leurs mémoires et leurs projets. « La vanité des gens du monde se sert habilement de la vanité des gens de lettres. Ceux-ci ont fait plus d'une réputation qui a mené à de grandes places [1]. » Il n'est guère possible de douter

---

1. *Éd.* Auguis, I, 431.

que Chamfort ait été employé plus d'une fois à des collaborations de ce genre.

« Il reste à vous expliquer, écrit-il à l'abbé Roman, pourquoi on se faisait une peine de me voir prendre le parti de la retraite. C'est, mon ami, ce que je ne puis vous développer.... Mais je puis vous dire, sans que vous deviez me soupçonner de vanité, je puis vous dire que mes amis savent que je suis propre à plusieurs choses, hors de la sphère de la littérature [1]... »

L'allusion est, je crois, assez transparente ; et l'on comprend qu'il ait pu dire que les ministres lui avaient montré « leurs cartes. »

Mais ce n'est pas assez de se trouver à une bonne place pour bien voir ; il faut encore savoir regarder. Dès que, chez un moraliste, l'esprit de système ou la passion se laissent surprendre, ce n'est plus seulement telle ou telle observation qui nous inspire de la défiance ; cette défiance s'étend à tout, nous pensons que rien n'a pu être saisi d'une vue juste et nette.

Or, s'il est vrai qu'il n'y a point, à proprement parler, de système dans l'œuvre de Chamfort, on a prétendu pourtant, non sans apparence de raison, que son esprit avait été dominé par une sorte de pessimisme instinctif, et qu'il y avait là de quoi fausser la justesse de ses remarques et surtout de ses réflexions.

Qu'il ait été atteint à un moment de cette espèce de jaunisse morale, on ne saurait ne pas le reconnaître. N'est-ce pas lui qui a écrit

---

1. *Éd.* Auguis, V, 270.

ces lignes : « Vivre est une maladie dont le sommeil nous soulage toutes les seize heures ; c'est un palliatif ; la mort est le remède[1] »? Et ailleurs : « C'est une belle allégorie, dans la Bible, que cet arbre de la Science du Bien et du Mal qui produit la mort. Cet emblème ne veut-il pas dire que lorsqu'on a pénétré le fond des choses, la perte des illusions amène la mort de l'âme, c'est-à-dire un désintéressement complet sur tout ce qui touche et occupe les autres hommes[2]? » Ou encore : « L'espérance n'est qu'un charlatan qui nous trompe sans cesse, Et, pour moi, le bonheur n'a commencé que lorsque je l'ai eu perdue. Je mettrais volontiers sur la porte du paradis le vers que Dante a mis sur celle de l'enfer :

Lasciate ogni speranza, voi ch' entrate [3]. »

Comme on l'a remarqué, Schopenhauer a pu s'emparer de quelques-unes de ces idées et construire « sur elles tout un système de découragement et de désespérance universelle ». Mais ces pensées désolées n'expriment point une doctrine ; ce sont des plaintes ou des cris de révolte. On surferait Chamfort, si l'on s'avisait de prétendre qu'il fut pessimiste autrement que par accident ou plutôt par accès. Quelle apparence que le nihilisme intellectuel ait pu, avant l'heure où l'enseignèrent les docteurs d'outre-Rhin, gagner l'esprit d'un Français cultivé par l'éducation classique !

1. *Ed.* Auguis, I, 362.
2. *Ed.* Auguis, I, 344.
3. *Ed.* Auguis, I, 357.

Il ne faut donc point se laisser tromper par quelques paroles cruelles qui lui furent arrachées, à un moment, par l'amertume de ses déceptions. Il pense autrement dès qu'il a repris possession de lui-même, et remarquant que, « dans les choses, tout est *affaires mêlées*, dans les hommes tout est pièces de rapport », que « au moral et au physique tout est mixte : rien n'est un, rien n'est pur [1] », il condamne les moralistes qui portent sur la vie un jugement absolu : « Il y a deux classes de moralistes et de politiques : ceux qui n'ont vu la nature humaine que du côté odieux et ridicule, et c'est le plus grand nombre, Lucien, Montaigne, La Bruyère, La Rochefoucauld, Swift, Mandeville, Helvétius, etc... ; ceux qui ne l'ont vue que du beau côté et dans ses perfections : tels sont Shaftesbury et quelques autres. Les premiers ne connaissent pas le palais dont ils n'ont vu que les latrines ; les seconds sont des enthousiastes qui détournent les yeux de ce qui les offense, et qui n'en existe pas moins. *Est in medio verum* [2]. »

Mais si Chamfort, le plus souvent et le plus longtemps, se tint ainsi fort loin du pessimisme, même le moins systématique, s'il n'eut pas, au vrai, la prévention radicale et définitive qu'on lui a prêtée à tort contre la vie et la nature humaine, s'il ne fut lié par aucun système, peut-on dire de même qu'il resta libre de toute passion ? A la question ainsi posée, la réponse est déjà faite : nous savons quels étaient ses sentiments et ses ressentiments, quand

---

1. *Ed.* Auguis, I, 364.
2. *Ed.* Auguis, I, 341.

il quitta le monde et commença à écrire son livre de morale. Jamais personne plus que lui, à ce moment, ne fut éloigné de l'impassibilité et de l'impartialité. Ce sont qualités au reste dont il ne se pique pas alors. Loin de dissimuler ses rancunes et ses colères, il les proclame ; elles ne se décèlent pas, elles éclatent avec violence. C'est à cette heure qu'il écrit quelques-unes de ces paroles « atroces et corrosives, comme dit Sainte-Beuve, et qui brûlent en quelque sorte le papier[1] ». Sa haine du monde s'affirme avec rage, et nulle hyperbole ne lui paraît assez forte pour la rendre. « Qu'est-ce, dit-il, que la société, quand la raison n'en forme pas les nœuds ?... Une foire, un tripot, une auberge, un bois, un mauvais lieu et des petites maisons[2] ». Il arrive même, lorsqu'il n'a à faire qu'à des ridicules qui, vraiment, ne méritent pas de provoquer l'indignation, que, dans son humeur, il grossisse la voix plus qu'il ne convient à un homme de tant d'esprit : « On donne, dira-t-il, par exemple, des repas de dix louis ou de vingt à des gens en faveur de chacun desquels on ne donnerait pas un petit écu pour qu'ils fissent une bonne digestion de ce même dîner de vingt louis[3] ». Imagine-t-on un amphitryon se préoccupant de favoriser de ses deniers la bonne digestion de ses invités ? Et le trait du satirique n'est-il pas ici plus ridicule que ceux qu'il prétend atteindre ?

---

1. *Causeries du lundi*, IV, 556.
2. *Éd.* Auguis, I, 373.
3. *Éd.* Auguis, I, 377.

Pourtant, comme son livre ne fut point écrit d'une seule haleine, à une seule époque de sa vie ; comme, au contraire, nous savons que pendant dix années et plus peut-être il entassa ses petits papiers dans ses portefeuilles, on peut se dire qu'il dut venir un temps où il s'apaisa, car enfin l'on s'apaise toujours. Il est certain qu'il le crut lui-même ; et il se fit en effet dans son âme une sorte de calme relatif, qui put lui persuader parfois qu'il était arrivé au désintéressement absolu, à l'ataraxie, comme eussent dit les stoïciens :

« L'honnête homme détrompé de toutes ses illusions, écrit-il en un passage, est l'homme par excellence. Pour peu qu'il ait d'esprit, sa société est très aimable. Il ne saurait être pédant, ne mettant de l'importance à rien. Il est indulgent, parce qu'il se souvient qu'il a eu des illusions comme ceux qui en sont encore occupés..... C'est un homme qui d'un endroit éclairé voit dans une chambre obscure les gestes ridicules de ceux qui s'y promènent au hasard. Il brise en riant les faux poids et les fausses mesures qu'on applique aux hommes et aux choses [1]. »

Cette paix de l'âme, il est vrai qu'il fit effort pour y atteindre et, par moments, il ne douta pas qu'il eût appris la sérénité à l'école de la douleur : « Je ressemble, disait-il, aux Spartiates à qui l'on donnait pour lit des bancs épineux, dont il ne leur était permis de briser les épines qu'avec leur corps, opération après laquelle leur lit leur paraissait très supportable [2]. » Mais il eut beau faire : jamais il ne devint un philosophe pleinement désabusé.

1. *Éd.* Auguis, I, 410.
2. *Éd.* Auguis, II, 34.

Quand il se croit le plus indépendant de la passion, elle se trahit, malgré lui, dans son langage. « La meilleure philosophie, relativement au monde, écrit-il, est d'allier, à son égard, le sarcasme de la gaieté avec l'indulgence du mépris [1]. » Il pensait bien, ce jour-là, parler en homme qui habite les *templa serena*. Mais il ne prenait pas garde que les mots qu'il emploie dénoncent ce qu'il y a d'agitation dans son âme. Ces mots ne hurlent-ils pas de se voir accouplés ? L'indulgence ne cesse-t-elle point où le mépris commence ? Le sarcasme n'exclut-il pas la gaieté et ne vient-il pas toujours d'une source troublée ? S'il lui advint de temps à autre de s'imaginer qu'il était un sage impassible, l'illusion fut, chez lui, de courte durée. Il ne ressemblait nullement, et il le savait bien, à ce personnage qu'il nous représente « inébranlable et appuyé sur une philosophie froide comme une statue de bronze sur du marbre [2] ». Et si l'on veut avoir une idée juste de ce qui fut en quelque sorte l'état moyen de son âme tandis qu'il écrivait sur la morale, il faut se souvenir d'un passage où il a évidemment voulu se peindre lui-même :

« M... jouit excessivement des ridicules qu'il peut saisir et apercevoir dans le monde. Il paraît même charmé lorsqu'il voit quelque injustice absurde, des places données à contre-sens, des contradictions ridicules dans la conduite de ceux qui gouvernent, des scandales de toute espèce que la société offre trop souvent. D'abord j'ai cru qu'il était méchant ; mais en le fréquentant davantage, j'ai démêlé à quel principe appartient cette étrange manière de

---

1. *Ed.* Auguis, I, 345.
2. *Ed.* Auguis, II, 11.

voir : c'est un sentiment honnête, une indignation vertueuse qui l'a rendu longtemps malheureux, et à laquelle il a substitué une habitude de plaisanterie, qui voulant n'être que gaie, mais qui, devenant quelquefois amère et *sarcasmatique*, dénonce la source dont elle part [1]. »

Après cet aveu, on pourrait donc refuser à Chamfort toute autorité comme observateur, si l'on admet, comme on le fait généralement, que la passion fausse toujours la vue de celui qui se mêle d'examiner et de juger les hommes. Reste seulement à s'assurer que cette opinion est bien fondée.

Ceux qui ne voient dans la passion qu'une maîtresse d'erreur pour le moraliste, considèrent surtout qu'elle est exclusive et exagératrice. — Il est, pensent-ils, des choses qu'elle ne peut ou ne veut pas voir, qu'elle omet à son insu ou qu'elle écarte de parti-pris ; il en est d'autres qu'elle marque de traits plus accentués, et plus forts que ceux qu'elles offrent dans la réalité. Un observateur passionné ne saurait dire toute la vérité et dit plus que la vérité. — On aurait tort de s'attendre à le trouver complet et exact ; — sans doute ; mais s'ensuit-il qu'il ne puisse jamais être vrai ? Voilà une conséquence qui ne paraît pas nécessaire.

Bien plus, ne se peut-il point que la passion serve l'observateur plus qu'elle ne lui nuit ? Qu'on y veuille songer en effet : la passion est exclusive ; mais qui dit exclusion, dit choix ; et ce choix qu'elle impose devient souvent une garantie contre

[1]. *Éd.* Auguis, II, 115.

la confusion et une première chance de netteté. De deux images, dont l'une reproduit tous les traits de l'original, confus et brouillés, et dont l'autre, où plus d'un détail est omis, offre des contours accusés et nets, laquelle donne le mieux l'impression de la vérité et de la vie? — La passion est exagératrice aussi, nous n'y contredisons point. Mais, si le peintre qui exagère court le risque de déformer les objets, il advient en revanche qu'il les rende avec plus de relief et de vigueur. — Tout pesé, en demandant l'impassibilité à l'observateur, on s'expose à lui faire le même tort qu'à l'historien de qui l'on exigerait une impartialité absolue.

A vouloir interdire la passion à un peintre de mœurs, il y a donc excès de rigueur. Mais il est incontestable qu'on ne peut la tolérer que sous certaines conditions et dans une certaine mesure. Quand on reconnaît qu'un observateur, en cédant à la passion, non seulement subit son empire, mais qu'il y acquiesce, quand, au lieu d'être entraîné par elle, il s'y livre et s'y abandonne, et que, manifestement, il ne fait en aucun cas aucun effort pour lui résister; quand elle ne le domine pas à son insu, mais qu'il consent à toutes ses suggestions, assurément, alors, on ne peut ni se confier à lui, ni le croire. Il devient de même plus que suspect dès que sa passion prend sa source dans un intérêt tout personnel, dès qu'elle l'engage à ne chercher que des résultats pratiques, à ne viser qu'un but immédiat ou prochain. La passion permise au moraliste est d'une espèce toute spéciale ; il faut qu'elle se soit épurée, qu'elle ne soit passion, pour ainsi parler, qu'au second degré et qu'elle participe de l'intelligence presque autant que de la sensibilité.

Or, ne doit-on pas reconnaître que, malgré les violences qui lui échappent parfois, Chamfort s'est efforcé de tenir sa passion en bride, et qu'il eut le dessein de faire œuvre, non de pamphlétaire, mais d'historien des mœurs ? Ne faut-il pas remarquer que les anecdotes qu'il recueille, il se garde de les prendre de toute main ? Il ne cite ces témoignages contre la société de son temps que lorsqu'il les croit véridiques ; souvent il nous avertit qu'il les tient d'original ; souvent il nomme ses autorités. De plus, autant que pas un, il a souci d'observer avec attention et fidélité. Loin qu'il s'en tienne aux surfaces, au premier coup d'œil, une observation à moitié faite lui paraît de nulle valeur ; car, dit-il, « les hommes qu'on ne connaît qu'à moitié, on ne les connaît pas ; les choses qu'on ne sait qu'aux trois quarts, on ne les sait pas du tout [1] ». A son sens, c'est un devoir strict que de ne rien noter qu'on n'ait pris sur le vif et directement constaté ; ce qu'on apprend par les conversations ou par les livres, « même ceux qui ont pour objet de faire connaître la société... est faux ou insuffisant [2] ». Et même, à son gré, une attention toujours éveillée ne saurait suffire, il faut encore une patience capable d'aller jusqu'à la minutie. « Dans les grandes choses, *en effet*, les hommes se montrent comme il leur convient de se montrer ;

---

1 *Ed.* Auguis, I, 394.
2. *Ed.* Auguis, I, 375.

dans les petites, ils se montrent comme ils sont[1]. »
Si bien qu'il est convaincu que la connaissance du monde ne peut être, au vrai, que « le résultat de mille observations fines ». Avec cette conviction, bien qu'il veuille donner à son livre une portée générale, il se trouve en garde contre la tendance à généraliser et il juge comme des charlatans les moralistes qui y cèdent trop aisément. De pareils scrupules n'ont-ils pas de quoi rassurer et ne peut-on croire d'un écrivain, qui s'inquiète si fort de la vérité, que, s'il lui arrive de la sacrifier à sa passion, ce n'est qu'à son insu et à son corps défendant?

Qu'on n'oublie pas surtout que la passion qui anime Chamfort n'est point celle de ces hommes médiocres qui ne s'émeuvent que de ce qui les atteint dans leurs intérêts. A la vérité, de ses déboires, de ses déceptions personnelles, vint d'abord son irritation contre la société de son temps ; à une heure, nous l'avons dit, il eut de la rancune et ne la cacha pas. Mais il ne tarda pas à se perdre de vue lui-même, ou plutôt, sans oublier qu'il avait été victime de l'iniquité sociale, il s'indigna moins des maux dont il avait eu à souffrir personnellement que de ceux qui pesaient sur la nation. Sa passion prit, pour ainsi parler, un caractère presque abstrait; avec de la haine contre les institutions de l'ancien régime, il ne montra pas d'animosité contre les personnes ; et quand ses traits atteignent le roi ou les nobles, c'est la royauté, c'est la noblesse qu'il a

---

1. *Éd.* Auguis, I, 351.

visées : « J'ai, dit-il, à me plaindre des choses très certainement et peut-être des hommes ; mais je me tais sur ceux-ci ; je ne me plains que des choses ; et, si j'évite les hommes, c'est pour ne pas vivre avec ceux qui me font porter le poids des choses. » Ajoutons que, de ce livre qu'il conçut et mûrit dans le secret, il voulait bien faire un acte d'accusation, mais sans avoir la pensée ni l'espoir qu'il pût à bref délai amener la sentence contre le monde qu'il accuse. Chamfort prévit la Révolution, il se vante même de l'avoir prédite, dès le règne de Louis XV ; mais on ne prédit guère que ce qu'on croit encore lointain. Les événements de 1789 purent, sans doute, ne pas l'étonner ; mais, comme bien d'autres, ils le surprirent ; jusqu'alors l'histoire n'avait pas marché d'un pas si rapide. Et cela est si vrai que Chamfort, en même temps qu'il recueillait ses observations, se mettait en peine de se tracer une règle de conduite qui lui permît de sauvegarder l'indépendance de sa pensée et la dignité de son caractère sous un gouvernement despotique, au milieu d'une société de privilégiés. Morale provisoire, je le veux bien ; mais enfin on ne prend point ainsi ses dispositions pour habiter une maison, lorsqu'on travaille à en précipiter la ruine et lorsqu'on la croit toute proche. En peignant l'ancienne société, il n'avait donc d'autre but que de réagir contre elle ; il voulait la mieux connaître, pour mieux se préserver de ses atteintes ; mais il ne prétendait point à la détruire. Son livre, en somme, est un recueil d'études morales et non point une œuvre de polémique.

« Nous pouvons donc examiner, sinon sans avoir pris nos précautions, du moins sans éprouver une défiance générale, le tableau si piquant et si vigoureux qu'il a tracé de la haute société française à la fin du xviii° siècle.

Prévenons d'abord une erreur qu'on a parfois commise : quelques-uns ont cru que Chamfort avait pris le même point de départ que J.-J. Rousseau, et qu'il condamnait, non pas seulement les abus sociaux de son époque, mais le principe même de toute société. Il n'en est rien. La société lui paraît fondée sur la nécessité même. « Les fléaux physiques et les calamités de la nature humaine ont rendu la société nécessaire [1]. » Il ne ferme pas les yeux à cette vérité évidente que l'individu livré à lui-même n'aurait pu trouver ni une sûreté, ni une sécurité suffisante, pour qu'il fût possible à l'humanité de subsister. Bien plus, son bon sens le garde contre le paradoxe cher à Rousseau et qui consiste à exalter les vertus des sociétés primitives aux dépens des sociétés civilisées. « Si l'on avait dit à Adam, le lendemain de la mort d'Abel, que, dans quelques siècles, il y aurait des endroits où dans l'enceinte de quatre lieues carrées se trouveraient réunis et amoncelés sept ou huit cent mille hommes, aurait-il cru que ces multitudes pussent jamais vivre ensemble ? Ne se serait-il pas fait une idée encore plus affreuse de ce qui s'y commet de crimes et de monstruosités [2] ? » Qu'est-ce à dire, sinon que l'institution sociale, quels que puissent

---

1. *Éd.* Auguis, I, 354.
2. *Éd.* Auguis, I, 348.

être ses abus, a amené un progrès d'humanité et de raison ? — Au reste, la société, aux yeux de Chamfort, n'est point seulement le résultat de nécessités extérieures ; mais il estime qu'elle naît d'un besoin intime, d'une aspiration spontanée de l'âme humaine. C'est, dit-il très explicitement, « la nature qui a formé les hommes pour la société[1] ». Avec Chamfort nous n'avons donc point affaire à un utopiste épris de théories anti-sociales.

Mais en même temps qu'il reconnaît que la nature a donné à l'homme « tout le bon sens nécessaire pour former une société raisonnable[2] », il constate aussi que, pour des causes diverses, qu'il n'indique point d'ailleurs, mais qui, sans doute, sont d'ordre historique, la société, telle qu'il l'a sous les yeux, « n'est pas, comme on le croit d'ordinaire, le développement de la nature, mais bien sa décomposition et sa refonte entière[3] ». C'est ainsi que « la société a ajouté aux maux de la nature[4] » en la comprimant, en la faussant au lieu de la développer et de la régler. Avec le temps, là où il devait y avoir harmonie, il y a eu antagonisme. « Telle est la misérable condition des hommes qu'il leur faut chercher, dans la société, des consolations aux maux de la nature, et, dans la nature, des consolations aux maux de la société[5]. » Et cet antagonisme qui, selon lui, vient de la faute des hommes, non des choses, est

1. *Éd.* Auguis, I, 449.
2. *Éd.* Auguis, I, 449.
3. *Éd.* Auguis, I, 339.
4. *Éd.* Auguis, I, 354.
5. *Éd.* Auguis, I, 358.

justement ce qui blesse l'âme de Chamfort, et ce qu'il s'efforce de faire ressortir dans l'organisation sociale de son temps et de son pays. Selon lui, « le principe de toute société est de se rendre justice à soi-même et aux autres ¹ » ; c'est-à-dire que chaque individu a le droit de prétendre au développement complet de ses facultés, tant qu'il respecte ce même droit chez autrui. Or, la société française du xviii° siècle l'observe-t-elle ce principe de justice ? — Elle semble au contraire organisée dans le dessein exprès de le violer. « Quel est l'être le plus étranger à ceux qui l'environnent ? Est-ce un Français à Pékin ou à Makao ? Est-ce un Lapon au Sénégal ? Ou ne serait-ce pas par hasard un homme de mérite sans or et sans parchemins, au milieu de ceux qui possèdent l'un de ces deux avantages, ou tous les deux réunis ? N'est-ce pas une merveille que la société subsiste avec la convention tacite d'exclure du partage de ses droits les dix-neuf vingtièmes de la société ² ? » — Pour que cette étrange merveille soit possible, ce n'est point assez que la société interdise à l'homme de mérite de s'élever; il faut encore qu'elle le déprime. Voilà pourquoi les institutions sociales de son temps paraissent à Chamfort « avoir pour objet de maintenir l'homme dans une médiocrité d'idées et de sentiments qui le rendent propre à gouverner et à être gouverné ³ ». Et, parce qu'elle est ainsi contraire à la Justice, à l'ordre véritable, cette orga-

1. *Ed.* Auguis, I, 406.
2. *Ed.* Auguis, I, 388.
3. *Ed.* Auguis, I, 443.

nisation corrompt, rapetisse ou déforme ceux qui semblent en profiter autant que ceux qui en souffrent.

« On peut considérer l'édifice métaphysique de la société comme un édifice matériel qui serait composé de différentes niches ou compartiments, d'une grandeur plus ou moins considérable. Les places, avec leurs prérogatives, leurs droits, etc., forment ces divers compartiments, ces différentes niches. Elles sont durables et les hommes passent. Ceux qui les occupent sont tantôt grands, tantôt petits ; et aucun ou presque aucun n'est fait pour sa place. Là, c'est un géant courbé ou accroupi dans sa niche ; là, c'est un nain sous une arcade : rarement la niche est faite pour la statue. Autour de l'édifice, circule une foule d'hommes de différentes tailles. Ils attendent tous qu'il y ait une niche de vide, afin de s'y placer, quelle qu'elle soit. Chacun fait valoir ses droits, c'est-à-dire sa naissance ou ses protections pour y être admis. On sifflerait celui qui, pour avoir la préférence, ferait valoir la proportion qui existe entre la niche et l'homme, entre l'instrument et l'étui. Les concurrents même s'abstiennent d'objecter à leurs adversaires cette disproportion [1]. »

A la suite de Chamfort, nous allons parcourir ce bizarre édifice où ceux qui l'habitent sont si mal logés et dont l'accès est interdit aux « dix-neuf vingtièmes » de la nation.

La première place, la plus haute « niche », c'est la royauté qui l'occupe. Plus haut elle est placée dans la hiérarchie sociale, plus elle pèse sur l'ordre social véritable, plus elle le trouble et le fausse. Par sa définition même, elle rend l'ordre impossible ; car la royauté, en France, à cette époque, n'est que le despotisme pur et simple. Sous l'ancien

---

[1]. *Éd.* Auguis, I, 373.

régime, écrit Chamfort, « la vraie Turquie d'Europe c'était la France. On trouve dans vingt écrivains anglais : *les pays despotiques tels que la France et la Turquie* [1] ». Comparaison forcée, dira-t-on. Oui, peut-être, pour ceux qui ne se préoccupent que des risques que court leur vie ; non, pour ceux qui songent à ce qui peut menacer leur fortune ou leur honneur. Si ceux-là se retournent vers le passé, ont-ils de quoi se rassurer ?

« Si un historien, tel que Tacite, eût écrit l'histoire de nos meilleurs rois, en faisant un relevé exact de tous les actes tyranniques, de tous les abus d'autorité, dont la plupart sont ensevelis dans l'obscurité la plus profonde, il y a peu de règnes qui ne nous inspirassent la même horreur que celui de Tibère [2]. »

« On compte cinquante-six violations de la foi publique, depuis Henri IV jusqu'au ministère du cardinal de Loménie inclusivement. M. D... appliquait aux fréquentes banqueroutes de nos rois ces deux vers de Racine :

Et d'un trône si saint la moitié n'est fondée
Que sur la foi promise et rarement gardée [3]. »

Si l'on regarde dans l'avenir, pourquoi espérer mieux ? — Les mêmes causes subsistent ; comment échapper aux mêmes effets ? Chamfort est convaincu en effet que, dans un pays où la forme du gouvernement est despotique, le métier de roi gâte nécessairement l'âme la plus honnête, dévie l'esprit le plus droit et abaisse le caractère le plus élevé. Ne voit-on pas en France l'éducation qu'on donne à nos rois leur inspirer un orgueil absurde qui leur

1. *Éd.* Auguis, I, 438.
2. *Éd.* Auguis, I, 437.
3. *Éd.* Auguis, II, 99.

persuade qu'ils sont faits d'une autre argile, sur un autre modèle que leurs sujets? « C'est un fait avéré que Madame, fille du roi, jouant avec une de ses bonnes, regarda à sa main, et, après avoir compté ses doigts : — Comment! dit l'enfant avec surprise, vous avez cinq doigts aussi, comme moi ? — Et elle recommença pour s'en assurer [1]. » — Si les rois ne sont plus cruels, c'est que la cruauté a été comme évincée des mœurs et qu'elle paraît inutile en général. Mais ils ne doutent point que leur pouvoir soit sans limites ; et les moins impérieux, les plus bénévoles croient fermement que les consciences mêmes sont comme une cire sous leurs doigts. « Le roi de Pologne, Stanislas, avait des bontés pour l'abbé Porquet, et n'avait encore rien fait pour lui. L'abbé lui en faisait l'observation : — Mais, mon cher abbé, lui dit le roi, il y a beaucoup de votre faute : vous tenez des discours très libres ; on prétend que vous ne croyez pas en Dieu. Il faut vous modérer ; tâchez d'y croire : je vous donne un an pour cela [2]. » Les nécessités mêmes, qui naissent des choses, s'ils les subissent, ne pouvant mais, ils ne les acceptent pas sans protestations et sans une sorte de scandale. « Pendant la dernière maladie de Louis XV, qui, dès les premiers jours, se présenta comme mortelle, Lorry, qui fut mandé avec Bordeu, employa, dans le détail des conseils qu'il donnait, le mot : *il faut*. Le Roi, choqué de ce mot, répétait tout bas, et d'une voix mourante : Il faut ! il faut [3] ! »

1. *Éd.* AUGUIS, II, 2.
2. *Éd.* AUGUIS, II, 89.
3. *Éd.* AUGUIS, II, 24.

Comme l'orgueil est, pour un roi de France, un vice attaché à son état, l'incapacité en est aussi une conséquence presque inévitable. Dès longtemps le roi s'est entouré ou a été entouré d'un culte compliqué, aux rites multiples, qui se nomme l'étiquette et qui lui enlève le temps de penser et d'agir. « Allons, Darget (disait Frédéric II à son valet de chambre), divertis-moi ; conte-moi l'étiquette du roi de France ; commence par son lever. — Alors Darget entre dans tout le détail de ce qui se fait, dénombre les officiers, valets de chambre, leurs fonctions, etc.... — *Le roi en éclatant de rire* : Ah ! grand Dieu ! si j'étais roi de France, je ferais un autre roi, pour faire ces choses-là à ma place [1]. » D'où il suit que ce tout-puissant, très ignorant, très inhabile, et, en même temps, esclave de cette étiquette, n'est souvent qu'un pur automate. « Du temps de M. de Machault, on présenta au roi le projet d'une cour plénière, telle qu'on a voulu l'exécuter depuis. Tout fut réglé entre le roi, madame de Pompadour et les ministres. On dicta au roi les réponses qu'il ferait au premier président, tout fut expliqué dans un mémoire dans lequel on disait : Ici le roi prendra un air sévère ; ici le front du roi s'adoucira ; ici le roi fera tel geste, etc. — Le mémoire existe [2]. »

De princes ainsi formés ou plutôt déformés, comment attendre qu'ils mènent un grand peuple ? Ils pourront commander sans doute, mais non diriger. Ils feront des coups d'autorité, mais non pas des

---

1. *Éd.* Auguis, I, 329.
2. *Éd.* Auguis, II, 22.

actes de gouvernement. On les quitterait d'ailleurs du soin de conduire les affaires publiques, s'ils avaient l'attention de les remettre entre des mains habiles et fermes. Mais, tandis qu'ils paraissent les chefs de vingt-cinq millions d'hommes, ils sont les jouets d'une coterie. Leurs ministres ? ils ne les choisissent pas. On leur impose les uns ; les autres s'imposent eux-mêmes. Louis XV ne nomma jamais d'Aiguillon ministre des affaires étrangères. Mme du Barry, qui voulait le voir à cette place, lui dit d'aller remercier le roi de la lui avoir confiée. « Il y alla : le roi ne dit rien, et M. d'Aiguillon entra en fonctions sur-le-champ [1]. » Louis XVI ne songeait à faire de Maurepas ni un ministre ni un premier ministre. Comme il l'avait mandé pour causer avec lui : « Je développerai mes idées, demain, au conseil, lui dit Maurepas. » Et poussant sa pointe : « Votre Majesté me fait donc premier ministre ? — Non, dit le roi, ce n'est point du tout mon intention. — J'entends, dit M. de Maurepas : Votre Majesté veut que je lui apprenne à s'en passer [2]. » Le fait est que, sur ce mot, il resta en place jusqu'à sa mort. Pourquoi d'ailleurs un roi de France se mettrait-il en peine de gouverner ? — La machine du despotisme a été construite depuis deux siècles ; elle est montée ; elle marche toute seule : « M... Provençal, qui a des idées assez plaisantes, me disait, à propos des rois et même des ministres, que, la machine étant bien montée, le choix des uns et des autres était indif-

---

[1]. *Ed.* Auguis, II, 52.
[2]. *Ed.* Auguis, II, 33.

férent. — Ce sont, disait-il, des chiens dans un tournebroche ; il suffit qu'ils remuent les pattes pour que tout aille bien. Que le chien soit beau, qu'il ait de l'intelligence ou du nez, ou rien de tout cela, la broche tourne, et le souper sera toujours à peu près bon [1]. »

En somme, routine aux heures les moins mauvaises ; caprice et arbitraire aux pires moments : voilà ce qu'est le gouvernement monarchique en France. L'Administration ne vaut pas mieux, ou moins encore ; car elle a pour point de départ une énorme iniquité. « M... me disait : —Je ne regarde le roi de France que comme le roi d'environ cent mille hommes, auxquels il partage et sacrifie la sueur, le sang et les dépouilles de vingt-quatre millions neuf cent mille hommes dans les proportions déterminées par les idées féodales, militaires, anti-morales et anti-politiques qui avilissent l'Europe depuis vingt siècles [2]. » Il est trop vrai que le revenu de la France est, en droit tout entier, en fait pour la plus grande partie, entre les mains du roi. Il lui arrive bien d'encourager quelques œuvres utiles, de soutenir quelques hommes de mérite ; mais c'est là pure aventure, et il arrive aussi qu'on refuse un bureau de tabac à Montgolfier [3]. Les privilégiés de la naissance sont seuls assurés d'avoir toujours part à cet énorme gâteau. Ils y mordent à belles dents, sans discrétion. Aussi « autrefois le trésor royal s'appelait *Épargne* ; on a

1. *Éd.* Auguis, II, 19.
2. *Éd.* Auguis, II, 110.
3. *Éd.* Auguis, II, 128.

rougi de ce nom qui a semblé une contre-vérité depuis qu'on a prodigué les trésors de l'Etat ; et on l'a tout simplement appelé le *Trésor royal*[1]. » Du haut de sa « niche » élevée, le roi voit bien les courtisans qui se pressent autour de sa cassette pour l'épuiser ; mais il n'aperçoit point la foule obscure qui travaille et qui souffre pour l'alimenter. Même avec un cœur généreux, il lui reste indifférent, car il l'ignore presque, et l'on ne peut guère refuser la valeur d'un jugement historique au joli mot de Fontenelle : « Autrefois on tirait le gâteau des rois avant le repas. M. de Fontenelle fut roi ; et, comme il négligeait de servir d'un excellent plat qu'il avait devant lui, on lui dit : — Le roi oublie ses sujets. — A quoi il répondit : — Voilà comme nous sommes, nous autres[2] ! »

En enlevant à la féodalité tous ses pouvoirs politiques, la royauté avait dû se substituer à elle dans la tutelle qu'elle exerçait sur la nation. Mais cette charge était trop lourde ; quelques grands hommes, pendant un temps, suffirent à peine à la porter. Ceux qui vinrent ensuite parurent très tôt insoucieux de leur devoir propre, ou incapables de le remplir.

Puisque l'autorité royale ne s'appuyait pas sur les services rendus, par quoi donc était-elle consacrée ? — On avait essayé de la fonder sur un principe théologique ; un très grand esprit, un admirable écrivain, Bossuet, avait dans sa *Politique tirée de l'Ecriture sainte* formulé la théorie du

---

1. *Ed.* Auguis, I, 436.
2. *Ed.* Auguis, II, 6.

droit divin. Mais, si l'on y veut prendre garde, l'on s'aperçoit que la croyance au droit divin n'eut jamais de racines profondes dans notre ancienne France, et que, parmi les fidèles mêmes du pouvoir royal, beaucoup ne virent là qu'une fiction. En réalité, la royauté n'a pas d'autre assise que le respect invétéré dans la nation pour l'hérédité ; ce qui n'était qu'un fait avait pris, à travers le temps, la valeur d'un principe. Or, ce principe n'est-ce pas celui sur lequel repose la prérogative aristocratique ? D'où il suit que la prérogative royale ne se distingue d'elle que par son étendue et non par sa nature. Le roi a plus de terres, de revenus et de pouvoir qu'aucun des grands seigneurs ; mais il n'est, en somme, que le premier gentilhomme de France. Nos derniers rois le sentirent bien ; les hommes d'opposition le comprirent aussi, et c'est pourquoi Chamfort mit tant de vivacité dans les attaques qu'il dirige contre ce qu'il appelle le préjugé de la noblesse héréditaire.

Il n'admet pas que, dans l'histoire de notre patriciat, rien explique et justifie ce préjugé ; à son gré, nobles et anoblis furent toujours le fléau du peuple :

« Je ne fais pas plus de cas, je l'avoue, des trente mille oppresseurs bardés de fer, qui, la lance à la main, ont foulé sous les pieds de leurs chevaux de bataille dix ou douze millions de Gaulois, que je n'estime les milliers de vampires calculateurs qui ont sucé par le tuyau d'une plume le sang appauvri de vingt millions de Français. Je vois seulement que les premiers, pour se perpétuer et se maintenir dans la possession de leurs avantages, se sont recrutés chez les seconds. J'observe que la férocité et l'orgu'il se sont emparés des rapines de l'avarice, et que l'union du pouvoir et de l'argent a réuni contre le peuple la dureté du conquérant barbare et l'avide industrie du concussionnaire. Il m'est impossible de révérer le résultat et le produit de ce noble mélange. Je doute de temps en temps que ce soit là ce qu'il y a de plus respectable sur la terre ; et, en voyant que c'est au moins ce qu'il y a de plus respecté, je prends quelquefois pitié du genre humain [1]. »

Loin de penser que l'hérédité puisse avoir la valeur d'un principe social, il dit bien haut qu'elle rend impossible toute morale politique :

« Ces idées ont quelque chose de dur et de triste, diront les écrivains à la mode avec la grâce aimable et facile de leur esprit. — Il ne s'agit pas de savoir si elles sont dures, mais si elles sont justes, raisonnables et honnêtes. Pour moi, je trouve que, si on les rejette, la morale porte sur des bases conventionnelles ; et surtout je ne sais plus ce que devient la morale politique. Il me semble que, ces idées une fois repoussées, la morale est beaucoup moins applicable à la politique que les mathématiques ne le sont à la médecine ; et le vœu des honnêtes gens, des vrais amis du genre humain serait que la morale fût appliquée à la science du gouvernement avec le même succès que l'algèbre l'a été à la géométrie. C'est un rêve, dira-t-on. D'abord je suis loin de le croire ; mais si c'est un rêve, qu'on ne me parle donc plus de morale, qu'on pose hardiment le fait pour le droit. En un mot, qu'on m'enchaîne sans m'ennuyer et sans insulter ma raison [2]. »

Autant que ces considérations historiques et morales, ce qui condamne, aux yeux de Chamfort, le préjugé de la noblesse héréditaire, c'est qu'il est

---

[1]. *Considérations sur l'Ordre de Cincinnatus*, p. 20 (Londres, 1785). Cfr. *Éd.* AUGUIS, I, 436.
[2]. *Considérations sur l'Ordre de Cincinnatus*, p. 21.

non seulement absurde, mais encore ridicule ; ne voit-on pas en effet que

« l'honneur de succession.... s'accroît dans l'opinion à mesure qu'il s'affaiblit réellement en s'éloignant de plus en plus de sa source? » — « Ceci, dit Chamfort, n'est pas seulement une vérité philosophique ; c'est encore un calcul mathématique de la démonstration la plus simple et la plus facile. En effet, on conviendra que le fils d'un homme n'appartient que pour moitié à la famille de son père ; l'autre appartient à la famille de sa mère : ainsi, quand le fils entre dans une autre famille, la part du père de celui-ci sur son petit-fils n'est que de $\frac{1}{4}$
sur l'arrière petit-fils de $\frac{1}{8}$
à la génération suivante de $\frac{1}{16}$
ensuite de $\frac{1}{32}$
et progressivement ainsi, de sorte qu'en neuf générations qui embrasseront environ trois cents ans, tel qui est aujourd'hui chevalier de Cincinnatus ne participera que pour $\frac{1}{513}$ dans le chevalier existant alors [1]. »

On confessera que le calcul est plaisant ; bien plus, il pouvait sembler concluant, sans réplique, à une époque où les théories physiologiques sur l'atavisme étaient encore inconnues.

L'observation qu'il fit de la noblesse de son temps et de son pays confirma Chamfort dans ces idées. On aura beau citer quelques gentilshommes qui, vers la fin du XVIII° siècle, surent se dégager des intérêts et des mœurs de leur caste ; il reste vrai d'une vérité générale, que le patriciat français, devenu noblesse de cour, de noblesse féodale qu'il avait été, avait contracté les vices polis et bas de la cour, sans renoncer toujours aux mœurs impérieuses et dures de la féodalité.

[1]. *Considérations sur l'Ordre de Cincinnatus*, p. 74.

L'orgueil nobiliaire restait inentamé ; parfois il prend une forme ridiculement transcendante. « Une forte preuve de l'existence de Dieu, selon Dorilas, c'est l'existence de l'homme, de l'homme par excellence, dans le sens le moins susceptible d'équivoque, dans le sens le plus exact, et, par conséquent, un peu circonscrit ; en un mot, de l'homme de qualité. C'est le chef-d'œuvre de la Providence, ou plutôt le seul ouvrage immédiat de ses mains[1]. » Croira-t-on que Dorilas est une caricature imaginée par Chamfort? On se trompera. Qu'on se rappelle en effet le mot de la maréchale de La Meilleraye. On parlait devant elle de la mort du chevalier de Savoie, qui avait été fort débauché, et l'on exprimait des craintes pour son salut éternel. Elle écouta quelque temps, puis, avec un air de conviction et d'assurance : « Pour moi, dit-elle, je suis persuadée qu'à un homme de cette naissance Dieu y regarde à deux fois avant de le damner ». Si elles avaient été restreintes à l'ordre supra-naturel, ces prétentions n'auraient paru que plaisantes ; mais elles étaient aussi pesantes, parce qu'elles se marquaient et avaient leurs effets dans la vie politique et sociale. Au gré des patriciens, c'est à eux seuls que le gouvernement appartient ; ils souffrent sans doute qu'un étranger à leur caste arrive parfois aux affaires publiques, mais à la condition qu'il fera leurs affaires à eux. Joli de Fleury, contrôleur des finances en 1781, n'exprimait point une opinion personnelle, mais le sentiment de la noblesse tout entière quand il

---

1. *Éd.* Auguis, I, 346.

disait : « Il n'y a que depuis ces derniers temps que j'entends parler du peuple dans les conversations où il s'agit du gouvernement. C'est un fruit de la philosophie nouvelle. Est-ce qu'on ignore que le tiers n'est qu'adventice dans la constitution ? » — « Cela veut dire, ajoute Chamfort, que vingt-trois millions neuf cent mille hommes ne sont qu'un hasard et qu'un accessoire dans la totalité de vingt-quatre millions d'hommes [1]. » Et c'est en effet ce que pensent les nobles, exactement. Ils croient à la lettre qu'ils peuvent seuls diriger la France ; et cela se marque par l'indifférence absolue qu'ils témoignent à tout homme de mérite qui n'est point des leurs. « Il y a une profonde insensibilité aux vertus, qui surprend et scandalise beaucoup plus que le vice. Ceux que la bassesse publique appelle grands seigneurs ou grands paraissent, pour la plupart, doués de cette insensibilité odieuse [2]. » Ils croient aussi qu'ils doivent conduire le pays, à l'exclusion de tous autres ; et ils en viennent non pas seulement à être indifférents, mais hostiles à quiconque semble se désigner par son talent, par son caractère, par son travail pour occuper une situation élevée. S'ils ont besoin d'hommes de cette sorte, ils ne manquent pas l'occasion de peser sur eux de tout leur poids, de tâcher de les déprimer et de les ravaler. « Les favoris, les hommes en place mettent quelquefois de l'intérêt à s'attacher des hommes de

---

[1]. *Ed.* Auguis, II, 67.
[2]. *Ed.* Auguis, I, 383.

mérite ; mais ils en exigent un avilissement préalable, qui repousse loin d'eux tous ceux qui ont quelque pudeur [1]. » Aux dernières heures de l'ancien régime, il est manifeste que la noblesse française a bien moins la fière attitude d'une caste qui garde fidèlement ses prérogatives, que la mine inquiète et jalouse d'une coterie qui tremble qu'on ne lui ravisse des privilèges et des faveurs. Une sorte de conspiration occulte se forme dans ses rangs contre ceux qu'elle regarde comme des intrus : « une convention tacite avait tourné en mode, chère à l'orgueil, la nécessité des ménagements entre *gens de la même espèce*. Ainsi faciliter ou du moins permettre l'oppression d'un inférieur était une convenance d'état, dont on ne pouvait, entre honnêtes gens, se dispenser sans indécence [2]. » C'était, comme au temps de Louis XI, une *ligue du bien public* ; et Chamfort, qui en avait saisi le secret, la dénonçait avec indignation. « Cette impossibilité d'arriver aux grandes places, à moins que d'être gentilhomme, est une des absurdités les plus funestes dans presque tous les pays. Il me semble voir des ânes défendre les carrousels et les tournois aux chevaux [3]. » Au reste, sous Louis XVI, Turgot une fois éloigné du ministère, le secret ne fut plus gardé ; les prétentions exclusives de la noblesse se dévoilèrent, s'affichèrent même. On vit le gouvernement faire tout pour favoriser ce que Chamfort appelle « les

1. *Éd.* Auguis, I. 380.
2. *Éd.* Auguis, III, 284.
3. *Éd.* Auguis, I, 437.

idées de la gentilhommerie ». Des mesures qui dataient de Louis XIV furent jugées trop démocratiques. Il se trouva un ministre de la guerre, M. de Ségur, pour détruire les dispositions du fameux *ordre du tableau*, établi par Louvois, et qui instituait un ordre d'avancement indépendant de la naissance. Après l'ordonnance de M. de Ségur, il fallut faire les preuves de quatre générations de noblesse pour pouvoir devenir officier. « La nécessité d'être gentilhomme pour être capitaine de vaisseau, disait alors Chamfort, est tout aussi raisonnable que celle d'être secrétaire du roi pour être matelot ou mousse [1]. » Et en effet la pratique découvrit bien vite l'absurdité de cette mesure, qui menaça de rendre impossible le recrutement des cadres. « M. de Ségur ayant publié une ordonnance de ne recevoir dans le corps de l'artillerie que des gens instruits, il arriva une chose plaisante : c'est que l'abbé Bossut, examinateur des élèves, ne donna l'attestation qu'à des roturiers et Chérin qu'à des gentilshommes. Sur une centaine d'élèves, il n'y en eut que quatre ou cinq qui remplirent les deux conditions [2]. » Aussi quelques représentants de la noblesse blâmèrent-ils la mesure prise par M. de Ségur. Mais pourquoi ? parce qu'elle était inique ? En aucune façon ; seulement parce qu'elle était malhabile, en rendant publique une exclusion qu'on eût dû se contenter de pratiquer secrètement. « Il ne fallait jamais, dit Tilly dans ses *Mémoires*, faire une loi de l'État d'une condition qu'il fallait,

1. *Ed.* Auguis, I, 437.
2. *Ed.* Auguis, II, 116.

pour être admis, laisser dans son application, aux chefs de corps, au ministre du département de la guerre, et, en dernière analyse, à la sanction de l'autorité. Il était aisé de ne faire que des exceptions ; mais cette convention tacite n'eût pas dû être changée en ordonnance réglementaire[1]. » L'aveu est on ne peut plus significatif, et confirme bien tout ce que Chamfort a dit et pensé de la politique abusivement exclusive de la noblesse sous les règnes de Louis XV et Louis XVI.

Cet exclusivisme est d'ailleurs tout ce qu'elle a retenu des mœurs publiques de la féodalité. Plus de dignité chez les plus grands seigneurs ; on les trouve disposés aux plus bas valetages ; le duc de Richelieu, dans ses *Mémoires*, se défend d'avoir donné Mme de Châteauroux pour maîtresse à Louis XV ; mais ce n'est pas qu'il trouve une pareille démarche blâmable en elle-même, « puisqu'il déclare que cette complaisance est la moindre qu'on puisse avoir pour son roi, et qu'il voit fort peu de différence entre lui procurer une maîtresse et lui faire agréer un bijou [2] ». Quelques-uns même se targuent tout haut de leur humiliation : « Le comte d'Argenson, homme d'esprit, mais dépravé, et se jouant de sa propre honte, disait : Mes ennemis ont beau faire, ils ne me culbuteront pas ; il n'y a ici personne plus valet que moi [3] ». On conçoit après cela qu'ils ne sauraient répugner au manège de l'intrigue, ni même à l'attitude de la mendi-

---

1. TILLY, *Mémoires*, p. 368 (Paris, Firmin-Didot, in-18).
2. *Éd.* AUGUIS, III, 263.
3. *Éd.* AUGUIS, II, 23.

cité. C'est, à dire vrai, dans cette posture que nous les voyons le plus souvent devant le roi et ses ministres. Mendier n'est-il pas devenu pour eux une nécessité? Dès longtemps la vie de cour a fait, pour un gentilhomme, du luxe et de l'apparat un besoin, une habitude, bien plus une convenance. Rien de plus onéreux que de tenir alors son rang : aussi la plupart des grands de la cour de France eussent-ils pu avoir le même langage que ces gentilshommes de Sardaigne, qui, très pauvres, se présentèrent pourtant devant leur roi en magnifique équipage ; comme celui-ci leur faisait entendre qu'il voyait bien qu'ils n'étaient pas aussi pauvres qu'on le disait : « Sire, lui répondirent-ils, nous avons appris l'arrivée de Votre Majesté : nous avons fait tout ce que nous devions; mais nous devons tout ce que nous avons fait [1]. »

On sait avec quelle effronterie la noblesse se mit à quémander plus que jamais lors du ministère de Calonne, et c'est alors sans doute que Chamfort écrivait cette définition : « Les courtisans sont des pauvres enrichis par la mendicité ». Il s'en faut bien pourtant que tous aient pu s'enrichir ; la plupart se couvrirent de dettes, qui passaient de beaucoup leurs ressources. Que faire en cet état? Abandonner tous leurs biens à leurs créanciers, et aller vivre obscurément dans quelque terre de province ? C'était le parti de l'honnêteté : bien peu s'y décidèrent. Le plus souvent, on préférait ne pas s'acquitter et il y eut bien d'autres banque-

---

1. *Éd.* Auguis, II, 139.

routes que la banqueroute sérénissime du prince de Guéménée. Insensiblement la noblesse en venait à évincer la probité de l'idée qu'elle se faisait de l'honneur. Chamfort s'irrite qu'on ose encore, après cela, jurer *foi de gentilhomme*. « Car, dit-il, rien de si difficile à faire tomber qu'une idée triviale ou un proverbe accrédité [1]. » Peut-être ne remarque-t-il pas assez que cette façon de parler n'était plus alors acceptée que par les gentilshommes eux-mêmes ; dans le reste de la nation, on savait bien qu'elle était vide de sens.

Tous ces torts eussent été aisément pardonnés et même oubliés, si l'on avait pu croire que la noblesse était vraiment le soldat de la France. Avec sa bravoure brillante et très réelle, il semblait qu'elle dût noblement tenir ce rôle. Mais elle se comporta de façon à faire penser qu'elle n'en avait point souci. Souvent les gentilshommes traitent la guerre comme un jeu ; ils y ont la mine de gens qui courent une aventure, et ne paraissent nullement songer aux intérêts et aux dangers de leur pays. Trop manifestement ils ne se considèrent que comme une sorte de garde d'honneur du roi, et point du tout comme l'armée de la nation. D'un mot, il leur manque le patriotisme, sans lequel il n'est point de véritables vertus militaires : « Dans les malheurs de la fin du règne de Louis XIV, après la perte des batailles de Turin, d'Oudenarde, de Malplaquet, de Ramillies, d'Hochstedt, les plus honnêtes gens de la cour disaient : Au moins le

---

[1]. *Éd.* Auguis, I, 377.

roi se porte bien, c'est le principal¹ ». C'est ainsi qu'ils en viennent à parler des malheurs nationaux avec une parfaite indifférence, et même, en certains cas, avec une scandaleuse légèreté. On citait devant des courtisans une épigramme sur nos défaites : « Un d'eux, enchanté jusqu'à l'ivresse, dit en levant les mains après un instant de silence et avec un air profond : Comment ne serait-on pas charmé des grands événements et des bouleversements même qui font dire de si jolis mots ? — On suivit cette idée, on repassa les mots, les chansons faites sur tous les désastres de la France. La chanson sur la bataille d'Hochstedt fut trouvée mauvaise et quelques-uns dirent à ce sujet : Je suis fâché de la perte de cette bataille, la chanson ne vaut rien ². » Ces propos, dont on ne faisait d'ailleurs nul mystère, se répandaient vite ; comment s'étonner que les Français aient un jour rompu violemment les liens qui les attachaient à la noblesse, alors qu'elle-même avait tout fait pour les dissoudre ?

Lorsqu'on songe aux tempêtes que la question religieuse déchaîna au temps de la Révolution, on est surpris de voir qu'elle ait assez peu préoccupé Chamfort, et que, dans ses remarques, le clergé n'ait guère tenu de place. Mais il faut songer que, durant le règne de Louis XVI, les querelles de religion restèrent, pour ainsi dire, assoupies. En 1788, Necker publia un livre sur l'*Importance des idées religieuses*. On le lut beaucoup, au témoignage

---

1. *Ed.* Auguis, II, 15.
2. *Ed.* Auguis, II, 46.

de Rivarol, qui y répondit par deux *Lettres sur la religion et la morale*. Mais le succès de cet ouvrage était dû surtout à la curiosité qu'excitait la personne de Necker, qui venait de quitter le pouvoir :

« Vous vous plaignez, Monsieur, vers la fin de votre ouvrage de ce qu'on affecte aujourd'hui de ne plus parler de religion dans la société... Ces questions ont fatigué le monde. Il n'y a que quelques jeunes gens, vexés par des pratiques minutieuses de dévotion, qui s'en vengent par des propos au sortir du collège ; mais l'expérience leur apprend bientôt que si l'homme est une trop chétive créature pour offenser l'Etre Suprême, il n'en est pas moins vrai que les irrévérences sont des crimes envers la société ; qu'il ne faut ni blesser les dévots, ni ennuyer les gens d'esprit ; et qu'en tout il est plus plaisant de parler de ce monde que de l'autre[1]. »

Et Rivarol parle juste : la polémique religieuse est alors comme épuisée ; on en a été excédé. L'école philosophique a vidé son carquois. Chamfort pouvait-il songer à ramasser à terre des traits lancés depuis longtemps ? Remarquons, d'autre part, que vers ce temps, le haut clergé, c'est-à-dire le seul qui compte (car le bas clergé se confond dans le peuple et s'y perd), se recrute exclusivement, ou à peu près, dans la noblesse. En même temps que M. de Ségur rendait ses fameuses ordonnances sur le recrutement des officiers, l'on décida secrètement qu'à l'avenir « tous les biens ecclésiastiques, depuis le plus modeste prieuré jusqu'à la plus riche abbaye, seront réservés à la noblesse[2]. » Nobles et prêtres, c'est donc tout un ; et si Chamfort eût

---

1. RIVAROL, *Œuvres*, tome II, p. 121 (Paris, Léopold Collin, 1808).
2. Cité par TAINE dans l'*Ancien Régime*.

voulu faire la satire des représentants de ce clergé aristocratique, il fût tombé souvent dans les redites.

Cependant, si rares qu'aient été sur ce point ses observations, il n'en est pas moins vrai qu'il a vu nettement ce qu'était alors devenue l'Eglise de France. En 1792, La Harpe relevait les bévues commises par Soulavie dans les *Notes* que ce compilateur avait mises aux *Mémoires de Maurepas* et disait à ce propos :

« Il ne sait pas que le règne des *cheveux plats* et des *grands chapeaux*, commencé sous Fleury, a fini avec Boyer, l'imbécile ; qu'à dater de l'évêque d'Orléans, on éloignait le bigotisme comme dangereux et qu'on préférait les esprits doux et conciliants ; qu'on craignait tellement le bruit dont on était las, qu'il valait mieux être un peu libertin que trop rigoriste ; qu'à cette même époque, la philosophie s'était glissée jusque sous le rochet et la barrette, et que l'archevêque de Vienne (Pompignan) s'en plaignit amèrement dans une assemblée du clergé, criant que la *moderne philosophie avait infecté même le sanctuaire*, déclamation qui fut très mal accueillie ; qu'en un mot, c'était l'esprit du monde, des affaires et de la cour, qui, de nos jours, dominait dans le clergé [1]. »

Dans ce tableau se trouvent comme résumés les traits que Chamfort avait recueillis dans ses notes. Déjà en effet il avait remarqué que le bigotisme, l'intolérance fanatique n'avaient plus cours dans le clergé. « On sait le discours fanatique que l'évêque de Dôle a tenu au roi, au sujet du rappel des protestants. Il parla au nom du clergé. L'évêque de Saint-

---

[1]. L'article auquel ce passage est emprunté a été attribué à tort à Chamfort par Auguis qui le fait figurer au tome III de son édition, p. 398 sqq.

Pol lui ayant demandé pourquoi il avait parlé au nom de ses confrères sans les consulter : J'ai consulté, dit-il, mon crucifix. — En ce cas, répliqua l'évêque de Saint-Pol, il fallait répéter exactement ce que votre crucifix vous avait répondu [1]. » Mais, en observateur clairvoyant, Chamfort se rendait bien compte aussi que les prêtres n'étaient devenus tolérants qu'en perdant leur foi. L'exemple du scepticisme leur était venu de loin et de haut. Combien, à ce point de vue, est significative l'anecdote que notre auteur conte sur Massillon : « Madame du Deffant étant petite fille, et au couvent, y prêchait l'irréligion à ses petites camarades. L'abbesse fit venir Massillon, à qui la petite exposa ses raisons. Massillon se retira en disant : Elle est charmante ! — L'abbesse, qui mettait de l'importance à tout cela, demanda à l'évêque quel livre il fallait faire lire à cette enfant. Il réfléchit une minute et il répondit : Un catéchisme de cinq sous. On ne put en tirer autre chose [2] ». Encore ce scepticisme, tout en étant très manifeste, garde-t-il de la discrétion et de la convenance. Mais, plus tard, beaucoup de prêtres firent moins de façons : très délibérément, ils plaisantèrent tout haut des choses saintes, des pratiques du culte, et s'en jouèrent. En pleine procession, un jour qu'on promenait la châsse de sainte Geneviève pour obtenir de la sécheresse, comme il commençait à pleuvoir, l'évêque de Castres dit en riant : « La sainte se

---

1. *Ed.* Auguis, II, 2.
2. *Ed.* Auguis, II, 35.

trompe ; elle croit qu'on lui demande de la pluie [1]. » Un abbé va visiter un évêque qui le prie à déjeuner. L'abbé refuse, le prélat insiste : « Monseigneur, dit l'abbé, j'ai déjeuné deux fois; et d'ailleurs c'est aujourd'hui jeûne [2]. » On connaît le mot de Rivarol : « L'impiété est la plus grande des indiscrétions ». Assurément il ne date pas du moment dont nous parlons ; car alors l'impiété, pour un membre du clergé, est devenue presque de rigueur, s'il veut passer pour un homme de bon ton : « Il semble que, d'après les idées reçues dans le monde et la décence sociale, il faut qu'un prêtre, un curé croie un peu pour n'être pas hypocrite, ne soit pas sûr de son fait pour n'être pas intolérant. Le grand vicaire peut sourire à un propos contre la religion, l'évêque rire tout à fait, le cardinal y joindre son mot [3]. » Joignez que ce clergé, qui se dispense de croire, ne se croit pas obligé non plus à observer les mœurs chrétiennes, ni même les bonnes mœurs ; c'est l'époque où les Brienne, les Montazet, les Rohan, remplissent la cour et la ville du bruit de leurs scandaleuses aventures.

Sans foi et sans mœurs, partant sans autorité pour enseigner la doctrine et pour édifier les âmes, le clergé s'est lui-même dépouillé de son prestige propre ; lui-même il a accrédité cette opinion qu'il n'est rien de plus qu'une caste qui s'est mise au service du gouvernement monarchique. Encore laisse-

---

1. *Ed.* Auguis, II, 19.
2. *Ed.* Auguis, II, 156.
3. *Ed.* Auguis, I, 344.

t-il trop voir que ce n'est point le dévouement qui l'attache à la royauté. La première et la dernière des préoccupations des assemblées du clergé, qui se tinrent dans les cinquante années qui précédèrent la Révolution, fut toujours de défendre les intérêts du corps envers et contre tous ; la royauté put s'en apercevoir à maintes reprises. L'exemple de cette politique égoïste de la collectivité devait être nécessairement suivi par les individus. Et il l'était en effet, s'il faut en croire une plaisante anecdote de Chamfort. « Le curé de Bray ayant passé trois ou quatre fois de la religion catholique à la religion protestante et ses amis s'étonnant de cette indifférence : Moi, indifférent ! dit le curé, moi, inconstant ! rien de tout cela ; au contraire, je ne change point, je veux être curé de Bray [1]. » Certains jugèrent que cette politique était fort habile. Mercier écrivait en 1783 en parlant du clergé :

« Il est éclairé, il ne commettra point de grandes fautes, il songe à l'*utile*..... Ce corps me paraît doué de la politique la plus fine, et jusqu'ici la plus heureuse. Moins persécuteur que jamais, ne sollicitant presque plus de lettres de cachet contre les protestants et leurs filles, parlant de tolérance, occupé de jouissances voluptueuses et paisibles, satisfait tant que l'extérieur du culte ne recevra aucune brèche, il laissera passer les opinions contraires sans leur opposer une digue imprudente [2]. »

Mais quand l'heure de la Révolution sonna, il se trouva que cette politique était la plus périlleuse de toutes ; pour avoir abdiqué, ou à peu près, sa

---

1. *Éd.* Auguis, II, 50.
2. *Tableau de Paris.* Edition de 1783, à Nyon, tome III.

mission spirituelle, l'Eglise s'était mise, aux yeux des révolutionnaires, sur le même rang que les autres puissances du vieux monde. En vain eût-elle prétendu avoir plus de titres au respect : ses titres, ne les avait-elle pas oubliés et répudiés pendant longtemps ? Pendant près de cinquante ans elle n'avait eu souci que des choses de la terre, elle n'avait plus eu foi dans son rôle céleste ; on n'y eut pas plus foi qu'elle-même. Et La Harpe a fort bien montré que par là s'explique le peu de scrupules qu'on mit à porter la main sur ce qui avait été naguère l'arche sainte.

« Ce qui a détruit le clergé, c'est avant tout l'indifférence philosophique qui apprit à ne plus le considérer que sous les rapports du gouvernement : et ces rapports le montraient évidemment comme une corporation anti-politique, comme un des arcs-boutants du despotisme, comme tellement redoutable qu'il pouvait toujours renaître de ses débris s'il n'était entièrement anéanti ; ce fut ensuite l'opportunité de faire de ses dépouilles une ressource immense pour la nation ; et la ruine entière de ce corps étant liée intimement au plan de Mirabeau pour les assignats, c'est lui qui porta ces deux grands coups à la fois [1]. »

On ne conteste guère ces abus de l'ordre social, à la fin de l'ancien régime, et l'on reconnaît en général qu'à ce moment les mœurs publiques des hautes classes étaient vraiment gâtées. Mais on croit aussi volontiers que les hommes valaient mieux que les institutions, et que les mœurs du monde atténuaient, corrigeaient ce qu'il y avait d'inique dans la constitution de la société.

1. Dans l'article attribué à Chamfort par Auguis, tome III, p. 433.

Reconnaissons d'abord que la vie mondaine de l'aristocratie des derniers jours, vue à distance, paraît si brillante qu'elle exerce une sorte de prestige ; on n'entrevoit que des défauts séduisants, élégants et légers, l'amour du luxe, du plaisir, le goût d'une galanterie délicate, et il semble que l'on assiste à une fête rare donnée tout exprès pour enchanter la nation qui la regarde de loin. On remarque en outre que ces patriciens, dont la politique défendait jalousement l'accès des emplois publics, s'empressaient d'ouvrir les portes de leurs salons à tous les hommes de mérite, qu'ils étaient curieux des idées nouvelles, surtout épris du talent et de l'esprit, et que, la sensibilité étant devenue une mode, loin de rester indifférents au sort des malheureux, ils s'attendrissaient aisément sur toutes les misères. « Ceux qui n'ont pas vécu dans les années qui ont précédé la Révolution, a dit Talleyrand, ne savent pas ce que c'est que la douceur de vivre. » Sur la foi de Talleyrand, beaucoup se persuadent que le monde de ce temps fut comme enveloppé dans une atmosphère de joie et de bonté facile, et s'étonnent que le peuple de France ne se soit pas laissé pénétrer et adoucir par elle. Ainsi, entre les historiens des mœurs de notre nation, il n'en est guère qui n'aient éprouvé de la complaisance ou au moins de l'indulgence pour les représentants de la vie mondaine sous le règne de Louis XVI.

Si l'on consulte Chamfort, ce prestige se dissipe. Il faut avouer sans doute qu'il mit quelque emportement à briser les surfaces brillantes ; mais il est vrai aussi que cette société n'a été trop souvent jugée que par ses surfaces, et il est bon qu'un observateur, sévère à coup sûr, et peut-être même brutal, nous ait montré ses dessous. On a beau savoir que le tissu des affaires humaines est fait de contradictions ; en vérité, entre les iniquités de l'ancien régime et la grâce aimable qu'on prête à ses derniers salons, la contradiction paraît trop forte ; Chamfort nous montre qu'elle n'a jamais existé.

Il n'accorde même pas que les défauts de la société de son temps aient eu ces formes séduisantes dont l'imagination les a souvent parés. Selon lui, le luxe dont elle s'entoure n'est que de fort médiocre aloi, et, le plus souvent, banal et même trivial à ce point qu'il ne le trouve pas supérieur à celui qui se déploie dans les mauvais lieux. Dans les fêtes mondaines, on ne se met plus en peine d'élégance ni de bon goût ; ce que l'on veut, ce que l'on cherche, c'est la dépense. Un ambassadeur ayant donné une fête charmante, l'on vient à apprendre qu'elle ne lui a pas coûté fort cher : aussitôt on la dénigre. Lui, qui veut prendre sa revanche, annonce qu'il recevra une seconde fois. On accourt avec la pensée qu'il va éblouir ses invités par des merveilles somptueuses.

« Grande affluence. Point d'apprêt. Enfin on apporte un réchaud à l'esprit de vin… « Messieurs, dit-il, ce sont les dépenses et non l'agrément d'une fête que vous cherchez ; regardez bien (et il retrousse son habit dont il montre la doublure), c'est un tableau du Dominiquin qui vaut cinq mille guinées ; mais ce n'est pas tout : voyez ces dix billets, ils sont de mille guinées chacun, payables à vue sur la banque d'Amsterdam. (Il en fait un rouleau et les met sur le réchaud allumé.) Je ne doute pas, Messieurs, que cette fête ne vous satisfasse et que vous ne vous retiriez tous contents de moi. Adieu, Messieurs, la fête est finie [1]. »

L'aventure se passe à Naples, mais Chamfort croyait que la leçon était bonne pour Paris. A ce moment, en effet, les bals deviennent des cohues, l'on ne donne plus des *soupers priés*, on tient table ouverte. « Dans cette grande capitale, dit une brochure du temps, tous les gens opulents et qui ont ce qu'on appelle une maison montée, désignent des jours fixes où ils donnent à dîner et à souper..... Toutes les personnes présentées chez eux peuvent y aller quand bon leur semble ; pourvu que leur dîner ou leur souper soit mangé, ils sont très contents et leur objet est rempli [2]. » Avec cet usage, le monde ressemblait à une auberge et l'on n'avait d'autre ressource pour relever cette banale hospitalité que de la rendre très somptueuse. On en venait ainsi à assassiner les gens à force de mangeaille, et Chamfort, étonné de ces festins meurtriers, disait avec humeur : « Cela se concevrait entre parents qui héritent les uns des autres ; mais entre amis qui n'héritent pas, quel peut en être l'objet [3] ? »

Plus encore que le goût, la sincérité manque aux divertissements mondains. J'entends qu'on ne va plus à ces réunions sans arrière-pensée, sans

---

[1]. *Ed.* Auguis, II, 76.
[2]. *Les Numéros*, 3ᵉ édition. — A Amsterdam — et se trouve à Paris, rue et hôtel Serpente — 1784.
[3]. *Ed.* Auguis, II, 122.

calcul, pour le plaisir. Déjà une gêne est née du besoin de l'ostentation. Mercier l'a remarqué avec justesse : « Les dépenses qu'entraînent le luxe et la manie des superfluités ont rendu tout le monde pauvre... Affaires, embarras, servitudes, projets, tout cela se lit sur les visages. Dans une société de vingt personnes, dix-huit s'occupent des moyens d'avoir de l'argent et quinze n'en trouveront point [1]. » Mais le monde a surtout cessé d'être plaisant, parce qu'il n'est plus un lieu de repos, de détente, un terrain neutre, où l'on oublie ses intérêts, son ambition ; il devient alors plus que jamais une arène, un champ clos pour les intrigues ; chaque salon aristocratique sert de prolongement à l'Œil-de-Bœuf ; partout il y a du manège ; nulle part il n'y en a plus que là même où il ne se laisse pas apercevoir : « Une vérité cruelle, mais dont il faut convenir, c'est que, dans le monde, et surtout dans un monde choisi, tout est art, science, calcul, même l'apparence de la simplicité, de la facilité la plus aimable. J'ai vu des hommes dans lesquels ce qui paraissait la grâce d'un premier mouvement était une combinaison, à la vérité très prompte mais très fine et très savante. J'en ai vu associer le calcul le plus réfléchi à la naïveté apparente de l'abandon le plus étourdi [2]. »

Aussi les hautes traditions de politesse de la société française vont se perdant de jour en jour. Chamfort l'a finement senti : « En parcourant les mémoires et monuments du siècle de Louis XIV,

1. *Tableau de Paris.* Tome I, p. 53. Éd. de 1783, à Nyon.
2. *Éd.* Auguis, I, 379.

on trouve même dans la mauvaise compagnie de ce temps-là quelque chose qui manque à la bonne d'aujourd'hui [1]. » C'est que, si la politesse n'exclut pas complètement l'égoïsme, elle suppose au moins qu'on est capable de l'oublier pour une heure, et ne va pas sans quelque désintéressement, sans un désintéressement momentané. Mais dans ce milieu où les intérêts luttent sans trêve, où les vanités se choquent sans relâche, qui donc se risquerait à s'oublier, ne fût-ce qu'un moment ? Le temps est passé où l'on pouvait dire, non sans raison, que l'esprit de société tenait lieu parfois de l'esprit de charité ; les bonnes qualités et les qualités aimables, c'est-à-dire les qualités de l'homme poli, sont devenues presque contradictoires. « Vous connaissez M. le comte de....... Est-il aimable ? — Non, c'est un homme plein de noblesse, d'élévation, d'esprit, de connaissances, voilà tout [2]. » Un écrivain qu'on ne peut accuser d'avoir été hostile à l'ancien monde, le prince de Ligne, a rendu sur ce point le même témoignage que Chamfort : « On était, dit-il, devenu mal élevé et peu attentif dans la société. Il y avait encore quelques révérenciers ; mais c'était une politesse de jambes et non la véritable. On croyait en avoir en ne buvant un verre d'eau qu'à la porte et en y reconduisant avec les sots propos d'usage : c'est pour vous voir plus longtemps, c'est pour voir si vos gens sont là. Mais il faut avoir, ou une bonhomie cordiale

---

1. *Éd.* AUGUIS, I, 373.
2. *Éd.* AUGUIS, I, 323.

ou un air de rendre à la personne qu'on veut distinguer ce qu'elle mérite [1]. »

Ces hommes qui avaient désappris la politesse véritable, comment eussent-ils été capables de pratiquer l'art délicat de la vraie galanterie ? A cette époque on cite comme des exceptions curieuses ceux qui ont conservé ces anciennes traditions : le duc de Bouillon, le maréchal de Soubise, le duc de Coigny, le duc de Chabot et le comte de Vaudreuil. Dès longtemps, il est vrai, dès le début du XVIIIe siècle, on ne s'était plus mis en peine de marquer du respect aux femmes qu'on voulait conquérir ; mais au moins on témoignait le désir de leur plaire par des égards, par des prévenances et, dans l'effronterie même, on les traitait avec une sorte de tendresse sensuelle. Il semble que, sous Louis XVI, il ait été de bon ton de n'avoir plus pour elles qu'une indifférence méprisante et tranquille. Les maris ne font plus à leurs femmes l'honneur d'être jaloux, si elles ont des aventures. Lauzun, qui représente alors toutes les élégances, n'avait pas vu sa femme depuis dix ans. Comme on lui demandait ce qu'il ferait si elle lui écrivait un jour : « Je viens de découvrir que je suis grosse », il réfléchit un moment et répondit : « Je lui écrirais : Je suis charmé d'apprendre que le ciel ait enfin béni notre union. Soignez votre santé, j'irai vous faire ma cour ce soir [2] ». On pourrait citer vingt mots du même genre. D'ailleurs les femmes légi-

---

[1]. *Mémoires et mélanges historiques et littéraires*, tome IV, p. 71 (Paris, 1827, chez Ambroise Dupont, 5 vol. in-8°).
[2]. *Éd.* Auguis, II, 29.

times ne sont pas les seules à recevoir l'insulte de ce sang-froid dédaigneux ; et une maîtresse qui chasse son amant ou qui le quitte ne doit pas s'attendre à une explosion de regrets ou même à une parole de tristesse. Le cardinal de Rohan et Madame de Brionne avaient vécu ensemble. Une intrigue politique les ayant brouillés, une dispute s'émut entre eux. Madame de Brionne menaça le cardinal de le faire jeter par la fenêtre : « Je puis bien, répliqua-t-il tranquillement, descendre par où je suis monté si souvent [1]. » En somme, dans leur commerce avec les femmes, les hommes ne leur demandent plus que le plaisir, et entre les deux sexes il n'y a plus, au moins dans le monde, que des sympathies d'épiderme. Souvent même, entre les amants, pas d'autre lien que la froide et plate habitude. « M. de B.... voyait Mme de M.... tous les jours. Le bruit courut qu'il allait l'épouser : sur quoi il dit à l'un de ses amis : Il y a peu d'hommes qu'elle n'épousât pas plus volontiers que moi et réciproquement. Il serait bien étrange que dans quinze ans d'amitié nous n'eussions pas vu combien nous sommes antipathiques l'un à l'autre [2]. » On dirait que cette société du temps de Louis XVI porte la peine des excès et des folies amoureuses du règne de Louis XV. On sent chez elle la lassitude et le dégoût qui traîne après lui la vulgarité, parfois la grossièreté même. Les peintres des fêtes galantes, les Watteau, les Boucher, sont vraiment morts à leur heure, et pour les égaler, c'est peut-

---

1. *Éd.* Auguis, II, 10.
2. *Éd.* Auguis, II, 118.

être moins le talent qui manqua à Fragonard, leur disciple, que des modèles élégants et gracieux comme ceux qui figurent dans leurs tableaux.

Que servirait au peintre de cette société d'avoir des couleurs vives et une touche légère ? Sur elle je ne sais quoi de lourd et de terne s'est étendu comme une couche uniforme. L'éclat si vif qu'avait jeté l'esprit de conversation durant ce siècle a pâli, s'est effacé ; il y a encore des *professionnels* de la causerie ; mais les hommes du monde passent à travers les salons sans amuser, sans s'amuser ; ce spectacle qu'ils ont toujours sous les yeux, ils n'y prennent plus plaisir, ils ne songent plus à l'animer ; beaucoup, que rien ne peut distraire d'eux-mêmes, ne le comprennent même pas, « par la raison qui fait que les hannetons ne savent pas l'histoire naturelle ». L'ennui gagne, les ennuyeux se multiplient, si bien qu'il est plus profitable de savoir s'ennuyer que de savoir plaire. Savoir s'ennuyer devient un art nécessaire, et « le talent de faire fortune, comme celui de réussir auprès des femmes, se réduit presque à cet art-là [1] ».

Serait-ce, comme quelques-uns l'ont cru, que, le siècle finissant, le monde est enfin devenu grave, et qu'après avoir été si longtemps charmé par les jolis mots, il s'éprend pour les idées sérieuses ? — Serait-ce, lorsqu'un renouvellement est si proche, qu'on se préoccupe des réformes attendues et qu'on a souci d'écouter les réformateurs ?... Au premier examen, l'on serait tenté de le croire. — Jamais

---

1. *Éd.* Auguis, I, 361.

les femmes ne furent plus avides de haute culture intellectuelle : non seulement on voit alors pulluler les bureaux d'esprit, où l'on parle philosophie, théâtre, poésie, mais un nombreux auditoire féminin se presse aux leçons du Lycée et y suit ou feint d'y suivre les cours de Lavoisier et de Fourcroy. La comtesse de Voyer raffole de l'anatomie, et Mme de Coigny ne va point en voyage sans emporter, dans sa voiture, un cadavre à disséquer. Les hommes ne demeurent point en reste : les livres austères de sciences, de linguistique, d'économie sociale, se débitent alors aussi bien que les romans et les petits vers ; n'est-ce pas durant ces années que la contrefaçon livrait jusqu'à quarante éditions de l'*Histoire philosophique des Indes* de l'abbé Raynal ? Bien plus, les grands seigneurs ne dédaignent pas de composer ou du moins de publier des livres sur les matières de politique et d'administration ; et le prince de Ligne en a connu qui se levaient à six heures du matin « pour écrire des mémoires contre les pigeons et les lapins [1] ». Enfin point de grande, ni de bonne maison qui n'ait son groupe familier de littérateurs, de savants ou de philosophes. Comment douter qu'une pareille société ait le respect et l'amour des choses de l'esprit ? — Chamfort en doute pourtant ; parmi ces femmes qui tiennent un salon littéraire, combien peu aiment les lettres ! Combien sont disposées à juger du mérite d'un écrivain, comme cette Madame.... qui disait de L.... : « Je n'en fais pas grand cas, il ne

---

1. *Mélanges*, etc., tom

vient pas chez moi ». Quelles déceptions on se ménage si on a la naïveté de faire état de leur jugement ! « Parmi cette classe d'hommes nés avec une imagination vive et une sensibilité délicate, plusieurs m'ont dit combien ils avaient été frappés de voir combien peu de femmes avaient de goût pour les arts, et particulièrement pour la poésie. Un poète connu par des ouvrages très agréables me peignait un jour la surprise qu'il avait éprouvée en voyant une femme pleine d'esprit, de grâces, de sentiment, de goût dans sa parure, bonne musicienne et jouant de plusieurs instruments, qui n'avait pas l'idée de la mesure d'un vers, du mélange des rimes, qui substituait à un mot heureux ou de génie un autre mot trivial et qui même rompait la mesure du vers [1] ! » Après cela, allez donc croire que leur goût pour les sciences et les hautes spéculations soit autre chose que de l'engouement ! Rien de superficiel comme cette prétendue ferveur scientifique : on feint de vouloir tout apprendre, mais on ne consent pas à rien étudier. « De nos jours, un peintre fait votre portrait en sept minutes ; un autre vous apprend à peindre en trois jours ; un troisième vous enseigne l'anglais en quatre leçons. On veut vous apprendre huit langues, avec des gravures qui représentent les choses et leurs noms en dessous en huit langues. Enfin, si on pouvait mettre ensemble les plaisirs, les sentiments ou les idées de la vie entière et les réunir en l'espace de vingt-quatre heures, on vous ferait avaler cette pilule et on vous

---

1. *Ed. Augns*, II, 54.

dirait : Allez-vous-en [1]. » Les gens de lettres, il est vrai, sont recherchés par les gens du monde ; ils peuvent se flatter d'être accueillis avec empressement dans les salons; il arrive qu'ils y plaisent et qu'ils s'y plaisent; car ils réussissent parfois à distraire cette société ennuyée, et, eux, « ils aiment ceux qu'ils amusent, comme les voyageurs aiment ceux qu'ils étonnent ». Mais s'ils prétendent à quelque chose de plus, s'ils veulent obtenir quelque avantage positif, quelque influence, ils s'apercevront sans retard qu'ils sont loin de compte. « Les gens de lettres, surtout les poètes, sont comme les paons à qui on jette mesquinement quelques graines dans leur loge, et qu'on en tire quelquefois pour les voir étaler leur queue; tandis que les coqs, les poules, les canards, les dindons se promènent librement dans la basse-cour et remplissent leur jabot tout à leur aise [3]. » Qu'ils ne soient pas dupes des cajoleries dont on les entoure ; qu'ils n'aillent pas s'imaginer qu'ils pourront avoir une action dans ce milieu où on leur fait fête : sans considération, point d'influence, et la considération n'est pas à la portée des hommes de lettres. « Ce mot magique, *considération*, ne développait guère son influence que dans l'enceinte assez étroite d'un certain public, d'un public *choisi*, comme on disait...... Il était de règle qu'*elle* n'appartenait de droit qu'à tel rang, telle position, telles circonstances, etc. C'était un *privilège* dont le brevet n'existait pas, mais était admis comme reconnu valable entre les initiés, les seuls intéressés à l'af-

1. *Ed.* Auguis, I, 393.
2. *Ed.* Auguis, I, 426.
3. *Ed.* Auguis, I, 429.

faire ¹. » Aussi les lettrés et les philosophes qui s'imaginent que leurs idées gagnent du terrain dans le monde s'exposent à entendre un jour quelque profession de foi dans le genre de celle que fit en 1788 le baron de Breteuil : « Moi, je veux que la puissance royale ne dégénère point en despotisme, et je veux qu'elle se renferme dans les limites où elle était resserrée sous Louis XIV ². » Il croyait, en parlant ainsi, tenir le langage d'un hardi citoyen ; et c'était là tout le libéralisme qu'il avait pu apprendre avec Rulhierre, son familier. Bien d'autres grands seigneurs, qui écoutaient complaisamment dans leur salon des déclamations républicaines, qui, eux-mêmes, prononçaient volontiers les grands mots de justice et de liberté, n'admettaient, au fait et au prendre, d'autre politique que celle du baron de Breteuil.

Chamfort n'a pas plus de confiance dans les sentiments humanitaires qu'ils étalent. Dans les journaux du temps on trouve quelque chose comme une *chronique du bien,* sous la rubrique : *traits de bienfaisance,* et l'on y voit à chaque instant figurer de vertueux seigneurs et de charitables grandes dames. M. de Monthyon rencontre partout des émules. N'importe : Chamfort se refuse à croire que ces sentiments soient sincères et profonds et que cet élan puisse être durable : « Toutes les fois, dit-il, que je vois de l'engouement dans une femme ou même dans un homme, je commence à me défier de sa sensibilité. Cette règle ne m'a

---

1. *Ed.* Auguis, III, 84, 85.
2. *Ed.* Auguis, II, 75.

jamais trompé[1]. » Il pense qu'il faudrait être juste avant d'être généreux, « comme on a des chemises avant d'avoir des dentelles[2] ». Or « les pauvres sont les nègres de l'Europe[3] » et « à voir la manière dont on en use envers les malades dans les hôpitaux, on dirait que les hommes ont imaginé ces tristes asiles, non pour soigner les malades, mais pour les soustraire aux regards des heureux, dont ces infortunés troubleraient les jouissances[4] ». N'est-ce pas la preuve que, malgré les riches aumônes et quelques traits isolés de charité, les privilégiés n'ont pas grand souci des misérables et que l'injustice sociale n'est point pour eux un tourment ?

Après avoir distingué d'une vue si aiguë ce qu'il y avait d'inique dans l'organisation sociale, ce qu'il y avait de médiocre ou de gâté dans la vie du monde, comprenant qu'on pouvait dire de la France du xviiie siècle qu'il est parfois utile d'y montrer ses vices, toujours dangereux d'y montrer ses vertus, sentant que la politique et les mœurs conspiraient à l'exclusion du mérite, Chamfort, nous l'avons vu, jugea un moment que le meilleur parti était d'aller au-devant de cette exclusion, de sortir de cette société, de l'ignorer et d'en vivre ignoré. Quitter la partie, disait-il, c'est la gagner. Il entra résolument dans la retraite et essaya de goûter ce qu'elle apporte de sérénité à l'âme et de désintéressement à la pensée. Mais il eut beau éprouver,

1. *Éd.* Auguis, I, 411.
2. *Éd.* Auguis, I, 369.
3. *Éd.* Auguis, I, 446.
4. *Éd.* Auguis, I, 355.

à une heure de sa vie, un goût sincère pour la solitude, d'autres goûts se mettaient à la traverse et allaient finir par l'emporter. Il est vrai que sa retraite lui a inspiré de belles paroles, où l'on sent une émotion forte, sinon tendre. « Dans le monde, a-t-il dit, tout tend à me faire descendre ; dans la solitude, tout tend à me faire monter[1]. » Il n'était point fait pourtant pour vivre seul avec sa pensée ; observateur par vocation, « cette scène de folies et d'iniquités qu'on appelle le monde[2] » l'attirait, quoi qu'il en eût. Il semble bien que son esprit manquait de cette élévation qui lui eût permis de suffire à la spéculation pure ; mais aussi la spéculation pure ne pouvait suffire à l'énergie de son âme, qui fut toujours impatiente d'agir. Comme il disait un jour que ce qu'il aimait par-dessus tout « c'était paix, silence, obscurité, on lui répondit : c'est la chambre d'un malade[3] ». Ce régime de valétudinaire ne pouvait lui convenir ; et ses amis ne fussent-ils point venus, après la mort de Mme Buffon, l'arracher à sa retraite de Vaudouleurs, il paraît fort vraisemblable que, tôt ou tard, il l'eût quittée de lui-même.

En fait, la solitude ne fut pour Chamfort qu'un asile momentané ; il s'y réfugia lorsque son expérience était récente encore et comme cuisante, après que le désenchantement absolu l'avait incliné vers un scepticisme radical. Et quelques-uns, pour avoir été trop frappés des pensées désespérées

---

1. *Éd.* Auguis, II, 59.
2. *Éd.* Auguis, V, 275.
3. *Œuvres choisies* de Chamfort publiées par de Lescure, I, 31.

qu'il écrivit vers ce temps, pour leur avoir prêté, en les isolant, une portée trop générale, ont prétendu qu'à son gré l'homme ne pouvait rien attendre des autres ni de lui-même, que l'action était un leurre et le progrès une illusion. Il s'en faut bien pourtant que ce soit là son dernier mot. Si amère, son œuvre est d'une amertume tonique. Certes, dans ces notes qu'il prenait au jour le jour et qui, durant plus de dix années, traduisirent ses impressions, les contradictions ne sauraient manquer ; cependant un accent domine, celui d'une âme virile, pour qui la lutte est un besoin, l'effort un devoir, qui veut être ouvrière de sa propre destinée et avoir sa part dans l'œuvre commune de l'humanité.

En quittant sa retraite, il s'est tracé un plan de conduite ; nous voudrions tenter de le restituer pour mettre en lumière ce que fut au vrai sa sagesse pratique.

C'est en effet uniquement de sagesse pratique qu'il voulut avoir affaire. Les théories morales paraissent lui inspirer la même défiance que les systèmes métaphysiques. « La philosophie, remarque-t-il, a beaucoup de drogues, très peu de bons remèdes et presque point de spécifiques [1]. » Or c'est un spécifique qu'il cherche, c'est-à-dire un *modus vivendi* qui convienne à sa nature propre et au milieu déterminé dans lequel il se trouvait placé.

Homme d'esprit, il devait répugner avant tout à devenir dupe d'un monde qu'il jugeait ridicule ;

---

1. *Ed.* AUGUIS, I, 342.

aussi son premier soin fut-il de se mettre en garde contre tous les pièges de la vie sociale, et il jugea qu'il n'y avait point de meilleur moyen pour les éviter que de renoncer à tous les objets que le monde offre à nos passions, comme des appâts, pour nous attirer et nous retenir. Point d'amour ; car « l'amour est un commerce orageux, qui finit toujours par une banqueroute, et c'est la personne à qui l'on fait banqueroute qui est déshonorée [1] ». Point d'amis : car « la plupart des liaisons de société, la camaraderie, etc., tout cela est à l'amitié ce que le sigisbéisme est à l'amour », et si, par la plus rare des aventures, nous rencontrons « des amis qui nous aiment », à l'ordinaire, nous n'avons affaire qu'à des amis qui ne se soucient pas de nous ou à des amis qui nous haïssent. La fortune, presque en toute rencontre, est plus onéreuse que profitable, et semblable à ces « femmes riches et dépensières, qui ruinent les maisons où elles ont apporté une riche dot [2] ». Nulle passion plus capable de nous leurrer que l'ambition d'acquérir la considération ou d'arriver aux honneurs. Qui donc en effet en dispose souverainement, sinon les grands ? Or « les grands veulent qu'on se dégrade non pour un bienfait, mais pour une espérance ; ils prétendent vous acheter, non pour un lot, mais pour un billet de loterie [3] ». Quant à la gloire, « ce que les poètes, les orateurs, même quelques philosophes nous disent sur l'amour de la gloire, on nous le disait

1. *Éd.* Auguis, I, 421.
2. *Éd.* Auguis, I, 369.
3. *Éd.* Auguis, I, 380.

au collège pour nous encourager à avoir les prix. Ce que l'on dit aux enfants pour les engager à préférer à une tartelette les louanges de leurs bonnes, c'est ce qu'on répète aux hommes pour leur faire préférer à un intérêt personnel les éloges de leurs contemporains ou de la postérité [1]. »

Donc ne cédons jamais aux inclinations ou aux impulsions de notre sensibilité; paralysons certains côtés de notre âme ; que notre cœur se bronze : ainsi nous serons sûrs de n'être point dupes, sûrs aussi de n'être pas victimes. Car rien ne pourra troubler notre repos. Et si l'on s'en tenait à certains passages de Chamfort, il n'aurait pas eu de visée plus haute, pas de désir plus cher. « Il est résulté, écrivait-il un jour, de ces expériences réitérées cent fois (l'expérience des passions), que... je suis devenu comme immobile, et que ma position actuelle me paraît toujours la meilleure, parce que sa bonté même résulte de son immobilité et s'accroît avec elle [2]. » Il aurait ainsi pratiqué pour son compte et conseillé aux autres cette apathie des épicuriens, qui est à elle-même son propre but et qui n'est qu'une forme un peu relevée de la sagesse utilitaire.

N'être point trompé par les ruses et les hypocrisies, n'être point troublé par les vaines agitations du monde, telle doit être en effet, à son gré, la première préoccupation du sage. « Je ne conçois pas, dit-il, de sagesse sans défiance. » Après l'expérience qu'il avait faite, c'est bien le premier mot qu'il

---

1. *Ed.* Auguis, I, 356.
2. *Ed.* Auguis, II, 56.

devait dire ; mais ce n'est point le dernier. Il a beaucoup moins souci, tout compte fait, de la sécurité et de la tranquillité de son existence que de la dignité de son âme. Sottise, pense-t-il, que se laisser duper ; mais lâcheté, se laisser asservir. En observateur avisé et trop éclairé, il songe d'abord à se préserver des déceptions ; mais, énergique et fier, il veut surtout se soustraire à tous les jougs. Lorsqu'en se traçant son plan de conduite, il se met en garde contre l'amour, l'amitié, l'ambition et, en général, contre les inclinations sociales, il craint moins les mauvais marchés qu'elles font faire que les servitudes où elles engagent. — Être l'obligé, l'ami de quelqu'un, n'est-ce pas lui donner des droits sur notre âme ? Les tromperies de l'amour ne sont-elles pas moins cruelles que sa tyrannie n'est avilissante ? « Quelques hommes avaient ce qu'il faut pour s'élever au-dessus des misérables considérations qui rabaissent les hommes au-dessous de leur mérite ; mais le mariage, les liaisons de femme les ont mis au niveau de ceux qui n'approchaient pas d'eux [1]. » — Il est bon de s'interdire le désir de la fortune ; on évite ainsi de s'imposer bien des soins et bien des charges ; mais surtout on échappe aux sujétions qu'elle crée toujours. « L'homme pauvre, mais indépendant des hommes, n'est qu'aux ordres de la nécessité. L'homme riche, mais dépendant, est aux ordres d'un autre homme ou de plusieurs [2]. » Quant aux honneurs, quant à ce qu'on appelle un *état dans le monde*, qu'on le tienne de

1. *Éd.* Auguis, I, 421.
2. *Éd.* Auguis, I, 358.

l'éclat de son rang ou de sa réputation, outre qu'il faut bien des peines pour y parvenir, quoi de plus propre à détruire la liberté de nos pensées et de nos actes ? Un *état dans le monde !* mais c'est pour un philosophe ce qu'une ville est pour les Tartares, c'est-à-dire une prison. « C'est un cercle où les idées se resserrent, se concentrent, en ôtant à l'âme et à l'esprit leur étendue et leur développement. Un homme qui a un grand état dans le monde a une prison plus grande et plus ornée ; celui qui n'y a qu'un petit état est dans un cachot[1]. » Quoi qu'on fasse, on reste toujours prisonnier de sa place, de son art, de son métier ; toujours ils laissent le pli, le stigmate de leur servitude : « Voulez-vous savoir jusqu'à quel point chaque état de la société corrompt les hommes ? Examinez ce qu'ils sont quand ils en ont éprouvé plus longtemps l'influence, c'est-à-dire dans la vieillesse. Voyez ce qu'est un vieux courtisan, un vieux prêtre, un vieux juge, un vieux procureur, un vieux chirurgien, etc.[2] ? » Et cela est si vrai que ces marques, qui s'impriment dans les âmes, souvent aussi apparaissent même au dehors. Ne voit-on pas que « nombre de courtisans ont l'œil faux par la même raison qui fait que la plupart des tailleurs sont cagneux[3] ? »

Pour qui veut suivre le développement du plan de conduite que se traçait Chamfort, il est donc aisé de reconnaître que, s'il prise l'abstention et le détachement, ce n'est pas tant parce qu'ils lui

---

1. *Ed.* Auguis, I, 395.
2. *Ed.* Auguis, I, 364.
3. *Ed.* Auguis, I, 384.

paraissent des moyens d'assurer son repos que les conditions de son indépendance au temps où il vivait. Le but où tend constamment son effort, c'est à développer en lui-même ce qu'il appelle le caractère, c'est-à-dire cette force de volonté par laquelle nous faisons de notre conduite l'expression même de notre conscience, sans jamais permettre que rien puisse la fausser, l'affaiblir ou l'étouffer. « Ne tenir dans la main de personne, être l'homme de son cœur, de ses sentiments », rien ne lui paraît plus beau ; mais « c'est, dit-il, ce que j'ai vu de plus rare [1] ». Dans la société, telle qu'elle est faite alors, il arrive, en effet, que « l'on fausse son esprit, sa conscience, sa raison comme on gâte son estomac [2] » et « l'on anéantit son propre caractère par crainte d'attirer les regards et l'attention [3] ». Voilà surtout ce dont il faut se garder : car « quiconque n'a pas de caractère n'est pas un homme, c'est une chose [4] ». Loin d'effacer sa personnalité, on doit pour ainsi dire la poser et l'affirmer en face du monde. « On a trouvé le *Moi* de Médée sublime ; mais celui qui ne peut pas le dire dans tous les accidents de la vie, est bien peu de chose, ou plutôt ce n'est rien [5]. » Et, par cette raison, tandis que Chamfort tient en défiance les inclinations et les passions qui nous exposent à subir les influences sociales ou mondaines, il se montre prêt à approuver des travers et des défauts

1. *Éd.* Auguis, I, 352.
2. *Éd.* Auguis, I, 353.
3. *Éd.* Auguis, I, 353.
4. *Éd.* Auguis, I, 399.
5. *Éd.* Auguis I, 399.

mêmes, s'il les juge capables de donner au caractère une trempe plus forte et plus résistante. « Il y a certains défauts, dit-il, qui préservent de quelques vices épidémiques, comme on voit, en temps de peste, les malades de fièvre quarte échapper à la contagion [1]. » S'il dit en parlant de l'entêtement : « L'entêtement est au caractère ce que le tempérament est à l'amour [2] », ce n'est pas, il s'en faut, qu'il le veuille condamner. Il y voit sans doute quelque chose d'inférieur, mais il veut évidemment faire entendre en même temps que l'entêtement est parfois une chance d'avoir du caractère, ou plutôt une prédisposition à en acquérir; de même que, dans la vie ordinaire, on ne saurait guère voir naître l'amour, où le tempérament fait complètement défaut. Il ne semble pas non plus à Chamfort que la vanité soit mauvaise dans tous les cas ; car « c'est souvent le mobile de la vanité qui a engagé l'homme à montrer toute l'énergie de son âme [3] ». Et c'est pour la même raison qu'il préfère l'orgueil qui résiste à la modestie qui abdique. Tandis qu'il est « un genre d'orgueil dans lequel sont compris tous les commandements de Dieu [4] », — « Il y a une modestie d'un mauvais genre fondée sur l'ignorance, qui nuit quelquefois à certains caractères supérieurs, qui les retient dans une sorte de médiocrité [5]. » Entre les deux, le choix de

---

1. *Ed.* Auguis, I, 363.
2. *Ed.* Auguis, I, 369.
3. *Ed.* Auguis, I, 365.
4. *Ed.* Auguis, I, 362.
5. *Ed.* Lescure, I, 57, 58.

Chamfort n'hésite pas, et l'on s'en aperçoit bien à la façon dont il rappelle « le mot que disait à déjeuner à des gens de la cour un homme d'un mérite reconnu : Ah ! Messieurs, que je regrette le temps que j'ai perdu à apprendre combien je valais mieux que vous [1] ».

On voit déjà que Chamfort s'est élevé fort au-dessus des préoccupations utilitaires. Mais des moralistes rigides ont remarqué qu'il entre de l'égoïsme dans le souci de la dignité comme dans le souci du repos. Chamfort, à leur sens, n'y aurait pas échappé. « L'homme du monde, l'ami de la fortune, même l'amant de la gloire, tracent tous devant eux une ligne directe qui les conduit à un terme inconnu. Le sage, l'ami de lui-même, décrit une ligne circulaire dont l'extrémité le ramène à lui. C'est le *totus teres atque rotundus* d'Horace [2]. » Celui qui a écrit ces lignes n'a-t-il pas donné la formule même de l'égoïsme ? Qu'il l'ait raffiné, spiritualisé, on n'y contredit point ; mais, en dernière analyse, c'est toujours l'égoïsme qui domine dans son âme, et même, au dire de Sainte-Beuve, il aurait été atteint d'une sorte d'hypertrophie du *Moi*. Il ne suffit pas au critique peu bienveillant de prétendre que Chamfort est égoïste, il veut en faire, pour parler notre langage néologique, un *égotiste*. Et Sainte-Beuve, pour le convaincre de ce travers, s'empresse de citer ce mot de forme paradoxale et comme exaspérée : « J'ai vu peu de fiertés dont j'aie été content. Ce que je connais de mieux en ce

---

1. *Éd.* Lescure, I, 57, 58.
2. *Éd.* Auguis, I, 399.

genre, c'est celle de Satan dans le *Paradis Perdu*[1] ».

Il ne faudrait pourtant point, sur la foi de quelques paroles violentes, faire tort à la vérité. — Chamfort a beau avoir parlé quelquefois en homme qui rapporte tout à sa propre personnalité, comme lorsqu'il dit : « Je n'étudie que ce qui me plaît ; je n'occupe mon esprit que des idées qui m'intéressent. Elles seront utiles ou inutiles, soit à moi, soit aux autres ; le temps amènera ou n'amènera pas les circonstances qui me feront faire de mes acquisitions un emploi profitable. Dans tous les cas, j'aurai eu l'avantage inestimable de ne pas me contrarier, et d'avoir obéi à ma pensée et à mon caractère [2] ». N'importe : on ne saurait douter qu'en s'isolant au milieu même de la société, en s'affranchissant d'elle, en assurant contre les atteintes du monde la dignité et l'indépendance de son âme, il ait eu un autre but que de se complaire à lui-même et de pouvoir, comme Epictète, se proclamer « pur en présence de sa propre pureté ».

Il ne s'en tient pas plus à l'ataraxie des stoïques qu'à l'apathie des Epicuriens. Le caractère n'est point seulement, à son sens, une faculté d'abstention passive, et il ne veut pas que la lutte qu'il engage contre le monde n'ait d'autre théâtre que son for intérieur. La résistance qu'il oppose aux influences du dehors, il estime qu'elle ne doit pas rester une résistance inerte et muette ; il faut qu'elle fasse sentir sa réaction par des paroles et des actes. Si

1. *Ed.* Auguis, II, 123.
2. *Ed.* Auguis, I, 407.

fiers qu'ils puissent être, ses *principes* ne le satisferaient point, si sa conduite ne les manifestait pas à d'autres qu'à lui : « Ils tuent, ils massacrent, ils maudissent ; qu'y a-t-il là qui empêche ton âme de rester pure, sage, modérée et juste ? » Ainsi parle Marc-Aurèle, persuadé que nous devons sans peine nous résigner à l'injustice des hommes, pourvu seulement que nous trouvions en nous de quoi être contents de nous-mêmes. Voilà vraiment de l'égoïsme transcendant ; mais ce n'est pas là l'idéal de Chamfort ; et il sort de son livre une tout autre leçon. Une sagesse résignée et simplement sur la défensive, fût-elle très haute, n'est pas son fait. En vain a-t-on conquis l'autonomie intérieure ; en vain condamne-t-on dans son âme l'injustice et la servitude ; si, dans la vie, on les subit, ce n'est plus résignation et patience, mais faiblesse. « Au lieu de vouloir corriger les hommes de certains travers insupportables à la société, il aurait fallu corriger la faiblesse de ceux qui les souffrent [1]. »

Chamfort pense qu'à porter patiemment la servitude, on risque de contracter de la servilité : « Presque tous les hommes sont esclaves par la raison que les Spartiates donnaient de la servitude des Perses, faute de savoir prononcer la syllabe *non* [2] ». De même le plus souvent on devient complice de l'injustice, lorsqu'on la subit sans être tenté de protester : « Les gens faibles sont les troupes légères de l'armée des méchants ; ils font plus de mal que l'armée même ; ils infestent et

1. *Ed.* Auguis, I, 352.
2. *Ed.* Auguis, I, 400.

ils ravagent¹ ». Et c'est ainsi qu'à travers le long esclavage de la France s'est façonné le type du Français du xviiiᵉ siècle : « Le caractère naturel du Français est composé des qualités du singe et du chien couchant. Drôle et gambadant, comme le singe, et dans le fond très malfaisant comme lui, il est, comme le chien de chasse, né bas, caressant, léchant son maître qui le frappe, se laissant mettre à la chaîne, puis bondissant de joie quand on le délivre pour aller à la chasse ² ». Pour être vraiment un homme, il ne suffit donc pas de rendre son âme inaccessible ou indifférente aux atteintes du dehors. Résolument, il faut repousser l'injure, d'où qu'elle vienne. » Un homme du peuple, un mendiant peut se laisser mépriser sans donner l'idée d'un homme vil, si le mépris ne paraît s'adresser qu'à son extérieur ; mais ce même mendiant, qui laisserait insulter sa conscience, fût ce par le premier souverain de l'Europe, devient alors aussi vil par sa personne que par son état ³. » Et si l'on ne peut attendre du monde ni dignités ni honneurs, on doit toujours exiger de lui qu'il respecte notre honneur et notre dignité : « Tout homme qui se connaît des sentiments élevés, a le droit, pour se faire traiter comme il convient, de partir de son caractère plutôt que de sa position ⁴ ». En dernier ressort, c'est bien la lutte et non pas l'abstention, non pas la paisible

---

1. *Éd.* Auguis, I, 365.
2. *Éd.* Auguis, 1, 436.
3. *Éd.* Auguis, I, 340.
4. *Éd.* Auguis, 1, 401.

jouissance de soi-même que conseille Chamfort. La vie, lorsqu'il a réfléchi, ne lui apparaît plus comme un jeu où il faut être le plus prudent, le plus habile, et, suivant le mot de Fontenelle, avoir toujours les jetons à la main, mais comme un combat, où l'on doit être le plus courageux. La défiance, le désabusement n'ont vraiment leur prix à ses yeux qu'autant qu'ils sont en quelque sorte une première forme de la résistance : « Un homme doué d'énergie, d'élévation et de génie, écrivait, en 1874, Mlle de Lespinasse, est, dans ce pays-ci, comme un lion enchaîné dans une ménagerie, et le sentiment qu'il a de sa force le met à la torture ; c'est un Patagon condamné à marcher sur les genoux ». Chamfort, qui avait compris que l'organisation sociale de son temps lui interdisait de déployer sa force, ne consentit point pourtant à rester à genoux ; c'est debout, sans plier, qu'il voulut vivre. Et, après avoir confondu la prudence avec la défiance, après l'avoir louée parce qu'elle peut dispenser du courage, il arrive à en donner une définition qui n'est autre que celle du courage même. « Il y a, dit-il, une prudence supérieure à celle qu'on qualifie ordinairement de ce nom : l'une est la prudence de l'aigle, l'autre celle des taupes. La première consiste à suivre hardiment son caractère avec les avantages et les inconvénients qu'il peut produire [1]...»

De pareils principes ne peuvent se concilier avec une misanthropie sans restriction, non plus

---

1. *Éd.* Auguis, I, 348.

qu'avec un scepticisme moral, qui serait définitif. Car, l'homme étant supposé absolument mauvais pourquoi engager la lutte contre l'injustice, lorsqu'on n'a aucun espoir de rien gagner sur elle ? pourquoi donner l'exemple de la résistance, s'il ne, doit pas être suivi ? — Aussi est-il vrai qu'on a eu tort de croire que les aphorismes misanthropiques de Chamfort s'appliquaient à l'humanité tout entière. Souvent lui-même a pris soin de nous prévenir que, lorsqu'il exprime sa défiance ou son mépris des hommes, il entend parler de ceux qui composent ce qu'il appelle la société, c'est-à-dire les classes privilégiées. Si son livre de morale laisse une impression pénible, c'est qu'il a limité le champ de ses observations à cette société artificielle et gâtée. Si ses anecdotes sont attristantes, c'est qu'on n'y voit guère figurer que des patriciennes et des grands seigneurs. « Je ne serais pas étonné, disait-il un jour, qu'il y ait quelque honnête homme caché dans quelque coin et que personne ne connaisse [1]. » La forme a beau être ironique ; ce mot exprime sans doute le fond même de la pensée de Chamfort. Au delà de l'horizon du monde de la cour et des salons, il distingue la foule des humbles et des inconnus, et il croit qu'on y trouve des esprits droits, des âmes saines, que les abus, les préjugés, les conventions, n'ont pu ni fausser, ni corrompre. « J'ai vu des hommes qui n'étaient doués que d'une raison simple et droite, sans une grande étendue ni sans

---

[1]. *Éd.* Auguis, II, 94.

beaucoup d'élévation d'esprit ; et cette raison simple avait suffi pour leur faire mettre à leur place les vanités et les sottises humaines, pour leur donner le sentiment de leur dignité personnelle, leur faire apprécier ce même sentiment dans autrui [1]. » Dans les *Anecdotes*, entre une foule de vilenies et de noirceurs, se détachent trois ou quatre traits vraiment admirables de désintéressement : quels en sont les héros ? Un vieux paysan, un pauvre portier, un modeste érudit, comme l'abbé de Molière [2]. Et non seulement Chamfort croit qu'il y a parmi les pauvres gens des réserves de générosité et de bonté, mais il le dit expressément : « Un homme d'une fortune médiocre se chargea de secourir un malheureux qui avait été inutilement recommandé à la bienfaisance d'un grand seigneur et d'un fermier général. Je lui appris ces deux circonstances chargées de détails qui aggravaient la faute de ces derniers. Il me répondit tranquillement : Comment voudriez-vous que le monde subsistât, si les pauvres n'étaient pas constamment occupés à faire le bien que les riches négligent de faire, ou à réparer le mal qu'ils font [3] ? » On ne peut dire après cela que Chamfort ait désespéré de l'humanité.

Bien plutôt, ce qui donne tant d'âpreté à son accent, c'est qu'il avait compris que dans le système politique inique et mal conçu, auquel la France était soumise, les meilleures volontés

1. *Ed.* Auguis, I, 343.
2. *Ed.* Auguis, II, 20-51-113.
3. *Ed.* Auguis, II, 145.

demeuraient le plus souvent impuissantes à faire tout le bien dont elles étaient capables. Tout en croyant que rien n'interdisait d'attendre le progrès de l'humanité, il pensait que le progrès ne pouvait s'accomplir dans une société gouvernée et organisée comme celle qu'il avait sous les yeux. Aussi, après s'être tenu vis-à-vis d'elle sur la défensive, aussi longtemps qu'aucun effort ne semblait pouvoir l'ébranler, il se trouva prêt un des premiers à monter à l'assaut de l'ancien régime. L'observation, la réflexion morale qui l'avaient d'abord fortifié pour la résistance, l'armaient aussi pour l'attaque. Dès longtemps il avait dit : « On s'effraie des partis violents, mais ils conviennent aux âmes fortes, et les caractères vigoureux se reposent dans l'extrême »[1]. Las, en effet, de se replier sur lui-même, il devait se lancer avec enthousiasme dans les premiers mouvements d'une Révolution qui voulait faire cesser l'exclusion du mérite et libérer, pour ainsi dire, des énergies trop longtemps comprimées.

1. *Éd.* Auguis, I,

CHAMFORT RÉVOLUTIONNAIRE

CHAPITRE PREMIER

SON ROLE AU DÉBUT DE LA RÉVOLUTION.

La Révolution venue, ses adversaires furent aussitôt les ennemis personnels de Chamfort. A en juger par ses écrits, il ne fit point de polémique contre les hommes : et pourtant les pamphlétaires de la réaction l'ont pris à partie, sans tarder, et l'ont poursuivi constamment de leurs attaques. Il ne leur coûta rien de lancer contre lui les imputations les plus graves ; et, comme certains écrivains de sens plus rassis l'ont aussi apprécié avec quelque défaveur, son caractère et son rôle ont pu paraître plus tard au moins équivoques, même à des juges sans prévention. Sainte-Beuve, qui, presque toujours, est pénétrant, modéré le plus souvent, et volontiers équitable, laisse voir cependant qu'il donnerait aisément raison aux méchants propos que la presse royaliste a tenus sur Chamfort. C'est une impression qu'il faut dissiper ; et, sans avoir le goût de plaider, l'on peut bien montrer que la physionomie morale de Chamfort a été altérée par des accusations que dicta seul l'esprit de parti.

Comme il avait eu des pensions sur le Trésor royal, comme il avait vécu dans la familiarité de quelques grands seigneurs, les partisans de l'ancien régime, lorsqu'il se fut attaché au nouveau, ne manquèrent pas de le représenter comme un monstre d'ingratitude. Le journal *Les Actes des Apôtres* lui prête une lettre où il conte lui-même comment il a tour à tour trahi tous ses bienfaiteurs. « Enfin, lui fait-on dire, la nation voulut se représenter elle-même, et je dis adieu à tous nos anciens amis avec une fermeté vraiment philosophique et que des aristocrates forcenés ont la lâcheté de me reprocher [1]. » Mais si l'on admet (et comment ne pas l'admettre ?) qu'en acceptant, comme tant d'autres, des pensions et des grâces, Chamfort avait pu croire qu'il n'aliénait pas à tout jamais sa liberté de penser et d'agir, en quoi ceux qui l'avaient protégé eurent-ils le droit de se plaindre de lui ? Il ne les trompa jamais sur ses sentiments et ses idées politiques ; devant Vaudreuil, nous l'avons vu, il professait très haut ses opinions, et, quand il était secrétaire de M⁽ᵐᵉ⁾ Elisabeth, on lui connaissait, c'est lui qui le dit, « des maximes républicaines [2]. » Si les patrons de Chamfort ont prévu la Révolution, ils ont pu prévoir en même temps qu'il soutiendrait sa cause. Sachant bien qu'il n'avait jamais été de leur parti, comment eussent-ils songé à lui reprocher de l'avoir aban-

---

[1]. *Actes des Apôtres*, tome XX, p. 112 sq.
[2]. *Éd.* Auguis, I, 409.

donné ? Il est certain aussi qu'ils n'ont pas eu à élever contre lui de griefs personnels. Chamfort ne les défendit point ; mais c'est qu'il n'eut pas l'occasion de les défendre ; d'Artois, Condé, Vaudreuil, ne furent-ils pas entre les premiers qui prirent le chemin de l'émigration ? Et, dans aucun des nombreux articles qu'il écrivit aux heures de lutte passionnée, on ne peut lire une ligne qui contienne une calomnie, une injure, ou même une raillerie contre les grands seigneurs qu'il avait jadis fréquentés. « Dans l'énoncé le plus libre de mes opinions, j'... ai constamment, dit-il, respecté les personnes, déféré à tous les souvenirs[1]. » Il pouvait véritablement se rendre ce témoignage. En 1795, si près des événements et des hommes, Rœderer écrivait sans crainte d'être démenti :

« On lui a reproché d'avoir été ingrat envers des amis qui l'avaient obligé pendant leur puissance ; et l'on s'est fondé sur son ardeur à poursuivre les abus dont ils vivaient. La belle raison ! La preuve que Chamfort ne fut point ingrat, c'est qu'il resta attaché à ses amis dépouillés d'abus, comme il l'avait été quand ils en étaient revêtus[2]. »

Pour rendre plus odieuse la prétendue ingratitude de Chamfort, ses ennemis soutinrent qu'il y fut poussé par la cupidité. Parasite de la royauté et de l'aristocratie, il les aurait abandonnées, d'après eux, pour devenir avec plus d'avantages le parasite des nouveaux maîtres. Écoutez Rivarol :

« Des gens inexorables en fait de probité l'ont accusé

1. *Ed.* Auguis, V, 312.
2. *Ed.* Auguis, V, 344.

d'avoir abandonné la tyrannie après avoir vécu de ses infâmes aumônes ; mais l'honnête Chamfort a répondu à la calomnie par des arguments sans réplique. D'abord il a objecté qu'il ne devait à la cour que son existence, ensuite il a prouvé qu'il ne s'est jamais vendu qu'au souverain ; qu'aujourd'hui la nation est souveraine, que, par conséquent, il doit se vendre à la nation. Il s'est donc livré sans remords à tous les calculs de son patriotisme [1]. »

Ecoutez aussi Marmontel :

« Lorsqu'il crut voir ces fortunes et ces grandeurs au moment d'être renversées, aucun ne lui étant plus bon à rien, il fit divorce avec eux tous et se rangea du côté du peuple [2]. »

Cette accusation semble peu vraisemblable lorsqu'on sait avec quelle insouciance Chamfort a traversé les heures besogneuses de sa jeunesse. Mais la cupidité, comme sa première pension qu'il n'obtint qu'en 1784, aurait pu lui venir sur le tard, et c'est ce qu'il faut examiner.

Il ne lui eût pas été fort malaisé, semble-t-il, avec les relations qu'on lui connaît, de se faire largement renter par l'ancien régime. Faisons donc le compte de ses pensions. Après *Mustapha et Zéangir*, le roi lui accorda, sur les Menus, à titre de gratification annuelle, une somme de 1200 livres (6 novembre 1776) ; il cessa de la toucher à partir de 1779. Comme secrétaire de Mme Elisabeth, il obtient sa première pension (2000 livres) le 12 septembre 1784. Le 21 août 1786, Calonne lui fait donner par le roi une pension de 3200 livres, dans

---

[1]. *Petit dictionnaire des grands hommes de la Révolution* : cité par *Lescure* dans *Rivarol et la Société française*, p. 237-238, chez Plon.
[2]. MARMONTEL, *Mémoires*. Livre XIV.

le compte de laquelle il faut faire entrer les 1200
livres de la gratification de 1776, qui a été consolidée[1]. Et c'est tout ; car s'il a 1500 livres sur le
Mercure, c'est de l'amitié de Chabanon qu'il les
tient ; quant aux cent louis que lui avait alloués le
prince de Condé pour être secrétaire de ses commandements, il demanda lui-même, au bout d'un
temps très court, à ne plus en jouir. N'oublions
pas toutefois que Chamfort était de l'Académie, et
que, de cette part, il eût pu, avec de l'assiduité,
toucher encore 1200 livres environ. Mais il n'était
pas assidu. Causant un jour de l'Académie avec
l'abbé Roman : « Je me divertirai des intrigues,
lui écrit-il ; ce sont mes seuls jetons, je n'en ai
point d'autres ; j'y vais si peu, que je n'ai pas fait
la moitié d'une bourse à jetons qu'on m'avait
demandée[2] ». En somme, à l'âge de quarante-cinq
ans, Chamfort a un revenu d'à peu près 7000 livres,
dont 5200 lui viennent de pensions de la cour. Ce
chiffre ne paraît pas fort élevé si on le compare à
la fortune de certains hommes de lettres, comme
Rulhierre ou Marmontel, dont sans doute le mérite
ne dépassait guère celui de Chamfort. Il ne permet
pas de supposer des sollicitations bien ardentes,
et nous savons d'ailleurs que Chamfort fut nommé
secrétaire de Mme Elisabeth, sans avoir demandé
cette place ; alors, dit-il, « j'étais cloué dans mon
lit depuis six semaines[3] ».

On peut, il est vrai, citer tel passage de ses

---

1. Voir le texte des brevets, à l'appendice.
2. *Ed.* Auguis, V, 278.
3. *Ed.* Auguis, V, 281.

lettres qui engagerait à croire que l'argent ne lui fut pas chose indifférente :

« Je ne suis pas de ceux, écrit-il en 1784, qui peuvent se proposer de la poussière et du bruit pour objet et pour fruit de leurs travaux. Apollon ne promet qu'un nom et des lauriers : voilà ce que disait Boileau avec quinze mille livres de rente des bienfaits du roi, qui en valaient plus de trente d'à présent ; voilà ce que disait Racine en rapportant plus d'une fois de Versailles des bourses de mille louis. Cela ne laisse pas que de consoler de la haine des Pradon et des Boyer [1]. »

Il est vrai aussi que Chamfort, au témoignage de Marmontel, aurait dit un jour à Florian : « Ces gens-là doivent me procurer 20,000 livres de rente, je ne vaux pas moins que cela [2] ! » — Mais faut-il voir là les propos d'un avare ? Ne sont-ce pas plutôt des boutades d'un homme de lettres qui se dépite de rester pauvre, non parce qu'il souhaite la richesse, mais parce qu'il s'irrite en pensant que le mérite en est frustré ? Dans un passage du chapitre des *Jugements*, La Bruyère tient à peu près le même langage que Chamfort. Qui donc a songé à lui reprocher d'avoir eu l'âme vénale ?

Lorsque Chamfort vit que le Comité des Pensions de l'Assemblée nationale pouvait lui enlever sa modeste aisance, il n'en parut point troublé.

« Le lendemain du jour où l'Assemblée Constituante supprima les pensions, conte Rœderer, nous fûmes, lui et moi, voir Marmontel à la campagne. Nous le trouvâmes, et sa femme surtout, gémissant de la perte que le décret leur

---

1. *Ed.* Auguis, V, 273.
2. Marmontel, *Mémoires*. Livre XIV.

faisait éprouver, et c'était pour leurs enfants qu'ils gémissaient. Chamfort en prit un sur ses genoux : Viens, dit-il, mon petit ami, tu vaudras mieux que nous ; quelque jour tu pleureras, en apprenant qu'il eut la faiblesse de pleurer sur toi, dans l'idée que tu serais moins riche que lui [1]. »

Et ce n'est pas là une attitude héroïque prise parce qu'elle a des témoins. Dans une lettre tout intime, Chamfort tient le même langage : « J'entends crier à mes oreilles tandis que je vous écris : *Suppression de toutes les pensions de France* ; et je dis : Supprime tout ce que tu voudras ; je ne changerai ni de maximes, ni de sentiments [2]. » Loin de regretter ce que la Révolution lui ôtait, il lui offrit de lui-même ce qu'elle ne demandait pas. Garat a conté que, pour le triomphe de la cause révolutionnaire, Chamfort « ouvrit sa bourse de cuir et en tira 1000 écus, c'est-à-dire les économies de vingt ans de privations et de travaux [3] ». Dira-t-on que cette générosité était calculée ; qu'il songeait à placer son argent à gros intérêts, qu'il aurait réclamés quand la cause aurait été gagnée ? Outre que l'opération doit paraître bien aléatoire, il faut noter que Chamfort, malgré ses relations avec les chefs du parti populaire, Talleyrand, Sieyès, Mirabeau, n'obtint ni places, ni honneurs : c'est sans doute qu'il n'en demanda point, car il était en passe de ne se voir rien refuser. Quand plus tard, en 1792, Roland le nomma avec Carra à la Bibliothèque

1. *Ed.* Auguis, V, 343.
2. *Ed.* Auguis, V, 310.
3. *Mémoires de Morellet*, tome II. (Sur Chamfort, voir les chapitres ii et iv.)

Nationale, « il n'avait pas vu plus l'un que l'autre »,
affirme Mᵐᵉ Roland. Pour transformer en parasite
cupide un solliciteur si peu diligent, il faudrait
donc se refuser à tenir compte des témoignages les
plus autorisés et des faits eux-mêmes. Et, sur ce
point encore, Rœderer a rendu à la mémoire de
son ami l'hommage véridique qui lui était dû.
« Son intérêt, dit-il, n'a été pour rien dans sa
conduite. Toujours Chamfort s'y montra supérieur ;
disons plus : il en fut toujours l'ennemi [1]. » Au
reste, après sa mort, les objets mobiliers trouvés
chez lui furent évalués au total à la somme de 189
livres 15 sols. Il y avait en outre dans son appartement 3655 livres en assignats et 3 livres 16 sols
en *gros sols* [2]. La vente de ses livres ne suffit pas à
payer ses dettes. On reconnaîtra que ce n'est pas là
la fin d'un thésauriseur.

Sainte-Beuve, qui, peut-être, n'ignorait pas ces
détails, semble assez disposé à acquitter Chamfort
du chef de cupidité ; mais, pour expliquer son ardeur révolutionnaire, il lui prête une passion moins
basse sans doute, mais peu honorable encore.

« Autrefois, dit-il, quand il (Chamfort) allait dans le
monde, il avait souffert de n'avoir pas de voiture à lui.
« J'ai une santé délicate et la vue basse, écrivait-il à un
ami vers 1782, je n'ai gagné jusqu'à présent que des boues,
des rhumes, des fluxions et des indigestions, sans compter le risque d'être écrasé vingt fois par hiver. Il est temps
que cela finisse. » En effet, il répétait souvent en 1791 et
en 1792 : « Je ne croirai pas à la Révolution française tant
que je verrai ces carrosses et ces cabriolets écraser les

---

1. *Ed.* Augois, V, 342.
2. *Archives nationales.*

passants ». Il y a bien de ces ressentiments personnels sous les grandes théories politiques. On voudrait un cabriolet en 1782, et, ne l'ayant pas eu, on ne veut de cabriolet pour personne en 1792 [1]. »

Donc, au compte de Sainte-Beuve, si Chamfort n'a point souhaité la richesse pour lui-même, au moins a-t-il envié les riches, et ses doctrines démocratiques n'auraient servi qu'à masquer sa jalousie de niveleur. Mais ne semble-t-il pas excessif de conclure, sur une boutade, contre le caractère d'un homme? Et d'ailleurs, si l'on a lu les journaux du temps, on s'aperçoit que le mot de Chamfort ne fut point dit pour donner le signal d'une Jacquerie. C'était alors une mode parmi les gens qui avaient voiture que de parcourir à fond de train les rues de Paris. Déjà, Mercier, dans son *Tableau de Paris* [2], s'était plaint de cette manie ; et les gazettes, dans leurs faits divers, rapportaient chaque jour des accidents causés par des cochers imprudents. L'écrasement des piétons était alors, comme nous dirions, une *actualité*. « Le docteur Retz, dit la *Chronique scandaleuse* (1791, tome III, page 150), a annoncé dans le *Journal de Paris* qu'il veut récompenser un cocher pour ne l'avoir point écrasé [3]. » Pourquoi donc prendre le mot de Chamfort pour le cri de guerre d'un égalitaire farouche? C'est simplement le propos d'un bourgeois de Paris qui veut qu'un gouvernement populaire ne néglige pas d'assurer la sécurité dans la rue aux modestes piétons.

1. *Causeries du Lundi*, IV, 563.
2. Tome I, p. 56.
3. *La Chronique scandaleuse*, M. DCCXCI, tome III, p. 150.

Rien, en somme, n'autorise à croire qu'en embrassant la cause de la Révolution, Chamfort a cédé à des mobiles intéressés, ou obéi à des passions mesquines et haineuses. Que ses ennemis politiques, que ses contemporains l'aient accusé de cupidité, d'ambition ou d'envie, passe encore ; ils ne connaissaient pas le recueil intime publié par Ginguené. Mais, par ce recueil, nous savons, nous, avec quelle ardeur il aspirait vers la justice sociale ; nous devons comprendre l'enthousiasme avec lequel il accueillit un changement de régime qui pouvait rendre sa place au mérite et sa dignité au caractère. Il ne nous est plus permis de calomnier son âme.

Sans réserve, sans prudence, sans se garder la possibilité de retourner en arrière, Chamfort, dès les premiers jours, s'engagea dans les voies de la Révolution. Il n'exerça point de fonctions publiques, et l'on ne voit pas qu'il en ait brigué aucune. Mais il a beau ne s'être pas mis au premier plan, il n'en est pas moins un des plus ardents ouvriers de la première heure. Dès le début de 1789, il n'a plus qu'une pensée, qu'un désir : le parti populaire, le triomphe du parti populaire. « C'était là, nous dit Sélis, le principe et le but de ses courses dans la ville, aux clubs, chez les chefs, chez les subalternes, de ses épigrammes, de ses rixes, de ses rêveries, et des sollicitudes qui le saisissaient même au jeu »[1]. Il logeait alors au n° 18 des Arcades du Palais-Royal, c'est-à-dire en plein foyer révolution-

---

[1]. Dans le tome VII de la *Décade philosophique*, déjà cité.

naire ; et, bien qu'il fût quinquagénaire et maladif, il ne restait pas dans sa chambre. Il ne craint pas de descendre dans la rue et de se mêler à la foule. Nous le trouvons aussi avec ceux qui suscitèrent les mouvements populaires et essayèrent de les diriger. Il fait partie de cette réunion des 36 patriotes qui donnèrent le signal de la Révolution ; on le compte parmi les organisateurs de ce club de 1789, où figurèrent Bailly, La Fayette, Sieyès, Chapelier, Rœderer, Talleyrand, Mirabeau, et, quand cette réunion ne fut plus qu'un centre d'intrigues ministérielles, il est de ceux qu'on nomma les *émigrés de* 1789. Avec Mirabeau il fréquenta le club des Jacobins, et, lorsqu'après le 14 juillet 1791, la réaction bourgeoise menaça le fameux club, il accepta d'y remplir les fonctions de secrétaire.

« Sans suivre assidûment les travaux de l'Assemblée, il venait assez fréquemment à Versailles, où l'appelaient ses relations avec quelques députés dont il traduisait les pensées, ou par l'organe desquels il publiait les siennes. » C'est Arnault qui parle ainsi dans ses *Souvenirs d'un sexagénaire* [1]. Et il n'est pas douteux en effet que, pour être resté dans la coulisse, Chamfort n'en exerça pas moins son influence dans les délibérations de l'Assemblée constituante. Etroitement lié avec quelques-uns des députés les plus éminents, on savait, dès cette époque, qu'il fut, en plus d'une occasion, leur inspirateur, ou tout au moins, pour employer le mot

---

1. VINCENT ARNAULT, *Souvenirs d'un sexagénaire*, tome I, p. 266 sqq. (Paris, 1833, in-8°.)

de Baudin des Ardennes, leur *coloriste*[1]. Quand les adversaires de Mirabeau lui reprochaient d'avoir des *faiseurs* parmi eux, ils n'omettaient jamais de désigner Chamfort.

« Mirabeau, lit-on dans un pamphlet anonyme de 1791, a fait toute sa vie le métier de plagiaire et de larron des productions d'autrui. Ceux dont il a si bien déclamé les discours ou les opinions dans la tribune de l'Assemblée Nationale ne me démentiront pas sur ce point. MM. de P** (?), Cl** (avière), de C** (hamfort), M** (éjan), P** (anchaud), Ca** (banis), répondez ?! »

Brissot témoigne aussi, dans ses *Mémoires*, que Mirabeau emprunta souvent la plume de Chamfort, et, s'il est vrai que le grand tribun s'est peint lui-même sous le nom d'*Iramba* dans la *Galerie des Etats-Généraux*, il n'aurait pas fait difficulté d'avouer dans quelle étroite intimité intellectuelle il vécut avec le moraliste, son ami. Il désigne, sans les nommer, quatre hommes auxquels son génie a des obligations ; puis il ajoute :

« Le dernier a étudié les hommes dans le monde, dans les livres et dans les événements ; l'habitude de la méditation lui a montré les caractères sous toutes les faces, et, assez heureux dans sa manière de peindre, ses portraits ont une expression fidèle et piquante. *Iramba* s'est identifié avec ces quatre hommes ; et s'appropriant leurs facultés qu'il a renforcées de la sienne, il a paru un colosse[3]. »

L'allusion à Chamfort est assez claire ; et ce n'est pas un mince honneur pour lui que d'avoir

---

1. *Œuvres du Comte* ROEDERER, IV, 135 sqq.
2. *Que fut Mirabeau ?* — (A la Bibliothèque Nationale sous la cote Lb39 4795.)
3. *Galerie des Etats-Généraux*, tome I. (Lb39 1784.)

contribué au rayonnement du talent de Mirabeau.

Ce fut aussi une opinion courante que Talleyrand, très nonchalant quand il s'agissait de composer et d'écrire, s'en remettait à Chamfort du soin de rédiger ses rapports et ses discours. Il se peut qu'on ait exagéré la paresse de l'évêque d'Autun et qu'il n'ait pas contracté envers Chamfort une dette aussi forte qu'on l'a prétendu. Mais il est au moins une occasion où très vraisemblablement il le prit pour secrétaire. Au mois de février 1790, il donna lecture à l'Assemblée nationale, au nom du Comité de Constitution, « d'une adresse destinée à faire connaître au peuple l'esprit des décrets, à le prémunir contre les libelles dont les provinces sont inondées, et à l'engager au calme et à la confiance ». Ce morceau eut un vif succès, et valut à Talleyrand l'honneur d'être porté, peu après, à la présidence de l'Assemblée. Mais on ne crut guère qu'il en était l'auteur. On reconnut dans ces pages la main de Chamfort, et les pamphlétaires du temps le désignèrent comme le rédacteur de l'adresse. « Alors fut décrétée cette adresse du 11 février. L'évêque d'Autun la rédigea : lisez, et vous verrez avec quel talent Chamfort la composa[1]. » On lit encore dans un autre pamphlet où l'auteur prend directement Talleyrand à partie : « Des esprits mal faits vous ont reproché d'avoir fait faire cette adresse par un des Quarante et d'avoir reçu beaucoup d'argent des Juifs ; mais si vous êtes obligé de payer des collaborateurs pour

---

1. *Les chefs des Jacobites aux Français* — au petit club. Rue Basse du Rempart, Paris, 1790 ; in-8c.

écrire vos motions, n'est-il pas juste que vous en revendiez quelques-unes¹ ? » A l'Assemblée même il se trouva un député pour faire entendre qu'on savait bien quel était l'auteur véritable de l'adresse: « Elle est bien en principes et élégante en style, dit M. de Mortemart ; son succès serait assuré dans une séance académique. » Et il est clair que ces derniers mots, prononcés par un Mortemart, ne sauraient être qu'une épigramme contre Talleyrand et en même temps une allusion à Chamfort. Il n'est au reste que de lire ce morceau : d'un bout à l'autre on y sent l'âpre satisfaction de la défaite du despotisme, la joie hautaine de la liberté et de la dignité reconquise ; le langage, toujours correct, est parfois un peu brillanté et tendu. Rien de tout cela ne convient à Talleyrand ; au contraire, il ne faut pas avoir beaucoup pratiqué Chamfort pour reconnaître sa marque dans ces pages.

Ainsi, sans avoir été jamais député, sans être jamais monté à la tribune, il se trouva mêlé aux débats de la Constituante et eut, en fait, une part d'action sur cette Assemblée. Mais c'est surtout à l'opinion publique qu'il voulait s'adresser. La presse politique, qui naissait à peine, prit en

---

1. *Lettre à l'Evêque d'Autun et Cie* (Lb³⁹ 2946).
Les *Actes des Apôtres* firent à ce sujet l'épigramme suivante :

  Dans ses écrits chacun a sa manière :
L'un brille en un discours, l'autre dans un rapport.
  Quant au prélat que la France révère,
   On sait que l'adresse est son fort.
Du brûlot qu'en ce jour on prône avec transport,
   Ami, veux-tu savoir le père ?
  Tout le moelleux est à Chamfort :
  A Sieyès tout l'incendiaire,
Tout ce qui cloche à Périgord. (*Actes des Apôtres*, t. III, 1790.)

quelques mois, après 1789, un extraordinaire développement, et le journal devint très vite aussi puissant que la parole. C'est ce que Chamfort saisit d'une vue nette ; et lui, qui, durant de longues années, s'était astreint à ne rien publier, fut alors un des journalistes les plus actifs et les plus féconds. Les bibliographes de la presse, Eugène Hatin, Maurice Tourneux, pensent qu'il collabora au *Journal de* 1789, au *Courrier de Provence*, à la *Feuille villageoise*, et, après 1791, à la *Gazette nationale*. Il a dit lui-même qu'à cette heure il n'épargnait pas son encre. « Ce même Chamfort n'a cessé d'envoyer à divers journaux patriotes, sans se nommer, sans chercher d'éclat, tout ce qu'il a cru utile à la chose publique [1]. » Mais comment reconnaître, dans la collection des feuilles révolutionnaires, ces articles qui n'étaient que des improvisations sur les événements du jour ? Nous pouvons pourtant juger du mérite de Chamfort comme journaliste en lisant la série d'extraits qu'il donna au *Mercure* avec sa signature [2]. A dater du 12 décembre 1789 jusqu'au 1er décembre 1791, il fut attaché à la rédaction littéraire de ce recueil avec Marmontel et La Harpe ; et, quoique la politique

---

1. *Ed.* Auguis, V, 325.
2. Chamfort collabora aussi à la *Gazette de France*. — Dans le n° du 18 juin 1792 du *Moniteur* on lit cette lettre : « Au *Rédacteur, le 17 juin*. — La réunion de circonstances et de personnes qui devait mettre les nouveaux rédacteurs de la *Gazette de France* en état de satisfaire aux engagements annoncés dans le dernier prospectus n'ayant pu s'effectuer depuis six semaines, et ne pouvant avoir lieu avant le 1er juillet, époque du renouvellement de plusieurs souscriptions, je me crois en droit ou plutôt en devoir de ne plus concourir à la rédaction de ce journal. Voulez-vous bien, Monsieur, en admettant ce peu de lignes dans le vôtre, m'aider à me justifier auprès des souscripteurs et du public ? — Champfort (*sic*). »

fût un domaine réservé à Mallet du Pan, quoique le *Mercure* eût l'allure et le ton d'une revue plus que d'un journal, nous pouvons nous rendre compte, par les articles qu'y inséra Chamfort, de l'ardeur de ses convictions, de la curiosité passionnée avec laquelle il suivait les questions du jour, de la vivacité de son esprit toujours prompt à les comprendre, de l'agilité de sa plume toujours habile à les dilucider. Il ne se résignait pas en effet à faire simplement œuvre de critique littéraire et de moraliste ; aux ouvrages d'histoire et de littérature pure, il préfère, pour en faire la matière de ses comptes rendus, des traités sur les questions financières, administratives ou diplomatiques. Dans le choix qu'a fait Auguis de ces articles, et qui forme le tome III de son édition, on peut en effet relever, à côté des pages si ingénieusement et si fortement agressives, que Chamfort écrivait contre l'ancien régime, à propos des *Mémoires de Richelieu* ou des *Mémoires secrets de Duclos*, des études rapides, mais justes et pleines, sur la *réforme de l'organisation des hôpitaux*, d'après l'ouvrage de Cabanis, sur la question de la *mendicité*, d'après un mémoire de M. de Montlinot, sur *les théories financières* de Law. Et Auguis, qui craignait sans doute que ses souscripteurs ne fussent pas séduits par des sujets trop spéciaux, a écarté de son recueil des extraits, à propos de *Mémoires sur l'administration de la marine et des colonies*, un compte rendu d'un *Essai sur les aides et leur remplacement*, d'un *Essai sur les réformes à faire dans la procédure criminelle*, et même un article vraiment éloquent *sur le duel politique*, à propos d'une brochure de Grouvelle. Ces pages pourtant ont leur prix ; nettes, rapides et spirituelles, elles attestent que leur auteur a étudié ce dont il parle et qu'il y sait mettre de la lumière ; ces comptes rendus sommaires, parfois écrits d'une plume qui se hâte, n'en font pas moins sentir qu'ils partent de la main d'un homme bien informé et qui pense. Parmi les journalistes de la Révolution, il convient de réserver une place à Chamfort entre Loustalot et Camille Desmoulins.

Pourtant ces articles, publiés dans un journal de lettrés, s'adressaient à un public restreint et n'allaient pas jusqu'aux masses populaires. Mais bien que Chamfort, dès longtemps maladif et sans doute gêné aussi par cette timidité particulière que les délicats éprouvent devant la foule, ne se soit pas mêlé aux débats orageux des clubs, bien qu'il n'ait pas pris directement contact avec le peuple, il n'en eut pas moins une action sur lui. A sa façon, il fut un des hommes éloquents de cette époque. Rœderer, qui joua toujours un rôle des plus actifs, a saisi et marqué à merveille la singulière portée de cette éloquence particulière à Chamfort.

« Il est, dit-il, des vérités imposantes, qui ne servent à rien, parce qu'elles sont noyées dans de volumineux écrits ou errantes et confuses dans l'entendement ; elles sont comme un métal précieux en dissolution ; en cet état, il n'est d'aucun usage, on ne peut même apprécier sa valeur. Pour le rendre utile, il faut que l'artiste le mette en lingot, l'affine, l'essaie et lui imprime sous le balancier des caractères auxquels tous les yeux puissent le reconnaître. Il en est de même de la pensée. Il faut, pour entrer dans la circulation, qu'elle passe sous le balancier de l'homme éloquent, qu'elle y soit marquée d'une empreinte ineffaçable, frappante pour tous les yeux et garante de son aloi. Chamfort n'a cessé de frapper ce genre de monnaie, et souvent il a frappé de la monnaie d'or ; il ne la distribuait pas lui-même au public, mais ses amis se chargeaient de ce soin ; et certes, il est resté plus de choses de lui qui n'a rien écrit, que de tant d'écrits publiés depuis cinq ans et chargés de tant de mots [1]. »

Des harangues d'une verbosité un peu diffuse, des articles violents et lents des orateurs ou des polémistes, ses contemporains, Chamfort, plus d'une fois en effet, sut dégager des formules brèves et ailées qui entraient dans les esprits comme des flèches, et les aiguillonnaient vers le but. Rœderer cite sa réponse

« à des aristocrates qui, après le 14 juillet 1789, se demandaient douloureusement ce que devenait la Bastille : *Messieurs, elle ne fait que décroître et embellir ;* ces autres paroles sur la manière de faire la guerre à la Belgique : *Guerre aux châteaux ! Paix aux chaumières !* paroles qui, pour être devenues l'adage du vandalisme et de la tyrannie en France, n'en étaient pas moins justes et politiques relativement à des ennemis étrangers et à des agresseurs cruels ; cette prédiction, malheureusement démentie par M. Pitt, mais qui devait lui servir de leçon et fournira à l'Angleterre un éternel reproche contre lui : *L'Angleterre ne fera point la guerre à la France, elle aimera mieux sucer notre sang que de le répandre* [2]. »

---

1. *Ed.* Auguis, V, 346.
2. *Ed.* Auguis, V, 345. — Le baron Thiébault dans ses *Mémoires* (tome I, p. 312, Paris, Plon, 1893) conte qu'il assista chez Bitaubé à un dîner où se trouvaient Chamfort et Mlle Williams. « Je me rappelle, dit-il, qu'à propos d'un mot dit par Mlle Williams sur les sentiments qui devaient animer nos bataillons de garde nationale,

Mais il faut surtout se souvenir que c'est à Chamfort que Sieyès dut le titre de sa fameuse brochure : *Qu'est-ce que le Tiers-État ?* Cette brochure, combien d'hommes du peuple, combien de bourgeois purent la lire ? Et, parmi ceux qui la lurent, combien purent comprendre l'aride dialectique de l'abbé philosophe ? Mais ce titre que Chamfort avait fourni à son ami : *Qu'est-ce que le Tiers-État ? Rien et tout*, tous furent capables de l'entendre et de le retenir. Dès ce moment on peut dire que la séance du 17 juin était prévue, attendue, réclamée. Dans les nuages de la métaphysique politique de Sieyès, Chamfort avait déposé l'étincelle.

Son action, aux premières heures de la Révolution, fut ainsi tellement marquée, que quelques-uns ne crurent pas pouvoir l'attribuer uniquement à ses paroles et à ses écrits. Marmontel, dans un passage fameux de ses *Mémoires*, nous l'a représenté comme un conspirateur ; à l'en croire, Chamfort aurait fait partie de je ne sais quel groupe de conjurés qui soudoyaient les hommes de désordre et les poussaient à l'assaut de l'ancienne société. Le passage est curieux et il faut le citer. — Comme Marmontel objectait aux projets de réforme de Chamfort que

déjà prêts à rejoindre nos armées, il (Chamfort) fit à l'instant un couplet de cette pensée et termina ce couplet par :

> Troupes guerrières,
> Sur vos drapeaux
> Placez ces mots :
> Paix aux chaumières,
> Guerre aux châteaux.

Si l'anecdote contée par Thiébault est vraie, elle donne à penser que les *mots* de Chamfort ne gagnaient pas à être mis en couplets, même par lui.

« la meilleure partie de la nation ne laisserait porter aucune atteinte aux lois de son pays et aux principes fondamentaux de la monarchie, il (Chamfort) convint que, dans ses foyers, à ses comptoirs, à ses ateliers d'industrie, une bonne partie de ces citadins casaniers trouveraient peut-être hardis des projets qui pourraient troubler leur repos et leurs jouissances. Mais, s'ils les désapprouvent, ce ne sera, dit-il, que timidement et sans bruit, et l'on a, pour leur en imposer, cette classe déterminée qui ne voit rien pour elle à perdre au changement et croit y voir tout à gagner. Pour l'ameuter, on a les plus puissants mobiles, la disette, la faim, l'argent, des bruits d'alarme et d'épouvante, et le délire de frayeur et de rage dont on frappera ses esprits. Vous n'avez entendu parmi la bourgeoisie que d'élégants parleurs. Sachez que tous nos orateurs de tribune ne sont rien en comparaison des Démosthènes à un écu par tête qui, dans les cabarets, dans les places publiques et sur les quais, annoncent des ravages, des incendies, des villages saccagés, inondés de sang, des complots d'affamer Paris. C'est là ce que j'appelle des hommes éloquents. L'argent surtout et l'espoir du pillage sont tout-puissants parmi ce peuple. Nous venons d'en faire l'essai au faubourg Saint-Antoine ; et vous ne sauriez croire combien peu il en a coûté au duc d'Orléans pour faire saccager la manufacture de cet honnête Réveillon qui, dans ce même peuple, faisait subsister cent familles. Mirabeau soutient plaisamment qu'avec un millier de louis on peut faire une jolie sédition [1]. »

Faut-il prendre au sérieux ce témoignage de Marmontel ? et devons-nous croire, sur sa foi, que Chamfort, à un moment, aurait joué le rôle d'un Catilina en sous-ordre ?

On peut remarquer que les *Mémoires* de Marmontel n'ont paru qu'en 1800 ; que, vraisemblablement, ils furent écrits peu de temps avant cette date, c'est-à-dire longtemps après l'époque

---

1. MARMONTEL. *Mémoires*. Livre XIV.

où fut tenue la conversation qu'il rapporte. On note aussi dans ce morceau quelques traces d'arrangement littéraire ; on y relève des assertions qui ne semblent guère admissibles. Comment croire, par exemple, que Chamfort ait attribué au parti révolutionnaire, fût-ce même au duc d'Orléans, le sac de la maison Réveillon ? Ce sont bien là des raisons qui peuvent rendre ce récit suspect. — Mais d'autre part certains mots, le ton général de tout le morceau passent la portée ordinaire de Marmontel. Dans cet entretien, il se trouve des paroles aiguës et vibrantes qu'il n'eût pas inventées, que Chamfort seul a pu et dû dire, et où l'on croit entendre son accent. D'ailleurs Marmontel était de bonne foi ; certes, il n'aimait pas Chamfort ; mais il n'était pas homme pourtant à le charger d'une accusation gratuite longtemps après qu'il fut mort. Tout compte fait, il se pourrait qu'il y eût là tout simplement une fanfaronnade ou plutôt une malice de Chamfort, qui se fit un jeu de troubler dans sa quiétude de gras sinécuriste son placide confrère à l'Académie, et qui prit plaisir à effrayer, en se posant devant lui en conspirateur, ce satisfait d'esprit un peu court et de caractère un peu mou.

Qu'il ait ou non tenu les propos qu'on lit dans les *Mémoires* de Marmontel, Chamfort, en fait, n'a guère la mine d'un conjuré. Sans doute il a vidé « sa bourse de cuir » pour favoriser la propagande des journaux et brochures révolutionnaires. Mais quel rôle eût-il pu jouer dans une conspiration ? Il manquait de la fortune avec laquelle on se fait des âmes damnées ; et s'il savait parler pour le

peuple, il ne savait pas parler au peuple ; en
d'autres termes, il n'avait rien de ce qu'il faut
pour entraîner et enrôler les simples dans l'entreprise d'un complot. Il comprit d'ailleurs assez
bien le grand mouvement auquel il était mêlé,
pour voir nettement qu'entrer alors dans une
conspiration c'était jouer un rôle inutile et suranné. Conspirer ! cela était bon dans les petites
cités antiques ou dans l'Italie du moyen âge !

« On cite en preuve de l'illusion qu'on peut faire à le
multitude plusieurs exemples pris dans l'histoire grecque
ou romaine, ou même quelques exemples plus modernes ;
mais on oublie la prodigieuse différence des temps, des
lieux, des mœurs, etc., etc. On oublie surtout ce moyen
puissant qui manquait aux anciens, l'imprimerie, qui, en
peu de jours et à de grandes distances, rallie les esprits à
la raison, à la cause publique, dissipe les illusions, détruit
les erreurs, les mensonges, les calomnies qu'elle-même
avait d'abord propagées [1]. »

La multitude d'ouvrages qui sortirent presque
en même temps de tous les portefeuilles dans les
premiers mois de 1789 prouvaient « à quel point
la Révolution était préparée et presque faite d'avance dans tous les esprits ». — « Les abus,... les
vices moraux et politiques,... en conduisant la
nation au dernier terme du malheur et de l'avilissement, *l'avaient* placée dans l'alternative de périr
ou de changer entièrement les bases de l'édifice
social [2]. » Pourquoi donc se mêler de conspirer
contre l'ancien régime, alors que, contre lui,

---

1. *Éd.* Auguis, III, 322.
2. *Éd.* Auguis, III, 229.

conspirait la nécessité même ? Quelle vaine entreprise que de prétendre faire la Révolution, alors que, d'elle-même, elle se faisait ! « La Révolution, disait Chamfort, n'est l'ouvrage d'aucun homme, d'aucune classe d'hommes; elle est l'œuvre de la nation entière¹. » Et l'on doit penser de lui ce qu'il pensait de ceux qui jouèrent les premiers rôles dans cette grande crise : « Il est également vrai, disait-il, pour l'Amérique et pour la France, que les chefs apparents de la Révolution ont pu en être les fanaux, mais n'en ont point été les boute-feux² ».

Il ne paraît donc pas, s'il y eut alors des complots et des menées ténébreuses, que Chamfort s'y soit jamais mêlé. En revanche, tout porte à croire qu'il fut résolument partisan de la lutte à main armée et au grand jour. Conspirateur ? sans doute, non. Insurgé ? il y a toute apparence. Hetzel, sur je ne sais quelle autorité, affirme qu'il « entra un des premiers à la Bastille³ ». Il est certain que, dans ses *Tableaux de la Révolution*, son récit a souvent l'accent, non pas seulement d'un témoin, mais d'un acteur. Nul doute qu'il prit tout à fait au sérieux l'axiome révolutionnaire proféré par La Fayette : « L'insurrection est le plus saint des devoirs⁴ ». Parce qu'il juge la Révolution nécessaire, il trouve légitime la rébellion qui rend sa marche plus prompte et ses progrès plus décisifs.

---

1. *Ed.* Auguis, II, 361.
2. *Ed.* Auguis, III, 323.
3. *Chamfort*, par P. J. Stahl. (Paris, Hetzel, in-18, p. 37.)
4. *Ed.* Auguis, II, 381.

Dans l'article que Rœderer écrivit sur Chamfort en 1795, et qu'il présente sous forme de conversation, il fait dire par l'interlocuteur avec lequel il est censé discuter : « Je ne le (Chamfort) mettrai pas au nombre des esprits sages qui ont prévu les conséquences des déclamations incendiaires, ni des âmes courageuses qui ont travaillé à empêcher les fureurs populaires, ni même des âmes sensibles qui en ont constamment gémi [1] ». Et Rœderer ne proteste point contre ce jugement. Il savait bien, en effet, que Chamfort avait professé des théories insurrectionnelles de la façon la moins réservée. Les désordres qui accompagnèrent les premières journées de la Révolution, ne lui inspirèrent ni répugnance, ni inquiétude : « Dans l'instant, disait-il, où Dieu créa le monde, le mouvement du chaos dut faire trouver le chaos plus désordonné que lorsqu'il reposait dans un désordre paisible. C'est ainsi que, chez nous, l'embarras d'une société qui se réorganise doit paraître l'excès du désordre [2] ». Ce serait assurément le trahir que de prétendre qu'il approuvât les violences populaires ; mais, s'il ne les approuve point, il ne les réprouve point non plus ; et il en parle sans indignation, sans sévérité même, parce qu'elles lui paraissent moins des crimes que des représailles. Après avoir rappelé certaines insolences aristocratiques du duc de Richelieu : « Il faut convenir, ajoute-t-il, que tous ces traits et tant d'autres effets immédiats d'une féroce arrogance, trop commune

---

1. *Ed.* Auguis, V, 340.
2. *Ed.* Auguis, I, 447.

en différentes classes autrefois privilégiées, *ont dû provoquer d'autres punitions que celle du ridicule.* C'est du souvenir de tant d'outrages que sont nés les plus grands événements d'une révolution qui foule aux pieds ce stupide orgueil et qui absout un peu les Français de leur longue patience [1]. » Lors du massacre de Foulon et Berthier, il ne pensa pas un seul instant que ce sang versé pût à jamais souiller et déshonorer la cause du peuple. C'est ce jour-là même qu'il prononça son mot fameux : « La Révolution fera le tour du globe ». Et pourtant il était au Palais-Royal, quand on y apporta la tête de Foulon, et il avait été témoin de l'horrible scène :

« Tout à coup un bruit nouveau se fait entendre, c'est celui du tambour : il commande le silence. Deux torches s'élèvent et attirent les yeux. Quel spectacle ! une tête livide et sanglante éclairée d'une horrible lueur ! Un homme qui précède et crie d'une voix lugubre : *Laissez passer la justice du peuple !* Et les assistants muets qui regardent [2] ! »

Sans doute, ces hideuses dépouilles lui font horreur ; il juge pourtant que le peuple n'a point fait œuvre de bourreau, mais de justicier ; car il termine son récit par cette réflexion :

« Ce mot d'un sens si profond : *Laissez passer la justice du peuple* ! frappa vivement les esprits. Il les eût frappés davantage, si on l'eût considéré comme une allusion à un mot plus ancien : *Laissez passer la justice du roi*. C'était le cri d'un des satellites royaux qui, sous Charles VI, traîna, par ordre du monarque, dans les rues de Paris, le cadavre

---

1. *Ed.* Auguis, III, 246.
2. *Ed.* Auguis, II, 348.

sanglant d'un des amants de sa femme, Isabeau de Bavière. De ces deux justices, celle du peuple et celle du roi, laquelle était la plus odieuse et la plus révoltante [1] ? »

Serait-ce donc qu'il faut confondre Chamfort avec les énergumènes et les hommes de sang ? Fut-il, comme le font entendre Morellet, Marmontel, d'autres encore, un factieux fanatique, qui se complut au milieu des violences de l'anarchie ? C'est l'opinion de Sainte-Beuve. Il cite une lettre que Chamfort écrivait à un ami après le 10 août :

« Vous voyez que, sans être gai, je ne suis pas précisément triste. Ce n'est pas que le calme soit rétabli et que le peuple n'ait encore, cette nuit, pourchassé les aristocrates, entre autres les journalistes de leur bord. Mais *il faut savoir prendre son parti sur les contre-temps de cette espèce.* C'est ce qui doit arriver chez un peuple neuf, qui, pendant trois années, a parlé sans cesse de sa sublime Constitution, mais qui va la détruire, et dans le vrai, *n'a su organiser encore que l'insurrection. C'est peu de chose, il est vrai, mais cela vaut mieux que rien.* »

Après avoir cité ces lignes et souligné ces deux passages que nous mettons ici en italiques, Sainte-Beuve ajoute : « De tels passages montrent à quel point Chamfort, malgré quelques parties perçantes et profondes, n'était qu'un homme d'esprit sans vraies lumières et fanatisé [2]. »

Fanatisé ? ce mot n'est-il pas excessif ? Une fois de plus Sainte-Beuve n'a-t-il pas été un juge sans bienveillance ? Il faut bien reconnaître que Chamfort ne fut ni timoré, ni timide, ni même

---

1. *Ed.* Augis, II, 348.
2. *Causeries du Lundi*, IV, 563.

prudent. « Le Français, avait-il remarqué un jour, respecte l'autorité et méprise la loi. Il faut lui enseigner à faire le contraire [1]. » L'action insurrectionnelle, pour laquelle il n'eut guère que de la complaisance, pouvait être une bonne école de mépris de l'autorité ; mais quelle illusion de croire qu'elle n'enseignait pas en même temps à violer la loi ! Quelle erreur de penser que la violence populaire, après avoir triomphé d'un pouvoir vivant et armé, se laisserait arrêter et dompter par la puissance d'une idée abstraite ! Mais personne alors ne pouvait savoir ce qu'est la foule ni prévoir qu'il y avait sans doute de futurs septembriseurs parmi les vainqueurs de la Bastille. Que Chamfort ait eu une confiance téméraire dans la sagesse du peuple, c'est assez dire ; l'accuser de fanatisme, c'est trop.

Et d'ailleurs, à cette heure de crise unique, y avait-il place pour les moyens modérés et prudents ? — Ainsi que le remarque Quinet, la Révolution civile entra, comme la nécessité même, dans nos codes ; le droit civil des Français fut changé de fond en comble en « *trois quarts d'heure*, suivant le mot de Cazalès [2] ». Mais ce n'était là qu'un côté de la Révolution ; ce n'était pas la Révolution même. Dès que se posait la question essentielle, la question de droit politique, fatalement la force seule la pouvait trancher. Entre l'ancien régime et le nouveau, s'engageait un duel

---

1. *Ed.* Auguis, I, 445.
2. Quinet, *La Révolution*, I, 125. (Paris, Lacroix, Verbeckhœven et Cie, 1868, in-18.)

à mort, où les adversaires, comme dans l'épopée antique, devaient se jeter le défi sans rémission : « Enlève-moi ou je t'enlève [1] ! » Or, dès que la lutte fut commencée, Chamfort paraît en avoir nettement compris le caractère. A propos de l'empressement que mit le peuple à enlever les canons de divers châteaux pour les amener à Paris :

> « Nous remarquerons à ce sujet, dit-il, que l'instinct du peuple l'a mieux conduit que ne l'eût fait la raison plus ou moins éclairée de la plupart de ses chefs, même les mieux intentionnés. Que fût-il devenu en effet, si, tandis qu'il était forcé à laisser entre les mains d'un pouvoir exécutif, son mortel ennemi, la disposition d'une autre force armée, il n'eût créé en quelque sorte dans son propre sein un second pouvoir exécutif vraiment à ses ordres, une autre force armée vraiment la sienne, capable de repousser la portion de force nationale encore placée sous la main de ses adversaires ? Mais c'est là, disait-on, une doctrine d'anarchie. Qui en doutait ? Et qui doutait aussi qu'il ne fallût opter entre l'anarchie et la servitude ? Qui ne voyait que les fautes du roi constitutionnel, en perpétuant les désordres, forceraient la nation à marcher vers une liberté complète, tandis que le retour prématuré de l'ordre ramènerait infailliblement le despotisme, incorrigible par son essence, par sa nature [2] ? »

Après cela, peut-être peut-on croire que Chamfort fut plus éclairé que ne le pense Sainte-Beuve, et que, lorsqu'il disait qu'*on ne nettoie pas les étables d'Augias avec un plumeau*, ou que ce n'était pas le temps *de faire une révolution à l'eau rose*, il avait plus de clairvoyance politique que d'enthousiasme et de fanatisme irréfléchi.

---

1. Voir *Tableaux de la Révolution. Ed.* Auguis, II, 367.
2. *Ed.* Auguis, II, 373.

CHAPITRE II

CHAMFORT RÉPUBLICAIN ET DÉMOCRATE.

Vers la fin de 1792, Chamfort, examinant la conduite des membres de la minorité de la noblesse, cherchait à marquer le moment où, après s'être associés au mouvement populaire, ils avaient tour à tour renoncé à la suivre :

« C'est, disait-il, un plaisir qui n'est pas indigne d'un philosophe d'observer à quelle période de la Révolution chacun d'eux l'a délaissée, ou a pris parti contre elle. Tel l'a suivie ou accompagnée après le *veto* suspensif, qui l'eût abandonnée si le roi n'eût été en possession de ce beau privilège, devenu bientôt après la cause de sa ruine. Tel autre vient de quitter la France à la destruction de la royauté qui, passant condamnation sur la royauté héréditaire, fût demeuré Français si on eût établi la royauté élective. Les préjugés, l'habitude, l'irréflexion entraînèrent ceux que l'intérêt personnel n'avait pu dominer[1]. »

Ces remarques et ces réflexions s'appliquent non pas seulement au petit groupe des gentilshommes démocrates, mais à la grande majorité des Constituants qui rêvèrent d'établir en France une démocratie royale, une monarchie constitutionnelle. Il est étrange que ces hommes si éclairés, grands théoriciens politiques, les Malouet, les Mounier,

---

1. *Ed.* Auguis, II, 374-75.

les Sieyès, Mirabeau même, aient pu croire qu'il était possible d'asseoir le régime d'un grand pays sur une contradiction : la souveraineté du peuple proclamée, la souveraineté du roi maintenue. Par la logique lointaine qui sortait des principes mêmes qu'ils avaient mis à la base de leur Constitution, la souveraineté nationale devait aller jusqu'au bout d'elle-même ; et le bon sens indiquait qu'une royauté, vieille de plusieurs siècles, ne pouvait, sans résistance, subir un partage qui forcément lui apparaissait comme une spoliation. Entre la monarchie et le peuple les Constituants voulurent conclure, comme dit Quinet, un *contrat impossible*. Et cette impossibilité, Chamfort fut du petit nombre de ceux qui la discernèrent dès le début. Il vit comment la constitution monarchique, à laquelle on travailla, de 1790 à 1791, ne pouvait être qu'une œuvre non seulement transitoire, mais éphémère et caduque. L'attachement traditionnel des Français à leur royauté lui était pourtant bien connu : « Rappelez-vous, écrit-il à un ami, le symptôme que je vous citais de la passion française pour la royauté, ce que je vous prouvais par la facilité avec laquelle les danseurs jacobins, sous mes fenêtres, passaient de l'air : *Ça ira*, à l'air : *Vive Henri IV*[1] ! » Sans doute il ne prévoyait pas, au début de la Révolution, que, trois ans plus tard, la République serait le gouvernement de la France ; mais, sans la juger si prochaine, il la considérait comme inévitable, parce qu'elle était le terme même de la

---

1. *Ed.* Auguis, V, 318.

Révolution, parce que la liberté ne pouvait dater vraiment que du jour où la royauté serait abolie. Et il fut ainsi ce que nous appellerions un républicain de la première heure. Dès juillet 1789, n'écrivait-il pas à Mme Agasse : « Voulez-vous bien vous charger de tous mes compliments pour M... (Pankoucke), et le prier de rendre le *Mercure* un peu plus républicain? Il n'y a plus que cela qui prenne [1]. » A peu près à la même époque, Marmontel ne nous le signale-t-il pas comme un des « plus outrés partisans de la faction républicaine » ?

Il est certain que n'eût-il pas fait tout haut sa profession de foi, son opinion pourrait encore ressortir assez clairement pour nous de ce qu'il dit et écrivit durant la Constituante. Tout en ayant toujours professé un respect sincère pour la personne de Louis XVI, il ne cessa de tenir en défiance le gouvernement de la cour. Il rendait volontiers hommage aux qualités privées du roi. Mais « qu'importe, disait-il, un Tibère ou un Titus sur le trône, s'il a des Séjan pour ministres [2] ? » On voit sans peine, dans ses articles sur les *Mémoires secrets* de Duclos, sur les *Mémoires* de Richelieu, qu'il est constamment préoccupé de détruire ce prestige de la monarchie dont il jugeait que les Français étaient comme aveuglés. C'est à grand'peine qu'il excuse Voltaire d'avoir pu « composer son *Siècle de Louis XIV* dans un esprit et sur des principes si peu favorables aux vrais intérêts de l'humanité [3] ».

---

1. *Ed.* Auguis, V, 306.
2. *Ed.* Auguis, I, 437.
3. *Ed.* Auguis, III, 75.

Lui, au contraire, il met une singulière vivacité à dépouiller le grand roi de sa « gloire mensongère payée des larmes et du sang de ses peuples ». C'est qu'il sait que cette gloire a rejailli sur la fonction royale, et qu'il souhaite de voir se dissiper promptement cette illusion de la foi monarchique qui naguère « laissait... la France avec ses disgrâces, sa misère et son avilissement, livrée à des arts agréables ou à des goûts futiles...., abandonnée à tous les hasards d'un avenir incertain, et aux caprices d'un despotisme qu'elle avait déifié soixante ans, dans la personne du prince qui en avait le plus longtemps et le plus constamment abusé [1] ». — Et lorsque des gens de lettres, amis de Chamfort, tentaient de désarmer son zèle antimonarchique, en lui représentant tout ce que la littérature devait à la protection de nos rois, il n'était pas convaincu par cet argument et persistait à penser qu'acheter « de belles tragédies, de bonnes comédies, au prix de tous les maux qui suivent l'esclavage civil et politique, c'est payer un peu cher sa place au spectacle [2] ».

Très intimement lié avec Mirabeau, grand admirateur de son talent, il le loue et l'exalte toutes les fois que le tribun propose des mesures propres à affaiblir le pouvoir exécutif. Mais dans une occasion solennelle, Mirabeau, déjà gagné sans doute au parti de la cour, prit la parole dans la discussion sur le Droit de paix et de guerre, et présenta un projet de décret rédigé de telle façon que le

---

1. *Ed.* Auguis, III, 70.
2. *Ed.* Auguis, III, 76.

triumvirat Lameth, Barnave, Duport put soutenir qu'il voulait attribuer au seul pouvoir exécutif l'initiative de traiter avec les puissances étrangères. Chamfort alors s'émeut. Il se rend au *Club de 1789*, et y ayant rencontré l'abbé Sieyès, il lui fait part de son opinion sur l'article 9 du fameux décret. Il voudrait qu'il agît avec lui près de Mirabeau pour l'amener à modifier cet article de façon à le rendre « populaire », c'est-à-dire anti-monarchique. Et, sans plus tarder, il écrit à Mirabeau lui-même pour le presser de se ranger à son avis :

« Veuillez me dire en deux mots, ce soir même, dans la réponse que vous m'avez annoncée, si vous comptez faire la chose vous-même.... Il faudrait assister pour cela à l'ouverture de la séance, sans quoi vous manqueriez le véritable moment qui est celui du procès-verbal. »

Si, du reste, son illustre ami ne veut point l'entendre, Chamfort lui déclare, sans crainte d'entrer en contradiction avec lui, qu'il s'adressera à d'autres députés pour faire porter son opinion à la tribune :

« Si quelque raison que je ne prévois pas, dit-il en terminant sa lettre, vous empêche de faire vous-même la proposition, marquez-le-moi de même, afin que je puisse, dès demain matin, trouver quelqu'un qui s'en acquitte ; car j'attache le plus grand prix à ce qu'on ne laisse pas de doute sur un article pareil ; et, d'un autre côté, ne sachant point même ce que vous ferez sur ces garanties, je serai fort aise de faire jeter parmi les motifs de l'amendement quelque chose qui annonce bien que l'Assemblée ne veut pas laisser au roi le droit de compromettre la nation dans les affaires des autres peuples[1]. »

1. *Revue Rétrospective* (seconde série, tome VII, p. 513 sqq.).

Mais c'est surtout par la façon dont il attaque les institutions capables de servir de défense et de soutien à la royauté, que l'on peut juger des convictions anti-monarchiques de Chamfort. Ses articles sur les *Mémoires de Richelieu* ne sont en réalité qu'un acte d'accusation contre l'aristocratie française : acte d'accusation qui porte d'autant plus que l'on n'y trouve pas le ton de la déclamation, et que l'ironie, qui circule à travers toutes ces pages, en restant presque toujours mesurée, n'en devient que plus pénétrante et plus cruelle. Or, à notre sens, on s'est mépris en pensant que cette satire amère du patriciat français lui avait été inspirée par ses rancunes de plébéien, épris avant tout de l'égalité. Assurément, il sentit autant que pas un ce qu'il pouvait y avoir d'injurieux et d'inique dans les privilèges nobiliaires. Et pourtant, quand la nuit du 4 août eut aboli ces privilèges, Chamfort ne désarma pas. Même dépouillée, et dépouillée par ses propres mains, la noblesse lui demeura suspecte. Il était convaincu en effet qu'entre la royauté et l'aristocratie il existait dès longtemps une sorte de traité tacite, et qu'elles étaient conjurées pour mettre obstacle à l'égalité et à la liberté politiques. Pas un seul instant il ne consentit à ouvrir l'oreille aux théories renouvelées de Montesquieu et que certains membres de la noblesse essayaient d'accréditer. « Une aristocratie héréditaire, disaient-ils, est un bon corps intermédiaire entre le roi et le peuple ; il balance ces deux pouvoirs extrêmes et les maintient dans un juste équilibre. » Chamfort se refusa obstinément à croire aux heureux effets de cette mécanique politique. Il savait ce qu'avait été le rôle de la noblesse depuis deux siècles ; il pensait qu'avec la tradition et les mœurs que le temps lui avait faites, elle ne pouvait pas en jouer d'autre. Et ce rôle il le définissait d'un mot d'une justice rigoureuse, mais aussi d'une rigoureuse justesse : « La noblesse, disent les nobles, est un intermédiaire entre le roi et le peuple... Oui, comme le chien de chasse est un intermédiaire entre le chasseur et les lièvres [1]. »

« Le trône et l'autel tomberont ensemble, aurait-il dit à Marmontel ; ce sont deux arcs-boutants appuyés l'un par l'autre, et que l'un des deux soit brisé, l'autre va fléchir. » Il ne pouvait manquer en effet de comprendre que le clergé, comme la noblesse, était et devait être un appui de la royauté, et de l'attaquer à ce titre. Il est certain pourtant que de ce côté il porta des coups moins fréquents et moins rudes. Dans son recueil d'articles, on n'en trouve point qui donne à l'Eglise des atteintes aussi vives et aussi profondes que celles qu'il dirigea contre l'aristocratie. C'est que, comme nous l'avons remarqué, l'attitude du clergé sous Louis XVI avait été aussi réservée, aussi effacée, que celle de la noblesse s'était rendue arrogante ; c'est que Chamfort, tout en étant complètement indévot, n'avait point de passion anti-religieuse ; c'est enfin que, durant les années 1790 et 1791, les révolutionnaires se flattèrent d'incorporer dans la

---

1. *Éd.* Auguis, I, 443.

démocratie nationale les éléments démocratiques de la hiérarchie ecclésiastique. Les adhésions bruyantes de quelques membres du bas clergé, et même de quelques hauts dignitaires, avaient pu faire espérer que la fameuse Constitution civile allait changer la tradition et l'esprit de l'Eglise de France. Chamfort, comme beaucoup d'hommes de son époque, de son milieu, a cru sincèrement pendant un temps au curé *patriote*. De là ses articles sur l'homélie du curé de Congis et sur les prônes civiques de l'abbé Lamourette [1]. Cette *Adresse aux Provinces*, qu'il avait rédigée pour le compte de Talleyrand, n'avait-elle pas été lue et commentée en chaire dans toutes les paroisses [2] ? Etait-il interdit de penser que tous ces humbles prêtres, délivrés de la tutelle de supérieurs qui les ruinaient et les opprimaient, seraient disposés à soutenir une révolution dont l'idéal moral et social se retrouvait dans l'Evangile ? — Mais si, pour ces diverses raisons, Chamfort a été sobre de traits contre les prêtres, il n'admet rien de ce qui, jusqu'à ce temps, a donné à l'Eglise sa forme et sa force. La théologie n'est pour lui qu'un « catéchisme de métaphysique absurde et inintelligible », ou encore le chef-d'œuvre de l'habileté sacerdotale qui a su « rendre temporelle la puissance spirituelle accordée par le Sauveur aux pasteurs de l'Eglise [3] ». Dans la morale chrétienne il rejette « cette doctrine de patience, de souffrance, d'abnégation de soi-même et d'avilisse-

---

1. Voir édition Auguis, III, p. 119 sqq. et 178 sqq.
2. Voir *Moniteur*. Séance du 11 février 1790.
3. *Ed.* Auguis, III, 195.

ment si commode aux usurpateurs [1] ». Il ne souffre qu'à aucun degré l'Eglise puisse intervenir dans le maniement des affaires publiques. « Si les hommes veulent vivre en paix, il faut tracer une ligne de démarcation entre les objets vérifiables, c'est-à-dire qu'il faut ôter tout effet civil aux opinions théologiques et religieuses [2]. » Résolument enfin il veut que l'Eglise disparaisse, en tant que caste ou même en tant que corporation, et c'est, à ses yeux, la grande raison pour laquelle on doit abolir le célibat des prêtres. « Qui ne voit... que le mariage des prêtres est le seul moyen de prévenir la tendance à l'esprit de corporation, fruit des anciennes habitudes du clergé ? Qui ne voit que c'est le seul moyen de donner vraiment une patrie aux prêtres, de les confondre dans l'unité nationale, et d'en faire d'utiles instruments de la civilisation d'un grand peuple [3] ? »

Au reste, aux yeux de Chamfort, toute corporation, quelle qu'elle soit, paraît un cadre qu'il faut briser. Les corporations, formées sous l'ancien régime, n'ont, en somme, vécu que par lui et pour lui ; elles lui empruntaient une partie de sa force, et lui prêtaient en échange une partie de la leur. Elles sont ainsi devenues les asiles et les citadelles de l'esprit du passé. Ce serait une vaine entreprise que d'essayer de les réformer; il faut les détruire ; car « ces corps répugnent à tous les changements, et semblent avoir pris pour devise le mot d'un pape sur les Jésuites : *qu'ils soient comme ils sont, ou qu'ils*

---

1. *Éd.* Auguis, I. 447.
2. *Éd.* Auguis, III, 376.
3. *Mercure de France*, n° du 14 août 1790.

ne soient plus » [1]. Aussi la Constituante a-t-elle supprimé les Parlements, après un discours de Mirabeau et une motion de Thouret où il disait, entre autres choses : « Les corps antiques se font une religion de leurs maximes, ils sont toujours attachés à ce qu'ils appellent leurs droits et leurs honneurs ». (Séance du 3 novembre 1789.) Chamfort est convaincu qu'il ne faut pas s'arrêter dans cette voie ; et c'est ainsi qu'il fut amené à composer sur les Académies un discours que Mirabeau devait prononcer, et qui, après la mort du grand tribun, fut retrouvé dans ses papiers et publié sous son propre nom par Chamfort, au mois de mai 1791. L'Assemblée Nationale avait demandé aux diverses académies de lui présenter le plan de la Constitution que chacune d'elles jugerait à propos de se donner. L'Académie française nomma quelques-uns de ses membres commissaires pour l'examen et la rédaction de ses règlements. Il sortit de là un rapport rédigé par La Harpe et qui, dès le mois de février 1791, fut imprimé dans le *Mercure*. Dans ces pages on trouve bien plutôt une apologie de l'Académie française qu'un projet quelconque de réorganisation. La Harpe avait beau être alors un ardent prosélyte de la Révolution, sa religion académique passait avant tout, et il est visible qu'il lui déplaisait qu'on voulût toucher à la tradition de la docte Compagnie. Chamfort, au contraire, surtout préoccupé du succès de ses idées politiques, n'hésita pas à demander la suppression radicale de ce qu'il

---

1. *Ed.* Auguis, III, 149.

appelle « les jurandes littéraires ». Et c'est surtout contre l'Académie française, « dont, dit-il, la constitution est plus connue, plus simple, plus facile à saisir », qu'il dirigea son effort [1].

Dans ce discours, il y a deux parties bien distinctes : l'une écrite sur le ton du pamphlet (ce qui permettait à Mirabeau de dire que Chamfort avait composé une *Lucianide*), a pour objet de démontrer que l'Académie est inutile, et de déverser sur elle le ridicule. Dans ces premières pages, Chamfort n'a guère fait que reprendre et grouper en faisceau les griefs dès longtemps élevés contre cette institution : mauvais choix, exclusions iniques, lenteur apportée à la confection du dictionnaire, puérilité des concours et des prix d'éloquence et de poésie, ridicule des harangues de réception, etc. — Tout cela semble un peu rebattu et il faut bien reconnaître que Chamfort, quoi qu'en dise Mirabeau, n'a pas toujours retrouvé l'esprit de Lucien pour relever par le piquant des détails ce que le fond de ce réquisitoire offre d'un peu banal. Ses traits ne sont pas toujours bien aiguisés et surtout ne portent pas toujours juste. On dirait qu'il n'a écrit ces pages que par manière d'acquit et pour amuser la galerie, qu'il lance ses flèches d'une main distraite, peu soucieux de faire une plaie profonde. Lui-même, d'ailleurs, n'avait-il pas dit en parlant des corps (académies, parlements), que le ridicule glisse sur eux « comme les balles de fusil sur un sanglier, sur un crocodile » ? — Mais il

---

[1]. *Le Discours sur les Académies* est au tome I de l'Edition Auguis.

ressaisit toute sa vigueur, il retrouve toute sa verve âpre et cinglante, quand il en vient à l'objet véritable de son discours, quand il expose le motif essentiel pour lequel il demande la suppression de l'Académie. A son avis, elle n'est pas seulement inutile aux progrès des lettres, elle est moralement et politiquement dangereuse. En excitant le manège des amours-propres, elle amène les gens de lettres à n'abdiquer leurs prétentions que devant les puissants, à se faire serviles devant les grands et les rois. Depuis son origine due à un homme « qu'un instinct rare éclairait sur tous les moyens d'étendre ou de perfectionner le despotisme », toute son histoire montre qu'elle a constamment suivi une tradition de servilité. — Et, après avoir cité quelques exemples des lâches adulations par lesquelles l'Académie avait lassé Louis XIV luimême, ce prince pourtant « exercé et en quelque sorte aguerri à soutenir les plus grands excès de la louange », Chamfort ajoute ces lignes décisives :

« Je sais que le nouvel ordre de choses rend désormais impossibles de pareils scandales, et qu'il sauverait, même à l'Académie, une partie de ses ridicules accoutumés. On ne verrait plus l'avantage d'un rang tenir lieu de mérite, ni la faveur de la cour influer, du moins au même degré, sur les nominations. Non, ces abus et quelques autres ont disparu pour jamais ; mais ce qui restera, ce qui est même inévitable, c'est la perpétuité de l'esprit qui anime les compagnies. En vain tenteriez-vous d'organiser pour la liberté des corps créés pour la servitude : toujours ils chercheront, par le renouvellement de leurs membres successifs, à conserver, à propager les principes auxquels ils doivent leur existence, à prolonger les espérances insensées du despotisme, en lui offrant sans cesse des auxiliaires et des affidés. Dévoués, par leur nature, aux agents de l'autorité, seuls arbitres et dispensateurs des petites grâces dans un ordre de choses où les législateurs ne peuvent distinguer que les grands talents, il existe entre ces corps et les dépositaires du pouvoir exécutif une bienveillance mutuelle, une faveur réciproque, garant tacite de leur alliance secrète, et, si les circonstances le permettaient, de leur complicité future. »

Périsse donc l'Académie!...

« Vous avez tout affranchi : faites, pour les talents, ce que vous avez fait pour tout autre genre d'industrie. Point d'intermédiaire, personne entre les talents et la nation. Range-toi de mon soleil, disait Diogène à Alexandre ; et Alexandre se rangea. Mais les compagnies ne se rangent point, il faut les anéantir. »

On voit de reste qu'en cette question les préoccupations d'ordre littéraire sont assez loin de l'esprit de Chamfort. Son but n'est pas de revendiquer l'indépendance pour les écrivains mécontents que l'Académie prétende être juge de l'orthodoxie en littérature. S'il rompt des lances, ce n'est pas contre une assemblée de lettrés, mais contre une institution qui, créée par la monarchie, a conservé et conservera l'esprit monarchique. Ici l'homme de lettres s'efface, et laisse la parole au citoyen, au républicain pressé de renverser tous les étais du gouvernement qu'il veut détruire.

Pendant les premières années de la Révolution, les républicains se tinrent et furent tenus à l'écart, et l'on peut dire que leur parti s'ignorait lui-même. Jusqu'à la fuite du roi, comme le remarque Mignet, « il (ce parti) avait été ou dépendant ou caché, parce qu'il n'avait pas eu d'existence propre ou de prétexte pour se montrer » [1]. Ce n'est qu'après l'arrestation de Louis XVI à Varennes, qu'il fit sa première démonstration. Le 17 juillet 1791, fut portée sur l'autel de la Patrie, au Champ-de-Mars, une pétition dont les signataires demandaient la déchéance du roi. Il y a bien de l'apparence que, parmi les signatures, figurait celle de Chamfort. En tout cas, c'est du club des Jacobins que l'idée du pétitionnement était sortie, et, après que Bailly eut fait déployer le drapeau rouge, que La Fayette eut donné l'ordre de tirer sur les pétitionnaires, c'est aux Jacobins, comme pour affirmer sa foi républicaine, que Chamfort s'empresse d'accourir. « En juillet 1791, après le massacre du Champ-de-Mars, entraîné malgré mon état de maladie et de souffrance par une force irrésistible, je courus aux Jacobins, moi vingtième ou trentième [2]..... » Une pareille démarche, à un pareil moment, quand pesait une sorte de petite terreur sur tous ceux qui étaient suspects de républicanisme, lorsque Danton, Fréron, Camille Desmoulins étaient contraints de s'enfuir en hâte de Paris, équivalait à la profession de foi la plus éclatante. Sans doute, jusqu'à ce jour Chamfort n'avait pas fait mystère de ses opi-

---

1. MIGNET, *Histoire de la Révolution française*, 1, 187. (Paris, Didier, in-8°.)
2. *Éd.* AUGUIS, V, 333. — Dans le fameux club, Chamfort remplit les fonctions de secrétaire pendant un mois environ. — *Le Journal des débats de la Société des amis de la Constitution* nous apprend qu'à la séance du mercredi 31 août 1791, « MM. Bosc et Fabre d'Eglantine ont été nommés membres du Comité de correspondance, à la place de MM. Thomas et Chamfort ». Nous lisons aussi dans le même journal : « M. Chamfort (séance du mercredi 10 août 1791) fait lecture d'un projet de lettre à M. Prietsley ; la Société adopte ce projet et en ordonne l'envoi. »

nions républicaines ; mais dès lors il est classé et regardé non seulement comme un soldat, mais comme un des chefs du parti. « Avec le secours du ci-devant marquis de Condorcet, dit le journal les *Sabbats Jacobites,* il (Brissot) avait fait choix des plus vertueux citoyens de la France pour les mettre à la tête de sa République. Je vais en donner ici la liste telle qu'elle a été trouvée dans les papiers de M. Brissot... » Et, sur cette prétendue liste, on voit en tête Brissot et Condorcet comme *consuls,* puis Prieur, Millin, Buzot, Chamfort, et d'autres, comme *sénateurs* [1].

De même qu'il prenait ainsi l'avance sur l'opinion moyenne de son temps par ses doctrines politiques, il la distançait au moins autant par ses idées sociales. Bien qu'il ait donné à Sieyès le titre de sa fameuse brochure, il ne faut pas croire qu'il n'ait vu dans la Révolution que l'avènement d'une classe nouvelle. « Vous avez, lui disait Lauraguais, donné à Sieyès le peuple à vendre au Tiers-État. — Je m'en pendrai, répliqua Chamfort [2]. » Et, en effet, il n'était pas de ceux, nombreux alors, qui se fussent tenus satisfaits de substituer l'aristocratie de la fortune à celle de la naissance. Déjà, sous l'ancien régime, il avait compris qu'il fallait se défier de l'égoïsme bourgeois : « Tout ce qui sort de la classe du peuple, disait-il, s'arme contre lui pour l'opprimer, depuis le milicien, le négociant devenu secrétaire du roi, le prédicateur sorti d'un village pour prêcher la soumission au pouvoir ar-

---

1. *Les Sabbats Jacobites* (tome III, p. 294).
2. *Lettres de J.-B.* LAURAGUAIS *à Madame...* (an X, in-8°).

bitraire, l'historiographe fils d'un bourgeois, etc. Ce sont les soldats de Cadmus ; les premiers armés se tournent contre leurs frères et se précipitent sur eux [1]. » Cet égoïsme, il le vit se manifester encore, après 1789, et constatant que les prétentions de la bourgeoisie trouvaient faveur parmi la plupart des Constituants, il disait avec amertume : « En voyant le grand nombre des députés à l'Assemblée nationale de 1789, et tous les préjugés dont la plupart étaient remplis, on eût dit qu'ils ne les avaient détruits que pour les prendre, comme ces gens qui abattent un édifice pour s'approprier les décombres [2]. » Quant à lui, il ne voulait pas souffrir que la bourgeoisie confisquât la Révolution à son profit. La République, telle qu'il la concevait, devait être un régime largement démocratique ; et, dans un mot éloquent, il en donnait la formule morale et sociale : « Moi tout, le reste, rien : voilà le despotisme, l'aristocratie et leurs partisans. Moi, c'est un autre ; un autre, c'est moi : voilà le régime populaire et ses partisans. Après cela décidez [3]. » Sa décision était prise et son choix fait.

Tandis, en effet, que journalistes, publicistes et hommes d'État sont, après 1789, comme absorbés par les questions de politique constitutionnelle, et qu'ils vivent un peu dans l'abstraction, Chamfort ouvre les yeux sur la misérable condition des classes populaires, que l'on s'était trop habitué à ne considérer que dans un lointain fort reculé. Au

---

1. *Ed.* Auguis, 1, 445.
2. *Ed.* Auguis, I, 447.
3. *Ed.* Auguis, I, 445.

spectacle de tant de détresse, il éprouve une émotion poignante et une sorte d'effroi.

« Sur une population de vingt-cinq millions d'hommes, écrit-il en 1790, cinq millions de pauvres, de pauvres dans toute la force du terme, c'est-à-dire mendiants ou prêts à mendier, c'est là une de ces idées qui pénètrent l'âme de tristesse et d'effroi, un de ces résultats qui font mettre en question si la société est un bien... Voilà ce que n'ont pas voulu voir ceux qui jusqu'à présent ont écrit sur le peuple..... Tel est l'excès de la misère, et il serait encore plus grand, si le remède n'était pas dans le mal même, si les dix-neuf vingtièmes des gens sans propriétés ne mouraient pas avant le temps... C'est le remède, c'est là ce qui soulage l'Administration d'un poids qu'elle ne pouvait seulement pas soulever. Écartons ces idées ; mais pardonnons à J.-J. Rousseau ses déclamations contre l'état social. Il ne l'a vu que d'un côté ; c'est ce qui fait qu'on déclame ; mais il faut l'avouer, ce côté fait frémir, et ce qu'il a d'affreux justifie la sensibilité qui s'en indigne et s'en irrite avec violence [1]. »

La Révolution ne lui paraît donc pas pouvoir se flatter d'avoir accompli son œuvre, si elle se contente d'opérer un changement dans les institutions politiques ; il pense que devant elle se pose la question sociale et qu'elle doit travailler à la résoudre.

Quant à lui, lorsqu'il arrête ses regards sur cette plaie de la misère, il ne croit pas qu'on pourra la guérir par des effusions d'homme sensible, et pense qu'on serait coupable de l'exaspérer par des récriminations violentes. Mais il suit avec attention, avec passion presque, les tentatives qui sont faites pour apporter au mal social, sinon un remède, au

1. *Ed.* Auguis, III, 165 sqq.

moins des atténuations. Dans la partie littéraire du *Mercure*, au lieu de donner seulement des articles de critique ou de morale, il examine et discute le projet de Cabanis sur la réorganisation des hôpitaux, l'*Essai sur la mendicité* de M. de Montlinot, l'*Essai sur les réformes à faire dans notre procédure criminelle*, par M. de Comeyras. Il est visible que, lorsqu'il rend compte de ces ouvrages, ce sont moins les ouvrages eux-mêmes qui l'intéressent, que les matières dont ils traitent ; on sent qu'il voudrait attirer l'attention des législateurs et du public qui pense sur ces questions d'hospitalisation, de répression et d'assistance publique. — Après la mise en vente des biens ecclésiastiques, on fut fort en peine d'une nuée de pauvres, qui, ne trouvant plus l'aumône à la porte des couvents fermés ou ruinés, erraient à travers les campagnes ou refluaient vers les villes. L'Assemblée nationale nomma alors un Comité dit « de mendicité ». Ce Comité, qui avait pour président le duc de La Rochefoucauld-Liancourt, ne crut pas que sa mission se bornait à parer aux difficultés de la situation présente ; il eut l'ambition de créer de toutes pièces la législation de l'assistance publique, et, dans six grands rapports, en traça le plan d'ensemble. Mais, au milieu des événements qui se précipitaient, ce travail passa à peu près inaperçu. La Constituante, malgré les instances de La Rochefoucauld, ne procéda que par des réformes de détail et rien n'était fait, lorsqu'elle se sépara. — En octobre 1790, les trois premiers rapports de La Rochefoucauld avaient déjà paru. Chamfort ne fut pas de ceux qu'ils laissèrent indifférents ;

dans son article sur le livre de M. de Montlinot, il les résume avec une brièveté lumineuse, fait ressortir la noblesse des principes qui les ont inspirés, et montre fortement que les questions qu'ils traitent sont des questions vitales.

« Il faut, dit-il, rendre constitutionnelles les lois qui établissent l'administration des secours donnés aux pauvres. La classe indigente de la société étant partie intégrante de la société, la législation qui gouverne cette classe doit faire partie de la Constitution : c'était le seul moyen d'empêcher que cette grande idée ne se réduisît à n'être qu'une belle conception de l'esprit, sans application à un empire qui jouit du bonheur d'avoir une Constitution. C'est la première fois que les législateurs ont ainsi parlé aux hommes : et nombre de gens, nous ne l'ignorons pas, en concluront qu'il ne fallait pas leur parler ce langage. Il est à croire que la postérité ne sera pas de leur sentiment [1]. »

Ces dernières lignes, et tout l'article qu'elles terminent, peuvent sans doute compter entre les pages qui font le plus d'honneur à l'intelligence et au cœur de Chamfort.

En se préoccupant de tout ce qui peut améliorer la condition matérielle du peuple, il obéit avant tout à des sentiments de justice et d'humanité; mais il a en même temps une vue de haute prudence politique. Quand les souffrances des humbles sont excessives, « l'édifice social, dit-il, chancelle et court risque d'être renversé [2] ». C'est cette catastrophe qu'il faut prévoir et prévenir : « Diminuez les maux du peuple, vous diminuez sa

---

1. *Ed.* Auguis, III, 178.
2. *Ed.* Auguis, III, 165.

férocité ; comme vous guérissez ses maladies avec du bouillon »[1]. Il est fort loin pourtant de penser comme Rivarol, qui disait avec sa hautaine impertinence : « En général, le peuple est un souverain qui ne demande qu'à manger, et Sa Majesté est tranquille quand elle digère ». Chamfort, au contraire, s'indigne autant contre ceux qui le méprisent, que contre ceux qui le font ou le laissent souffrir.

L'économie sociale, telle qu'il la conçoit, n'a point pour unique ni même pour principal objet d'assurer au peuple sa part de bien-être, ou du moins c'est un soin qu'elle ne doit prendre que si elle peut garantir en même temps le respect de sa dignité. Dans son article sur Cabanis, Chamfort le loue de ramener tout à « des considérations morales ». Lui, de même, n'admet pas qu'une démocratie véritable puisse n'être qu'une sorte d'assurance mutuelle contre les besoins et les misères physiques. Il n'accepterait pas pour les misérables un système d'assistance qui ne laisserait pas « subsister dans le pauvre le respect que tout homme doit avoir pour lui-même ». Il aurait horreur d'une nation bien repue, bien pansée, — et sans âme, et, comme d'instinct, il a protesté par avance contre la tendance que devaient manifester les futures écoles socialistes à faire trop bon marché de la liberté. Dans ses conceptions politiques, jamais il n'abjura cette haute inspiration idéaliste que nous avons marquée dans le programme moral

---

[1]. *Ed.* Auguis, I, 446.

qu'il s'était tracé à lui-même. Et c'est ainsi que l'œuvre de la Constituante avait beau lui paraître incomplète sur plus d'un point, il sent cependant que cette Assemblée a dignement ouvert la Révolution en rendant ses droits à la conscience et en conviant le peuple à être libre. Pour lui, nulle réforme sociale et économique ne saurait primer cette conquête morale.

Dans *l'Adresse aux Provinces*, à ceux qui reprochent à la Constituante de n'avoir rien fait pour le peuple, il répond avec une conviction cordiale et pleine :

« Elevés au rang de citoyens, admissibles à tous les emplois, censeurs éclairés de l'administration, quand vous n'en serez pas les dépositaires, sûrs que tout se fait et par vous et pour vous, égaux devant la loi, libres d'agir, de parler, d'écrire, ne devant jamais compte aux hommes, toujours à la volonté commune, quelle plus belle condition ! »

La liberté est la pierre angulaire de la démocratie qu'il a rêvée.

Par le fait seul qu'elle a donné la liberté au peuple, la Révolution a été, pour lui, bienfaisante ; de l'abjection ou de la nullité dans lesquelles il végétait, elle l'a fait accéder à la vie morale. Elle a fait disparaître « les difformités monstrueuses... d'un gouvernement monstrueux », qui avilissait ou annihilait des millions d'hommes. « Les hommes marchaient sur leur tête, et ils marchent sur leurs pieds [1]. »

1. *Ed.* Auguis, V, 310.

Mis en possession de la liberté, le peuple en effet se trouve investi d'un pouvoir nouveau, capable de transformer la vie sociale et morale de la nation. Ce pouvoir, c'est celui de l'opinion publique. Et, dans un article qu'Auguis a négligé, bien à tort, de recueillir dans la collection du *Mercure*, Chamfort fait ressortir ce qu'il y a là de conséquences incalculables pour les destinées de la démocratie future.

« Naguère parmi nous, dit-il, le grand nombre ne savait, n'osait et ne pouvait juger. Qu'était-ce, il y a quelques années, ce qu'on appelait le public? Rien autre chose que le concours d'une centaine de sociétés qui, réunissant tous leurs moyens de domination et d'influence, communiquaient leurs travers à tout l'empire. Il est bien temps de le reconnaître : les préjugés des Français, comme tous leurs maux, n'étaient que des émanations aristocratiques.

Un petit nombre de tyrans nous donnait le signal des erreurs favorables à sa tyrannie. Comme ils armaient le bras du peuple, pour opprimer le peuple, ils employaient son esprit à l'avilir lui-même..... Ils s'étaient faits les juges de l'esprit et du beau, de toutes les vertus, de toutes les convenances, et la nation abusée mettait une lâche vanité à répéter les arrêts de leurs caprices : imiter leurs maîtres, c'est l'ambition des esclaves. Mais enfin les bases sont renouvelées... Les hommes, devenus égaux, s'estimeront également et ne voudront recevoir que d'eux-mêmes leurs sentiments ou leurs erreurs. Toutes les passions, tous les caractères pourront lutter ensemble. De ce mélange d'éléments libres et de mouvements spontanés se formera la véritable opinion. Indépendante et souveraine, elle sera, comme la loi, l'ouvrage de tous... En vain vous objectez les habitudes prises et la difficulté de les vaincre. Les habitudes des nations, comme celles des individus, ne s'accroissent que lorsqu'elles sont volontaires; aussi n'y a-t-il de caractère national, de préjugés nationaux que chez un peuple libre. Le Français était donc sans caractère et sans préjugés propres, comme sans liberté. Il n'aura donc point à quitter des opinions, mais plutôt à en choisir une : il ressemble à un rocher muet qu'une divinité vient d'animer. Tout à l'heure ce n'était qu'un écho, maintenant c'est une voix [1]. »

Mais le peuple, devenu maître de juger les hommes et les choses, et, par là même, d'influer sur sa propre destinée, est-il en état d'exercer, comme il convient, la liberté qu'on lui a rendue ? Ne faut-il pas avouer que la Constitution,

« ouvrage en partie de l'opinion publique, se trouve à quelques égards supérieure aux lumières actuelles de la plupart des citoyens, et surtout aux habitudes du grand nombre ? C'est un embarras plus qu'un danger ; mais enfin, si l'ancien gouvernement a péri par le désavantage contraire et pour être resté trop en arrière de la nation, il n'est pas moins à craindre que la Constitution nouvelle ne soit gênée quelque temps dans sa marche par la difficulté d'élever sur-le-champ à son niveau les idées d'une multitude longtemps ignorée et avilie [2]. »

En affranchissant le peuple, la Révolution n'aurait donc, aux yeux de Chamfort, acquitté qu'une partie de sa dette envers lui, si elle ne créait point une instruction publique qui éclaire son intelligence et une éducation nationale qui guide sa volonté. Là est, pour Chamfort, le plus important des problèmes sociaux, celui qu'il faut étudier et résoudre avant tous les autres.

Dès longtemps avant 1789, les questions d'éducation l'avaient d'ailleurs préoccupé et occupé. Il n'avait que vingt-deux ans lorsque parut l'*Émile* ;

---

1. *Mercure de France*, n° du 17 juillet 1790.
2. *Ibid.*

mais parmi les amis de sa jeunesse il compta Sélis, Thomas, d'autres professeurs de l'Université, et, dans ce milieu, les réformes dont l'œuvre de Rousseau avait donné le signal éclatant ne pouvaient guère manquer de servir de sujet aux entretiens ordinaires. A la fin des *Notes sur les fables de La Fontaine*, on lit ces réflexions :

« On a pu remarquer quelques fables dont la morale est évidemment mauvaise.... On voit par cet exemple quelle attention il faut porter dans sa lecture pour ne point admettre de fausses idées dans son esprit... Que faire donc ? Ne point lire légèrement, ne point être la dupe des grands noms, ni des écrivains les plus célèbres, former son jugement par l'habitude de réfléchir. Mais c'est recommencer son éducation. Il est vrai ; et c'est ce qu'il faudra faire constamment, jusqu'à ce que l'éducation ordinaire soit devenue meilleure, réforme qui ne paraît pas prochaine [1]. »

Cette remarque, inattendue en pareil sujet, montre assez l'intérêt que Chamfort attachait à cette question.

Au reste, tout en suivant avec attention les tentatives des réformateurs, il pensait qu'elles ne pouvaient alors aboutir à rien d'essentiel ni de décisif. Selon lui, une éducation vraiment rationnelle, vraiment raisonnable, était impossible sous le régime monarchique :

« On ne cesse, disait-il, d'écrire sur l'éducation, et les ouvrages écrits sur cette matière ont produit quelques idées heureuses, quelques méthodes utiles, ont fait, en un mot, quelque bien partiel. Mais quelle peut être en grand l'utilité de ces écrits, tant qu'on ne fera pas marcher de front les réformes relatives à la législation, à la

---

1. *Ed.* Auguis, I, 198.

religion, à l'opinion publique ? L'éducation n'ayant d'autre objet que de conformer la raison de l'enfance à la raison publique relativement à ces trois objets, quelle instruction donner tant que ces trois objets se combattent? En formant la raison de l'enfance, que faites-vous que de la préparer à voir plus tôt l'absurdité des opinions et des mœurs consacrées par le sceau de l'autorité sacrée, publique ou législative, par conséquent à lui en inspirer le mépris [1]. »

Mais la Révolution, en inaugurant un nouvel ordre de choses, rendait possible une réforme organique de l'éducation nationale ; cette réforme devenait en même temps d'une instante nécessité. Pour que le peuple pût profiter des avantages que lui offrait la nouvelle Constitution, il fallait qu'il fût en état de la connaître et de la comprendre : « L'Assemblée nationale de 1789 a donné au peuple français une Constitution plus forte que lui. Il faut qu'elle se hâte d'élever la nation à cette hauteur par une bonne éducation publique. Les législateurs doivent faire comme ces médecins habiles qui, traitant un malade épuisé, font passer les restaurants à l'aide des stomachiques » [2].

Pour que la souveraineté du peuple n'exposât pas à d'étranges périls le peuple lui-même et la société tout entière, il fallait que le peuple ne restât pas sans lumières : « S'il y a jamais eu une raison d'instruire et d'éclairer le peuple, c'est à coup sûr lorsqu'il est devenu le plus fort [3]. » Enfin, pour soutenir les institutions nouvelles et les faire durer, il fallait des mœurs nouvelles aussi. Chamfort

1. *Ed.* Auguis, I, 338.
2. *Ed.* Auguis, I, 447.
3. *Ed.* Auguis, III, 148.

estime que la Révolution ne saurait être un simple changement dans le mode de gouvernement : sans une réforme morale la réforme politique sera illusoire et avortera : « Les Français, en se donnant une Constitution plus forte que ne l'était la nation à l'époque où elle se l'est donnée, se sont mis dans la nécessité de hâter leur marche vers des mœurs simples et fortes, dignes de cette Constitution »[1].

Chamfort travailla-t-il à l'organisation de cette éducation nouvelle dont il comprenait si bien toute la portée ? — Un témoignage, non sans valeur, fait de lui un des premiers et des meilleurs ouvriers de cette grande entreprise que la Révolution poursuivit sans la pouvoir mener à terme. Il serait, au dire de Vincent Arnault, le rédacteur, ou tout au moins l'un des rédacteurs, du Rapport sur l'Instruction publique présenté par Talleyrand à l'Assemblée nationale en septembre 1791.

« Sa signature (celle de Talleyrand), dit Arnault, n'est qu'une faible garantie pour quiconque est un peu au courant de ses habitudes. Ne se trouve-t-elle pas au bas de quantité de travaux soit sacrés, soit profanes, soit théologiques, soit philosophiques, soit diplomatiques, tels que mandements, monitoires, textes, rapports, voire certains rapports sur l'organisation de l'instruction publique, lesquels ne sont pas plus sortis de la plume de Son Altesse que le texte de certain contrat de mariage, auquel sa signature se trouve aussi ? A défaut de feu Chamfort, l'abbé Desrenaudes qui n'est pas mort et tel homme qui vit encore, pourraient nous donner sur tout cela d'utiles éclaircissements ; mais le premier est discret comme un confesseur, et quant au second, qui sait tout le prix d'un se-

---

1. *Éd.* Auguis, III, 328.

cret, il n'est pas aisé de le faire parler si on n'est pas riche¹. »

Arnault a beau être l'ennemi de Talleyrand : ses affirmations ne sauraient être suspectées ni écartées de prime abord. Lorsqu'il écrivait ces lignes, il avait exercé de hautes fonctions officielles ; il était membre de l'Institut, où il avait Talleyrand pour collègue. En pareille situation, si malicieux qu'on soit, l'on ne médit pas à la légère. En tout cas, bien que l'œuvre d'Arnault, qui contient cette affirmation, ait paru du vivant de Talleyrand, celui-ci ne la démentit point et ne la fit point démentir. — Il semble même qu'Arnault a recueilli le renseignement qu'il nous donne de la bouche même de Chamfort. Dans les premières années de la Révolution, il le rencontrait souvent, à Versailles, chez Maret et Méjean : « Sans suivre assidûment les travaux de l'Assemblée, dit-il de Chamfort, il venait assez fréquemment à Versailles, où l'appelaient ses relations avec quelques députés dont il traduisait les pensées ou par l'organe desquels il publiait les siennes. D'après ce qu'il m'a dit, Mgr l'évêque d'Autun lui aurait plus d'une obligation de ce genre ² ». Ces raisons ont sans doute frappé M. Dreyfus-Brissac, qui, dans un article de la *Revue internationale de l'Enseignement*, se déclare disposé à croire que Chamfort a tenu la plume pour Talleyrand.

M. Aulard n'en juge pas ainsi. Il estime qu'il

---

1. Cité par *Dreyfus-Brissac*. — *Revue internationale de l'enseignement*, 15 octobre 1892.
2. *Souvenirs d'un sexagénaire* (déjà cité).

convient de ne pas disputer la paternité du *Rapport* à celui qui l'a signé : « Il n'y a rien d'invraisemblable, dit-il, à ce que ces pages si pleines d'idées et si négligées de forme soient l'œuvre personnelle d'un homme qui se piquait de rester grand seigneur en tout »[1]. A plusieurs reprises il revient sur ce que la forme de ce document lui paraît avoir de faible et d'incorrect, et, à ses yeux, c'est la meilleure preuve que Talleyrand en est le véritable auteur.

Mais, à y bien regarder, ce rapport est-il donc écrit d'une plume si peu soigneuse et si peu surveillée ? Lorsque M. Aulard, qui a lu tant de prose révolutionnaire, juge ces pages négligées et incorrectes, ne se montre-t-il pas bien rigoureux ? Il me semble qu'il serait aisé de détacher de ce *Rapport* des passages assez étendus, qui sont écrits dans une langue vigoureuse et châtiée, très élaborée en tout cas. Sans doute, on relève aussi des incorrections; mais beaucoup paraissent venir de ce que les épreuves furent très mal corrigées, et il en est bon nombre que le lecteur peut sans peine redresser au passage. Des négligences, il n'en manque pas non plus ; mais, à mon sens, elles sont moins du fait d'un homme qui ne daigne pas travailler son style que d'un écrivain qui n'a pas toujours eu le loisir de donner à ses idées une expression dépouillée et précise. Quand le rédacteur du *Rapport* écrit mal, ce n'est pas par l'abandon qu'il pèche; on voit plutôt qu'il s'empêtre

---

1. *Dictionnaire de pédagogie* de Buisson (à l'article TALLEYRAND).

dans le jargon des encyclopédistes. Où trouve-t-on dans ces pages rien qui sente le laisser-aller du grand seigneur? Où voit-on là un style d'homme de qualité, c'est-à-dire d'un homme qui écrit « bien, pas trop bien pourtant, non comme un homme de lettres, qui doit y regarder, qui tâche, mais en homme comme il faut, qui fait bien tout, naturellement, cela comme le reste, sans prétention ; qui a de l'esprit, il est vrai, du talent même, si l'on veut, mais qui en serait dispensé, et dans le fond n'est tenu à rien »[1]? Les négligences du *Rapport* ne me paraissent point avoir l'allure patricienne ; en tout cas, elles ne peuvent, je crois, suffire à rendre vraisemblable que Talleyrand ait pris la peine, contre ses habitudes bien connues, de rédiger tout au long un document de cette étendue sur un sujet pour lui peu familier, alors que les affaires financières et ecclésiastiques, alors que les intrigues parlementaires lui donnaient d'ailleurs tant de soins et d'occupations.

Combien d'apparences au contraire en faveur de Chamfort ! Puisqu'on sait, à n'en pas douter, qu'il fut souvent le *coloriste* de l'évêque d'Autun, en quelle occasion pouvait-il mieux lui rendre cet office ? Ne semble-t-il pas qu'il dut être tenté de s'offrir de lui-même à traiter cette question de l'éducation nationale dont il s'inquiétait si fort ? Il était lié avec Condorcet, qui préludait alors au Rapport qu'il présenta à la Législative par cinq mémoires sur l'Instruction insérés dans la *Bibliothèque*

---

1. *Éd.* Auguis, III, 237.

de l'homme public ; il vivait dans l'intimité de Cabanis, qui publiait un livre sur la réforme de l'enseignement médical et qui aidait Mirabeau dans son *Travail sur l'Education publique* ; il comptait des amis dans les collèges de l'Université ; il avait de nombreuses relations dans le monde des Académies. Entre les *faiseurs* ordinaires de Talleyrand, nul ne se trouvait donc situé mieux que lui pour recueillir tous les renseignements, tous les matériaux nécessaires à la composition du fameux *Rapport* [1]. — Ajoutons que quelques-unes des idées les plus importantes développées dans ce document se trouvent comme indiquées dans des articles publiés par Chamfort avant 1791. Qu'on lise en particulier un extrait imprimé dans le *Mercure* à la date du 2 octobre 1790 ; on y trouve les critiques formulées dans le *Rapport* contre l'éducation du passé ; on y voit allégués les mêmes motifs pour prouver la nécessité d'une instruction publique ; l'auteur de l'article, comme l'auteur du *Rapport*, déclare la gratuité indispensable et la restreint à l'enseignement primaire, demande que les maîtres

---

[1]. On lit dans les *Mémoires* de Talleyrand, au tome I, p. 165, le passage suivant : « Je me chargeai... du Rapport du comité de Constitution sur l'Instruction publique. Pour faire ce grand travail, je consultai les hommes les plus instruits et les savants les plus remarqués de cette époque où existaient M. de Lagrange, M. de Lavoisier, M. de la Place, M. Monge, M. de Condorcet, M. Vicq d'Azyr, M. de la Harpe. Tous m'aidèrent. L'espèce de réputation que ce travail a acquise exigeait que je les nommasse. » Talleyrand ne prononce pas le nom de Chamfort. Mais est-ce bien une raison pour qu'il ne lui doive rien ? Ce silence ne ferait-il pas plutôt présumer qu'il lui doit tout... ou à peu près ? — Arnault a désigné l'abbé Desrenaudes comme ayant peut-être pris part à la rédaction du Rapport ; il se peut en effet qu'il ait mis la main à la partie relative aux écoles ecclésiastiques ; mais sa collaboration dut se borner à cela.

des écoles du second degré soient non pas rétribués, mais subventionnés par l'Etat, et proteste contre tout monopole en matière d'éducation. Quelle est la pensée maîtresse de l'œuvre signée par Talleyrand ? C'est que l'école a surtout pour but de former le citoyen. « Il faut donc que la déclaration des droits et les principes constitutionnels composent à l'avenir un nouveau catéchisme pour l'enfance, qui sera enseigné jusque dans les plus petites écoles du royaume. Vainement on a voulu calomnier cette déclaration : c'est dans les droits de tous que se trouveront éternellement les devoirs de chacun. » Qu'on mette en regard de ce passage les lignes suivantes de Chamfort : « Supposons qu'au lieu de mettre dans leurs mains (des hommes du peuple) un catéchisme de métaphysique absurde et inintelligible, on en eût fait un qui eût contenu les principes des droits des hommes et de leurs devoirs fondés sur leurs droits, on serait étonné du terme où ils seraient parvenus en suivant cette route tracée dans un bon ouvrage élémentaire [1]. » On peut dire sans doute qu'il n'y a là qu'une rencontre ; mais il faut au moins avouer qu'elle est frappante.

Peut-être ne serait-il pas impossible, si l'on faisait sur le style du *Rapport* une étude minutieuse, d'y retrouver la main de Chamfort. A première vue on y remarque des alliances de mots qui sont assez dans son goût, et aussi des formules qui ont quelque chose de ce tour aphoristique

---

1. *Ed.* Auguis, I, 447.

qu'il aimait à donner à sa pensée; mais des indications de ce genre peuvent toujours paraître incertaines et trop discutables. On aurait plutôt de quoi se convaincre, en notant dans le *Rapport* certains traits qui appartiennent en propre à Chamfort, des opinions qui lui sont particulières. Par exemple, je lis dans le *Rapport* : « La vérité est la morale de l'esprit, comme la justice est la morale du cœur »; et dans les *Pensées* : « La conviction est la conscience de l'esprit ». Là je vois : « Il est mille fois prouvé qu'on ne sait réellement, qu'on ne voit clairement que ce qu'on découvre » ; et ici : « Ce qu'on sait le mieux, c'est ce qu'on a deviné »; ou encore : « Ce que j'ai appris, je ne le sais plus. Le peu que je sais encore, je l'ai deviné ». Dans ses réflexions sur l'esclavage et la liberté en France avant et depuis la Révolution, il déclare que les Français n'ont pas, ne peuvent pas avoir d'histoire : « Il n'y a d'histoire digne d'attention que celle des peuples libres; l'histoire des peuples soumis au despotisme n'est qu'un recueil d'anecdotes ». Et l'auteur du *Rapport* parle et pense de même : « On offrira à leur mémoire (des enfants) l'histoire des peuples libres, l'histoire de France, ou plutôt des Français, quand il en existera une. » Ces rapprochements, qui paraissent significatifs, ne sont pas les seuls du même genre qu'on puisse établir.

Nous nous gardons bien d'ailleurs de prétendre que tout cela suffise pour pouvoir revendiquer hardiment au profit de Chamfort la paternité du *Rapport sur l'Instruction publique*. Mais il y a là, croyons-nous, de quoi renforcer le témoignage d'Arnault;

or, par lui-même, ce témoignage paraît avoir déjà quelque autorité ; Arnault a pu être bien informé et son assertion ne surprend guère, lorsque l'on connaît la situation que Chamfort occupait près de Talleyrand, lorsque surtout l'on songe que, préoccupé dès longtemps des questions d'éducation et passionné pour le bien public, il n'a pas dû manquer l'occasion de traiter un sujet qui l'attirait et qui intéressait si fort l'avenir de la Révolution.

CHAPITRE III

SES DERNIÈRES ANNÉES, SON SUICIDE ET SA MORT.

Quand la Constituante se fut séparée, Chamfort semble s'effacer, ou tout au moins, comme nous dirions aujourd'hui, se retirer de la vie militante.

Sa santé, depuis si longtemps mauvaise, ne pouvait manquer d'avoir été éprouvée par cette fièvre d'émotions et de travail qui l'avait brûlé pendant les premiers jours de la Révolution. Il a dit lui-même comment, devenu valétudinaire, il lui avait fallu de plus en plus renoncer à l'action, et comment il s'y était résigné, sentant que son concours devenait moins utile à une cause près de triompher :

« Il est vrai qu'aux approches de l'hiver (de 1792), ma déplorable santé, qui suspend trop souvent mes travaux, et qui surtout m'interdit les grandes assemblées, me força, par degrés, à me priver des vôtres (celles du club des Jacobins).... La patrie, il est vrai, n'était pas encore sauvée, mais l'affluence toujours croissante parmi vous semblait le garant de son triomphe et du vôtre, et, dans le redoublement des incommodités que la foule me cause, je n'étais plus soutenu par ce sentiment si impérieux sur certaines âmes, ce je ne sais quel attrait attaché aux périls très instants [1]. »

En outre, ses amis les plus anciens et les plus

1. *Ed.* Auguis, V, 334.

intimes avaient disparu de la scène politique. Mirabeau, que Chamfort avait fréquenté presque jusqu'à sa dernière heure [1], était mort le 2 avril 1791. — Talleyrand, dès le commencement de 1792, suivait en Angleterre l'ambassadeur Biron, et, après être revenu quelques jours en France, il retournait à Londres au printemps de cette même année. — Pendant toute la durée de l'Assemblée Législative, Sieyès se tient à l'écart, et déjà d'ailleurs il avait commencé à se renfermer dans ce silence que Mirabeau avait appelé « une calamité publique ». La plupart des représentants à la Législative étaient jeunes ou inconnus. Chamfort ne pouvait guère songer à se lier avec ces nouveaux venus. Dès longtemps il n'était plus d'âge ni de caractère à rechercher des amitiés nouvelles : il savait trop bien ce que valent ces liaisons formées dans l'arrière-saison de la vie : « Les nouveaux amis que nous faisons après un certain âge, a-t-il dit, et par lesquels nous cherchons à remplacer ceux que nous avons perdus, sont à nos anciens amis ce que les yeux de verre, les dents postiches et les jambes de bois sont aux jambes de chair et d'os [2]. »

Mais, bien que Chamfort se mette alors moins en vue, il s'en faut qu'on puisse dire qu'il se soit désintéressé de la marche de la Révolution [3]. Ce

---

1. Mirabeau mourut le 2 avril 1791. Le 29 mars, il se rendit à sa campagne du Marais avec Frochot, Lachèze et Chamfort. (V. CABANIS, *Journal de la maladie de Mirabeau*, Paris, 1791, in-8°.)

2. *Ed.* AUGUIS, I, 403.

3. S'il ne faisait rien pour qu'on songeât à lui, il semble pourtant (qu'on ne l'oubliait pas tout à fait. On lit dans le *Mercure de France* partie historique et politique, n° du 21 avril 1792) : « M. Delessart

que l'on a pu recueillir de sa correspondance à cette époque est évidemment fort incomplet. Nous n'avons que deux lettres de lui écrites en 1792. Mais l'une (de janvier) nous le montre très attentif à l'attitude que les puissances monarchiques de l'Europe prennent vis-à-vis de la France révolutionnaire ; et dans l'autre, datée du 12 août, nous voyons qu'il aime toujours à se mêler aux mouvements populaires, et qu'il se réjouit à la pensée que le courant d'opinion parti de Paris entraîne la nation vers la République [1]. Et, la coalition une fois formée, après la prise de Verdun, quand, dans un dîner chez le ministre Lebrun, il dit, avec un rire dédaigneux : « Ah ! oui !...... *on dit* qu'il y a des Prussiens ! » ce mot n'est point celui d'un sot, comme le prétend Baudin des Ardennes ; c'est la fière parole d'un homme qui sait ce qu'il y a de ressources de vaillance dans l'âme du peuple de France, et qui partage l'héroïsme confiant d'une nation qui, contre l'Europe entière, va jouer sa vie dans une partie qu'elle ne craint pas de perdre.

Il ne semble pas que Chamfort se soit engagé dans aucun des partis qui se formèrent à cette époque. Pourtant, lorsqu'il fut dénoncé à la Convention, ses dénonciateurs incriminèrent ses relations avec les hommes de la Gironde. Il s'en défendit.

---

avait renouvelé presque tout le corps diplomatique. Son successeur vient d'opérer un nouveau déménagement. Il a nommé M. de Maulde, inconnu même de ceux qui connaissent tout le monde, à la Haye, à la place de M. de Gouvernet ; M. de Vibraye remplace l'abbé Louis à Copenhague ; M. Villars, secrétaire des Jacobins, passe à Mayence. On parle de M. Chamfort pour la Diète de Ratisbonne...... »

1. *Éd.* Auguis, tome V, p. 313-317 sqq.

« Il (le dénonciateur) me prétend lié avec la Gironde, dont je n'ai jamais vu un seul membre que dans des rencontres rares, imprévues et fortuites... Je porte un défi public à quelque homme que ce puisse être, de dire qu'il m'ait jamais vu chez un député de la Gironde et qu'il ait jamais vu un seul d'entre eux chez moi. De plus, grand nombre de personnes savent et peuvent se rappeler que mes idées ont été en opposition absolue avec les leurs sur presque toutes les questions importantes, comme la garde départementale, le jugement de Louis Capet, l'appel au peuple et plusieurs autres [1]. »

Quoique ces déclarations aient été écrites par Chamfort à un moment où sa liberté et peut-être sa vie sont en jeu, il ne les fait pas pour le seul besoin de sa cause ; elles paraissent sincères et exactes. Au mois de janvier 1792, quand les Girondins poussent à la guerre contre l'Autriche, Chamfort condamne cette politique, et, s'il connaît Brissot, Fauchet, rien ne marque qu'il ait eu des rapports suivis avec eux ; quand Roland le nomma à la Bibliothèque, il ne l'avait jamais vu ; il n'a pas eu avec Vergniaud d'autres relations que des relations mondaines [2]. — Pourtant l'accusation portée contre lui, tout en étant fausse, ne manquait pas de vraisemblance ; si aucun lien ne l'attacha à la Gironde, il avait des affinités avec ce parti. Comme les Girondins, il afficha tout haut son mépris

---

1. *Éd.* Auguis, V, 330.
2. Dans les *Souvenirs d'un sexagénaire* de Vincent Arnault (tome II, p. 133), il est parlé de cette Julie qui fut la femme de Talma, et du charme de son salon : « Dire que, dans son salon, où le vicomte de Ségur et le comte de Narbonne se rencontraient avec Chamfort et David avant 1789, David et Chamfort s'étaient rencontrés habituellement depuis avec Mirabeau, Vergniaud et Dumouriez, c'est prouver qu'à ces diverses époques ce salon avait été le point de réunion des hommes les plus remarquables. »

pour certains révolutionnaires sans scrupules sans conscience. « C'est un ange que votre Pache, disait-il un jour à un ami de celui-ci ; mais à sa place je rendrais mes comptes. » Il disait aussi, à l'heure où Barère commençait à prendre de l'ascendant : « C'est un brave homme que ce Barère, il vient toujours au secours du plus fort ». Avec les Girondins, il fut des premiers à appeler et à hâter l'avènement de la République. Il partagea cette foi généreuse qu'ils avaient dans la toute-puissance des idées, dans la vertu bienfaisante de la liberté.

« Chamfort, écrit Mme Roland, a partagé l'extrême confiance que j'ai toujours reprochée aux philosophes acteurs dans le nouvel ordre de choses ; il ne pouvait croire à l'ascendant de quelques mauvaises têtes et au bouleversement qu'elles seraient capables de produire. Vous poussez les choses à l'extrême, me disait-il quelquefois... Ces gens-là se perdent par leurs propres excès ; ils ne feront point rétrograder les lumières de dix-huit siècles [1]. »

Comme les Girondins enfin, après avoir mis de l'idéalisme dans sa vie, il sut mettre du stoïcisme dans sa mort.

Quoi qu'il en soit, si Chamfort s'est mêlé, à cette époque, de la politique, il n'a pas désiré, selon toute vraisemblance, y être mêlé ; il n'était pas devenu un indifférent, mais ne se souciait plus d'être un acteur. La cinquantaine une fois venue, combien peu d'hommes, à moins d'être au pouvoir, songent à rester à un poste de combat ! Et pour ceux qui ont le talent et le goût de l'obser-

---

1. Mme Roland, *Œuvres*, tome II. (Paris, an VIII, in-8°.)

vation, quelle tentation, au lieu de poursuivre leur marche, que de revenir sur leurs pas et de se rendre compte du chemin parcouru! C'est là sans doute ce qui amena Chamfort à accepter d'écrire les *Tableaux de la Révolution.*

Cette entreprise de librairie avait été commencée par l'abbé Fauchet[1]. Au début de l'année 1791, un prospectus (s. l. n. d., in-8°, 4 p.) l'avait annoncée en termes ronflants au public :

« Des artistes citoyens vont buriner les grands tableaux de notre Révolution d'une manière digne de la France libre, de l'Europe qui s'ébranle pour l'être, et du genre humain destiné à le devenir. Ils ont à retracer des mouvements violents, des scènes terribles, des événements heureux et des prodiges de vertu. La nature sociale, comme la nature physique, est sublime dans ses bouleversements et ses orages, qui préparent l'équilibre des éléments et la sérénité des beaux jours.... Cette société, qui réunit, pour la partie des artistes, toute la perfection des talents, a trouvé pour historien un homme, un patriote, témoin, acteur lui-même dans les scènes principales; tous les jours de péril, toutes les nuits orageuses, il les a passés à la maison commune de la capitale ou sur le lieu de l'événement ; il a servi la liberté de sa fortune, de son zèle, de sa voix, de sa main, de sa vie... »

Cet historien qui se recommandait ou qu'on recommandait si bien au lecteur, c'était Claude Fauchet. Mais nommé, au mois d'avril 1791, évêque du Calvados, il ne tarda pas à s'apercevoir que ses fonctions épiscopales pouvaient suffire à l'absorber; il sacrifia à l'administration de son diocèse son ambition d'écrire l'histoire, et, dans ce qui figure

---

1. Voir MAURICE TOURNEUX; *Bibliographie de l'histoire de Paris pendant la Révolution française.*

au recueil d'Auguis, il y a apparence que l'*Introduction* seule est de lui ; après l'avoir composée, il passa la main à Chamfort, qui accepta.

Il se chargeait, en vérité, d'une tâche assez ingrate et fort malaisée. Il faut songer, en effet, que dans cette publication illustrée, l'écrivain était subordonné au dessinateur ; celui-ci choisissait les sujets de ses planches que l'autre devait expliquer. Au lieu que le texte fût, à l'ordinaire, illustré par les images, les images devaient être illustrées par le texte. La suite, l'ordonnance, la proportion dans les développements devenaient presque impossibles. Chamfort a vivement senti cette gêne, et, au risque de déplaire à son éditeur, il s'en est plaint tout haut :

« Nos lecteurs, dit-il, s'aperçoivent sans doute d'une des principales difficultés attachées au genre encore plus qu'à l'ordonnance de cet ouvrage, moins favorable souvent à l'historien qu'au peintre. C'est surtout dans l'histoire des premiers jours de la Révolution, que cette difficulté se fait remarquer, en rendant plus sensible la disproportion des moyens entre la plume et le pinceau. Aux premiers moments de l'insurrection parisienne, la multitude des tableaux simultanés, ou rapidement successifs, sert à souhait le talent de l'artiste ; tandis que l'historien, dans une dépendance plus ou moins gênante, rencontrant un sujet tantôt trop fécond, tantôt trop stérile, se voit forcé de resserrer l'un, d'étendre l'autre, au gré d'une convenance étrangère [1]. »

Il a sans doute compris aussi, sans le déclarer de façon expresse, qu'une pareille œuvre comportait une difficulté plus grave : puisque l'éditeur des

---

1. *Éd.* Auguis, II, 267.

Tableaux de la Révolution annonçait nettement son dessein de faire de la propagande révolutionnaire, l'écrivain ne pouvait songer à se donner pour impartial et, partant, courait le risque d'être suspecté de n'être point exact. Ne pouvait-on point penser aussi que, suivant les cas, il hausserait le ton de l'apologie ou rembrunirait les teintes de la satire ?

A en croire Auguis, c'est là justement ce qui serait arrivé à Chamfort :

« Il nous semble, dit-il, que les *Tableaux de la Révolution* sont peints moins avec les couleurs de l'histoire qu'avec les passions du temps... Il n'est pas étonnant que, placé sur le cratère, au milieu des éclairs et des détonations, il porte dans ses récits le feu et la chaleur de tout ce qu'il entend... C'est vainement que le sang innocent a coulé, que le trône est ébranlé jusqu'en ses fondements, que la couronne chancelle sur le front des rois, que l'anarchie dresse une tête altière, et que les institutions s'écroulant ne laissent après elles que le désordre : tranquille au milieu de leurs ruines, il ressemble aux filles d'Æson, qui attendent des maléfices de Médée le rajeunissement de leur vieux père [1]. »

Mais ces lignes d'Auguis datent de 1824, c'est-à-dire des belles années de la Restauration, et il n'en faut pas plus pour expliquer tout « ce tintamarre et ce brouillamini », comme eût dit M. Jourdain.

A juger les choses posément, sans déclamation et sans comparaisons mythologiques, il est permis d'estimer que, si Chamfort n'a pas fait complète-

---

1. *Ed.* Auguis, II, Avant-Propos, v.

ment œuvre d'historien, au moins a-t-il laissé des pages qui ne sont pas sans valeur historique.

Heureux sans doute de retracer et de revivre ces premières journées de la Révolution, si belles et si ardentes, il ne songe point à dissimuler son enthousiasme et ne cache point qu'il veut le faire partager à son lecteur ; il se donne nettement pour ce qu'il est, c'est-à-dire pour un homme de parti. Mais songeons que ce parti comprend alors tout un peuple, que l'esprit qui l'anime n'a rien de l'étroitesse des coteries et des sectes. Tout en reconnaissant que Chamfort, emporté dans l'élan révolutionnaire, n'a eu ni le désir ni le loisir d'appliquer aux hommes et aux choses cette critique indifférente à tout, hormis à la vérité, que nous exigeons de l'historien, on doit aussi remarquer, que, sans se tenir en défiance contre son enthousiasme, au moins veut-il s'en rendre compte. Il avait d'ailleurs trop de probité dans le caractère et trop de clairvoyance dans l'esprit pour ne pas se défendre contre l'injustice délibérée et la partialité aveugle. On peut bien relever dans son ouvrage des passages où l'apologie de la Révolution prend le ton du dithyrambe ; mais ne convient-il pas de passer condamnation sur ces formes conventionnelles, acceptées ou plutôt imposées par la rhétorique du temps ? Cela empêche-t-il qu'à plus d'une reprise son récit porte la trace de ses scrupules d'exactitude ? En est-il moins vrai que ses jugements, pour la plupart, ont pu être, plus tard, revisés dans la forme, mais non cassés pour le fond ? Si bien qu'en somme ces Tableaux de l'insurrection parisienne restent

comme un document qu'il faut consulter, et que
Mignet, un historien prudent et modéré sans doute,
n'a pas hésité à leur faire de larges emprunts.

Il y a de plus fréquemment, dans ces pages, des
traits d'observation morale qu'on ne saurait rencontrer partout ailleurs que plus espacés et moins
expressifs : « L'histoire morale de la Révolution,
a dit Chamfort, n'est pas d'un moindre intérêt que
son histoire politique[1]... » L'histoire, considérée de
ce point de vue, est vraisemblablement celle qui
lui agréait le plus et qu'il eût souhaité pouvoir
écrire. Comme on ne demandait pas tant au rédacteur des *Tableaux de la Révolution* et qu'on lui demandait autre chose, Chamfort ne se trouvait pas
maître de traiter sa matière uniquement en moraliste. Mais heureusement il a cru pouvoir en plus
d'un cas manifester ses préoccupations préférées et
les marquer dans des morceaux qui relèvent singulièrement l'intérêt de son ouvrage. C'est ainsi
qu'il démêle avec bien de la sagacité les divers
sentiments des partisans de la cour quand, pour la
première fois, ils se trouvèrent en face de l'émeute;
qu'il peint la peur et la colère qui, après la charge
de Lambesc, firent de bourgeois timides des insurgés déterminés; qu'il discerne les calculs des agents
du gouvernement qui, au milieu de Paris soulevé,
se décidèrent à servir la Révolution en la détestant.
Même aux heures d'entraînement général, les manœuvres des intrigants et des habiles ne lui échappent pas, et il conte comment MM. La Vigne et Mo-

---

1. *Ed.* Auguis, II, 187.

reau Saint-Méry, après avoir, le 9 juillet, donné leur démission de présidents des électeurs, « pour n'être pas comptables aux despotes de l'énergie de l'Assemblée », se hâtent de reprendre leurs fonctions quand l'insurrection est triomphante. « La prise de la Bastille, ajoute-t-il ironiquement, acheva de les rendre intrépides [1]. »

L'imagination n'est point, d'ordinaire, le fait de Chamfort ; mais ici, encore plein de l'émotion puisée dans des spectacles dont il avait été le plus souvent témoin et que le burin du graveur replaçait sous ses yeux, il a pu peindre certaines scènes d'une couleur franche et vive, sinon éclatante. L'effarement de la population parisienne dans la nuit du 12 au 13 juillet, la marche de nuit des Gardes Françaises contre les troupes campées aux Champs-Elysées, la promenade du peuple après l'enlèvement des armes au Garde-Meuble, le Palais-Royal le jour de la mort de Foulon, tout cela forme autant de descriptions pleines d'animation et de vérité ; et l'on s'étonnerait de ne pas les trouver dans les anthologies, si l'on ne songeait que les *Pensées* et *Anecdotes* de Chamfort ont relégué dans l'ombre le reste de son œuvre.

Selon toute apparence, c'est à ces *Tableaux de la Révolution* qu'il dut d'être nommé à la Bibliothèque Nationale [2]. Au mois d'août 1792, il y avait un an déjà qu'il poursuivait l'entreprise commencée par Fauchet et faisait œuvre d'écrivain patriote. Or le

---

1. *Ed.* Auguis, II, 199.

2. Le brevet est daté du 19 août 1792, l'an IVe de la Liberté, ainsi que la lettre qui l'accompagne. Voir le *Moniteur*.

puritain Roland ne put guère être sensible qu'à ce titre, quand il lui décerna son brevet de bibliothécaire ; et c'est ce que semble indiquer le libellé même de la pièce officielle : « Désirant, y est-il dit, confier la direction et la surveillance de la Bibliothèque Nationale et de toutes ses parties à des citoyens recommandables par leur savoir et leur patriotisme, sur le compte qu'il nous a été rendu des talents littéraires et du civisme éprouvé du sieur Sébastien-Roch-Nicolas Chamfort, nous l'avons commis à la place de l'un des deux bibliothécaires ». C'était la première récompense qu'il recevait pour les services qu'il avait rendus à la Révolution.

Cette récompense, qu'il n'avait point sollicitée, n'avait d'ailleurs rien de magnifique : on ne le nommait point à une sinécure dorée, et le texte de son brevet l'en avertissait expressément.

« Comme sous le régime simple de l'égalité, disait ce document, la richesse n'est plus un prix digne du mérite et de la vertu, comme l'ordre sévère d'un gouvernement libre exige par rapport à ses fonctionnaires plus de services et moins d'émoluments, nous avons jugé que le traitement annuel des deux bibliothécaires nationaux devait être borné à la somme de quatre mille livres et à l'ancien logement qu'ils se partageront entre eux. »

La place était donc modeste et laborieuse ; mais elle convenait à la santé de Chamfort. Elle était aussi conforme à ses goûts ; car s'il est vrai, comme nous le croyons, qu'il a collaboré au *Rapport de Talleyrand sur l'Instruction publique*, il s'était déjà occupé, à cette occasion, des Bibliothèques publiques, et avait conçu ou tout au moins examiné des projets de réforme relatifs à leur organisation. Aussi, à cette heure, où il ne s'agissait pas seulement d'assurer la bonne distribution des richesses du dépôt qui lui était confié, mais encore d'y aménager les acquisitions nouvelles venues des bibliothèques princières ou conventuelles, Chamfort jugea que son emploi pouvait suffire à toute son activité. Aucune autre occupation ne vint l'en distraire ; et s'il ne nous a pas été possible de rien retrouver qui nous permette de montrer son action sur la marche de son service, au moins savons-nous qu'il était entré en relations étroites avec les membres de son personnel ; et, au témoignage de M. Léopold Delisle, il aurait, d'après la tradition de la maison, distingué et encouragé Van Praet [1]. N'eût-il rendu que ce service à la Bibliothèque, Chamfort devrait encore compter parmi ceux qui lui ont été le plus utiles.

Mais à peine était-il entré dans cette paix studieuse que s'ouvrit le régime de la Terreur. Il ne prit pas la plume pour le combattre ; mais très tôt il protesta contre lui par quelques-uns de ces mots que tous entendaient, retenaient et répétaient : « La Révolution, disait-il, est comme un chien perdu que personne n'ose arrêter ». — Commentant la fameuse devise : « La fraternité ou la mort », il la traduisait ainsi : « Sois mon frère ou je te tue » ; ou encore : « La fraternité de ces gens-là est celle

---

[1]. M. Léopold Delisle, que nous avons consulté sur le passage de Chamfort à la Bibliothèque Nationale, nous a fait l'honneur de nous répondre par une lettre dont nous détachons les lignes suivantes : « La tradition veut que Chamfort ait protégé Van Praet. Si elle est fondée, nous devons en savoir gré à Chamfort. »

de Caïn et d'Abel ». Ces libres propos ne pouvaient passer inaperçus. Il paraît en outre que sollicité par Héraut-Séchelles, qui comptait sur les *tenailles mordicantes* de Chamfort, d'écrire contre la liberté de la presse, il s'y refusa tout net. C'était plus qu'il n'en fallait pour le compromettre et le perdre. Aussi était-il déjà suspect, lorsqu'il fut dénoncé au Comité de Sûreté générale, par un de ses subordonnés à la Bibliothèque, nommé Tobiesen Duby.

On n'écouta pourtant pas ce triste personnage dès sa première délation. Mais il ne perdit pas patience, et le 21 juillet 1793 il priait le citoyen Gombaud-Lachaise, « militaire vétéran, rédacteur du *Bulletin* de la Convention », de transmettre aux membres du Comité de Sûreté générale un factum dont nous extrayons les lignes suivantes qui intéressent Chamfort :

Tobiesen Duby aux citoyens membres du Comité de Sûreté générale.

« Dimanche 21 juillet, l'an deuxième de la République.

« Citoyens,

« Je vous ai déjà dénoncé quelques détails des entretiens contre-révolutionnaires qui ont lieu tous les jours chez les citoyens Chamfort et Carra. En voici d'autres plus récents et qui m'ont trop révolté pour pouvoir en garder le secret.

« L'assassinat de Marat est pour eux le sujet d'une grande joie. *Le roi Marat est mort* : voilà leurs expressions. Ils s'entretenaient beaucoup avant-hier de la lettre de Marie-Charlotte Cordet (sic) à Barbaroux. C'est, disaient-ils, un chef-d'œuvre. C'est l'œuvre la plus sublime qui soit jamais sortie de la nature, etc.... L'on m'a bien assuré que ces Messieurs gardaient précieusement cette lettre sur eux, en prédisant que dans vingt ans on recueillerait avec vénération les restes de celle qui l'a écrite. Le citoyen Bonnieu, seul patriote que je connaisse à la Bibliothèque Nationale... voulut défendre la mémoire de Marat et soutenir les principes. Chamfort tomba sur lui, l'accabla de sa colère, lui prodigua toutes les qualifications d'usage et lui reprocha de ne voir et de ne fréquenter que des Maratistes.

A cette lettre était jointe une dénonciation contre les autres employés de la Bibliothèque, Desaulnay, Van Praet, « C-aristocrate sournois », Caperonnier, Barthélemy de Courçay, Barbier du Bocage, « aristocrate ricaneur », Cointreau, Levrier de Champrion, Girey-Duprey, Parquoy, les frères Chevrette et Cazenave (ces derniers garçons de service). — Le citoyen Gombaud-Lachaise ne pouvait rester indifférent à tant de zèle. Aussi, le 8 août 1793, transmit-il la lettre de Tobiesen Duby au Comité de Sûreté générale ; et, ne voulant sans doute pas être en reste de civisme, il dénonça Chamfort en son nom propre. Il lui faisait un grief d'avoir logé chez lui des députés montagnards ; car, à son gré, le « ci-devant secrétaire des commandements de Son Altesse pourrie le prince de Condé », en donnant l'hospitalité à ces bons citoyens, n'avait d'autre dessein que de les corrompre.

« Je vous préviens, ajoutait-il, que ce Chamfort dîne souvent chez le ministre de l'intérieur, non que je veuille inculper le ministre, mais c'est pour vous dire que c'est un serpent qui par des replis tortueux (sic) tâche de s'insinuer jusqu'à la poitrine de Garat. Je suis moi-même témoin de ses propos inciviques, de ses jérémiades sur les circonstances ; je serai son accusateur... Au nom de la République, point de demi-mesures ; rendez à la poussière ces êtres faits pour y être, et donnez aux patriotes la satisfaction de voir leurs ennemis dans une nullité absolue [1]. »

Chamfort, averti de ces menées, songea moins à se défendre lui-même qu'à protéger son personnel. « J'allai, dit-il, l'un des premiers jours d'août au comité de surveillance de notre section (celle de 1792), sur les premiers bruits vagues qu'on cherchait à répandre contre la Bibliothèque. Là, j'ai déposé sur le bureau un écrit dans lequel je demande que tous et chacun de ses membres soient examinés sur leurs actions, sur leurs principes et leurs sentiments [2]. » Mais déjà la dénonciation avait fait son chemin, et, à la fin d'août ou dans les premiers jours de septembre, tous ceux qu'avait désignés Tobiesen Duby furent incarcérés aux Madelonnettes. On ne les y retint pas longtemps, peut-être parce qu'on ne jugea pas suffisantes les charges élevées contre eux, plutôt parce que la prison était devenue trop étroite. Leur libération d'ailleurs n'était pas définitive : ils restaient soumis à la surveillance d'un gendarme, qu'ils devaient loger, nourrir et qui demeurait près d'eux en permanence.

Il y avait là de quoi engager Chamfort à devenir prudent ; mais il ne sut pas et sans doute ne voulut pas l'être. « La calomnie, avait-il dit, est comme la guêpe qui vous importune et contre laquelle il ne

1. Ces citations sont extraites de pièces des *Archives nationales*.
2. *Éd.* Auguis, V, 332.

faut faire aucun mouvement, à moins qu'on ne soit sûr de la tuer ; sans quoi elle revient à la charge plus furieuse que jamais [1]. » Au lieu de se faire oublier, il entreprit de démasquer Tobiesen Duby, et de montrer que ce triste personnage n'avait eu d'autre but que de se débarrasser de ceux dont il convoitait la place. Le délateur, irrité, revint à la charge : « Je défie Chamfort, écrivait-il au journal de la *Montagne*, de rien avancer contre mon patriotisme ; mais je prouverai, quand il voudra, qu'il disait, il n'y a pas plus de six semaines, à un bon républicain que, s'il n'avait pas pillé, assassiné, s'il n'était pas Jacobin, il n'aurait pas de certificat de civisme. Je prouverai qu'il ne cessait de déclamer contre la Commune et tous les patriotes, et qu'il disait, à peu près en propres termes, que les honnêtes gens ne pouvaient pas mettre le pied dans leurs sections... » Quatre jours après (8 septembre), Chamfort répliquait par une lettre qui est bien plutôt un pamphlet contre son adversaire qu'un plaidoyer pour lui-même. Sans doute il y protestait d'une façon générale de son civisme, de son républicanisme, et même de son admiration pour les Jacobins. Mais il ne niait aucun des propos qui lui avaient été prêtés, en particulier ses louanges de Charlotte Corday, ses imprécations contre Marat. Le silence sur de pareilles accusations prouve son courage ; car il le perdait irrémissiblement.

Il semble bien qu'il fût alors assez disposé à faire bon marché de sa vie. A peine sorti de prison,

---

1. *Ed.* Auguis, I, 403.

il envoya sa démission au Ministre de l'Intérieur, Paré. Le garnisaire de la Convention, chargé de le surveiller, assistait aux repas qu'il prenait avec ses collègues de la Bibliothèque ; et là, Chamfort « parlait aussi librement qu'il l'eût jamais fait au milieu des sociétés les plus sûres ». Par métier, cet homme devait tout écouter, et le soin de son avancement, de sa sûreté peut-être, l'engageait à redire ce qu'il avait entendu. Les rapports qu'il fit et, probablement, les incessantes menées de Tobiesen Duby provoquèrent un nouvel ordre d'arrestation.

Dès qu'il le connut, Chamfort, qui, après son séjour aux malsaines Madelonnettes, s'était juré de ne jamais retourner en prison, se retira, sous prétexte de faire ses préparatifs ; et c'est alors qu'il essaya de se tuer. Cette tentative de suicide a été contée tout au long par Ginguené, qui, malgré son émotion sincère, dramatise et solennise un peu les circonstances de ce fait. Au lieu de citer sa *Notice*, nous préférons extraire du procès-verbal dressé par le commissaire de police de la section Lepelletier, la déposition même de Chamfort.

« ...... A lui demandé par qui il avait été blessé a dit : par lui-même ; qu'ayant été enfermé dans une maison de force, il avait juré en en sortant de n'y plus rentrer ; et qu'ayant été prévenu ce jourd'huy qu'il devait être reconduit dans une maison de force, il avait voulu se tenir parole, et étant en conséquence entré dans son cabinet où il avait deux pistolets chargés, il les a tirés contre lui, et que, s'étant manqué, il s'était armé de son rasoir avec lequel il avait voulu se couper la gorge jusqu'à ce que mort s'en suivit ; et, n'ayant pas tout à fait réussi dans son dessein, il s'était porté des coups de rasoir sur les cuisses, les jambes, et partout où il espérait se couper les veines, protestant au surplus de son innocence et de son patriotisme, ainsi qu'il sera prouvé par l'événement ; ajoutant qu'il se soustraira toujours, autant qu'il sera en son pouvoir, par une mort volontaire aux horreurs et au dégoût des prisons quelconques, qui ne sont pas faites pour retenir plus de vingt-quatre heures des hommes libres, et voulant qu'il soit déclaré qu'il a assisté au présent procès-verbal et qu'il a lui-même dicté sa déclaration, et a signé avec nous [1]. »

Les chirurgiens, qu'on avait appelés, ne permirent pas qu'en cet état il fût conduit en prison. Ils ne pensaient pas qu'il pût longtemps survivre à ses blessures ; il ne le pensait pas lui-même. Racontant à Ginguené comment il s'était *perforé* l'œil... au lieu de s'enfoncer le crâne, puis *charcuité* le col au lieu de se le couper, « Enfin, ajoutait-il, je me suis souvenu de Sénèque, et, en l'honneur de Sénèque, j'ai voulu m'ouvrir les veines ; mais il était riche, lui ; il avait tout à souhait, un bain bien chaud, enfin toutes ses aises. Moi, je suis un pauvre diable, je n'ai rien de tout cela. Je me suis fait un mal horrible, et me voilà encore. Mais j'ai la balle dans la tête, c'est là le principal. Un peu plus tôt, un peu plus tard, voilà tout. »

Contre toute espérance, il ne tarda pourtant pas à se rétablir ; mais, tout en goûtant la douceur de se sentir entouré d'amis fidèles, il ne se réjouissait pas de revenir à la vie. « Les horreurs que je vois, disait-il à Colchen, me donnent à tout moment l'idée de me recommencer. » Cependant, l'excès même des souffrances physiques et morales par lesquelles il

---

1. *Archives nationales.*

avait passé amena dans son âme une sorte d'apaisement. Il paraît s'être détourné un moment du triste spectacle des affaires publiques, pour se réfugier dans la littérature et la philosophie. Ginguené nous dit qu'il se distrayait à traduire *l'Anthologie*, et Sélis nous le montre lisant Locke et Leibnitz. Avec ces deux amis il songeait aussi à fonder un recueil qui fut la *Décade philosophique*. Mais la mort ne lui permit pas de voir son projet s'exécuter. Le chirurgien Dessault, ayant été appelé près de lui dans une crise, se trompa sur la nature de son mal, et Chamfort succomba le 24 germinal an II (13 avril 1794) [1].

Quelques amis à peine [2] osèrent suivre ses funérailles, et il ne se trouva personne pour rappeler qu'il avait servi la cause de la Révolution avec talent et avec courage. On dirait qu'autour de sa tombe on ait dû se taire par ordre ; car les journaux du temps, et non pas tous, annoncèrent sa mort mais sans aucun commentaire. La Terreur qui l'avait condamné à la prison et poussé au suicide, semble avoir voulu l'ensevelir dans l'oubli. Mais, Thermidor venu, Rœderer écrit sur lui un article, où l'on sent, à travers des réserves prudentes, une estime et une sympathie profondes ; Ginguené réunit ce qu'il avait imprimé et, ce qui vaut mieux, publie ces pages inédites qui sont les meilleurs défenseurs de sa mémoire. Quelques années plus tard

---

1. Ces derniers détails sont empruntés à la *Notice* de GINGUENÉ et aux *Extraits* de SÉLIS déjà cités.

2. « Trois personnes seulement, dit Auguis, mouillèrent son cercueil de leurs larmes : Van Praet, Sieyès et Ginguené. » (Tome II, Avant-Propos, XIV.)

enfin, un contemporain de Chamfort, homme comme lui de talent généreux, rendit hommage à la dignité de la vie, à la constance des opinions de cette victime de la Révolution, à qui la persécution la plus injuste ne put arracher un reniement.

« Nourri, dit M. J. Chénier, dans les principes d'une raison affermie par l'étude, Chamfort ne les abjura jamais. Il avait trop de justesse dans l'esprit, trop d'élévation dans le caractère, pour s'abaisser à des palinodies honteuses. Voyant s'évanouir l'aisance dont il avait joui, les espérances qu'il avait pu concevoir, persécuté au nom de la liberté par des hommes qui la détruisaient en l'invoquant, il détesta les persécuteurs, mais il méprisa les hypocrites ; il changea de fortune et ne changea point de conscience [1]. »

1. *Tableau historique de l'état et des progrès de la littérature française depuis* 1789, p. 131. (Paris, Baudouin, 1821.)

CONCLUSION

Nous avons essayé de faire connaître la vie et les écrits de Chamfort. A la fin de notre travail, nous souhaiterions pouvoir nettement marquer quelle est, en définitive, la valeur de son caractère et la portée de son œuvre.

« Si Chamfort, a dit Rœderer, ne passait rien aux autres, il ne se passait rien non plus à lui-même. » Ce mot juge l'homme. Il eut un idéal moral et voulut que sa conduite en fût l'expression. Probité, dignité, indépendance : voilà les termes du programme qu'il se traça à une époque, dans un milieu où dominaient l'intrigue et la servilité. Les nécessités et les hasards de la vie le placèrent parfois dans des situations qui étaient en contraste avec ses principes ; mais, quoi qu'en aient dit ses ennemis, il ne fit rien qui fût en contradiction avec eux. On a noté dans son caractère des petitesses et des travers : crainte exagérée du ridicule, défiance ombrageuse, morosité outrée, causticité amère. Nous ne l'en défendrons pas : mais serait-on bienvenu de ne pas l'en absoudre, lorsqu'on songe qu'on ne peut lui reprocher ni une platitude, ni une perfidie, ni une lâcheté ? Probité, dignité, indépendance, il confessa cet idéal par sa vie et par sa mort.

Moraliste, il n'eut point la curiosité avide et diversifiée d'un Montaigne ou d'un La Bruyère. — Son observation se tint et voulut se tenir exclusivement dans le milieu où il vécut. A le lire, même distraitement, l'on s'aperçoit vite qu'il n'est pas sorti du cercle restreint des gens de lettres, des gens de fortune, des mondains et des courtisans. Plus d'une fois d'ailleurs lui-même prend soin de nous en avertir. « Si Chamfort avait voyagé... », disait le prince de Ligne : ce qui signifie qu'il lui manque d'avoir voyagé non pas à travers les divers pays, mais à travers les diverses espèces d'hommes. N'ayant point songé à appliquer son observation à d'autres objets que ceux qu'il avait sous les yeux, les termes de comparaison lui firent défaut et il se montre peu capable d'abstraire et de généraliser. C'est au reste un point dont il ne se pique pas, et même il y répugne. Les généralisations sont, à ses yeux, une charlatanerie des moralistes. Chamfort, disait Rœderer, a plus observé le monde que la société ; et nous disons, nous, qu'il a observé l'humanité moins encore que la société. Aussi, manifestement, l'on commet une erreur autant qu'une injustice, quand on le taxe de misanthropie ; sa misanthropie, s'il en a parlé lui-même, ce n'est qu'en commettant une impropriété d'expression. Il fut, si l'on veut, mélancolique, au sens étymologique du mot ; misanthrope non pas, il ne le pouvait pas être, et pessimiste, moins encore.

Pourtant, ses observations ont beau être circonscrites dans un champ assez restreint, leur intérêt n'est pas médiocre. — Tout d'abord ne voit-on pas que les hommes qu'il observe ont alors comme accaparé la vie même de la nation ? Ceux qui ne sont pas de leur groupe ne vivent pas; ils végètent. On trouve vite insipides les descriptions des milieux populaires et bourgeois où nous conduit Restif de la Bretonne, et c'est le fait du sujet bien plus encore que de l'écrivain. — De plus, parce qu'il se limite, le coup d'œil de Chamfort se précise ; moins étendue, moins variée, son observation est plus concentrée et plus nette. Si nous n'avions point de mémoires et de correspondances sur la haute société de la fin du XVIII° siècle, son livre pourrait presque en tenir lieu ; au tableau qu'il trace il faut reconnaître qu'il manque des nuances ; mais les traits essentiels et la couleur générale sont exacts et vigoureux. — Remarquons enfin que le monde qu'il étudie est un monde factice ; les intérêts, les sentiments, les passions qui le font mouvoir ne tiennent presque rien des besoins, des affections et des tendances de la nature ; ils sont le résultat de l'organisation sociale, des usages, des conventions qui en sont nés. C'est ce que Chamfort a très bien vu ; et par là, ses études morales, comparées à celles de ses devanciers, ont un caractère de nouveauté. Non pas que cette influence des formes sociales sur l'individu n'ait été jamais saisie avant lui ; mais jamais on n'en avait fait l'examen avec un dessein aussi exprès et aussi suivi.

Lorsqu'il ne se contente plus d'observer et se

prend à réfléchir, il se garde de toute métaphysique. Durant un court moment, nous l'avons vu, il essaya de s'élever jusqu'à la philosophie spéculative. Cette tentative n'eut d'autre résultat que de le décider à écarter plus résolument les problèmes et à s'attacher plus étroitement à la pratique. Dès lors il n'a plus occupé son intelligence que de ce qui intéressait son âme : point d'ambition de chercher une explication à sa vie, mais un constant effort pour lui trouver une direction et une règle. Rien ne lui paraît plus vain que l'exercice de la pensée, quand il est à lui-même son propre objet; et tandis que ce qu'il admire « dans les anciens philosophes, c'est le désir de conformer leurs mœurs à leurs écrits », il laisse percer quelque irritation contre les hommes chez qui « l'esprit, cet instrument applicable à tout, n'est qu'un talent par lequel ils semblent dominés, qu'ils ne gouvernent pas ». A l'heure où il vécut, les questions de religion, de philosophie, de politique avaient été agitées en tout sens par les grands écrivains du siècle ; on peut dire que la foi morale de l'homme moderne avait été formulée. Mais cette formule restait vide : une foi, mais pas d'actes; et Rivarol ne semblait pas exagérer quand il dénonçait en 1788 le *déficit des idées*. Chamfort a senti ce danger : à la veille de la Révolution, il a compris qu'on n'avait plus affaire de théories, que le détachement et même le désintéressement intellectuels n'étaient plus ni permis, ni possibles, que ce qui importait surtout, c'était de vouloir et d'agir. Dans un temps où la littérature trahit la lassitude et l'affadissement, voilà ce qui donne à son œuvre son caractère et son accent propres. « La conviction, a-t-il dit un jour, est la conscience de l'esprit. » Il aurait eu le droit de choisir ce mot pour épigraphe à son livre.

APPENDICE

CONTENANT DES PIÈCES INÉDITES RELATIVES A CHAMFORT

I

GRATIFICATION ANNUELLE. — EXTRAORDINAIRE DES MENUS PLAISIRS.

Il sera passé au sieur de Chamfort, auteur dramatique, sur l'Etat de mes Menus Plaisirs une somme de douze cents livres de gratification annuelle que je lui accorde, pour récompense de ses talents. — A Fontainebleau, ce premier de novembre mil sept cent soixante-seize.

Signé : mis au bas : Bon, de la main du roi.

Nous, intendant contrôleur de l'argenterie, Menus Plaisirs et affaires de la Chambre du Roi, certifions le présent conforme à l'original resté en nos mains.

A Fontainebleau, ce 6 novembre 1776.

DE LA FERTÉ.

II

LETTRE DE CHAMFORT AU PRINCE CONDÉ.

(sans date)

MONSEIGNEUR,

J'ai l'honneur de présenter à V. A. S. la vive et respectueuse reconnaissance dont me pénètrent ses nouvelles bontés. Le logement que j'ai l'honneur d'occuper dans sa maison le Palais Bourbon les constatant d'une manière plus authentique, ainsi que mon attachement pour sa personne, me laissant de plus à portée de lui faire plus facilement ma cour lorsqu'elle voudra bien me le permettre, j'ai cru que ces considérations devoient l'emporter sur toutes les autres et me défendoient même de m'y arrêter un moment.

C'est maintenant, Monseigneur, que j'appartiens plus que jamais à V. A. S. Je ne dois pas en dire davantage dans ce moment. Le temps seul peut faire juger les hommes, et c'est lui qui mettra en évidence les sentiments dont je suis animé pour V. A. S. J'aurai l'honneur d'aller bientôt les mettre à ses pieds, et je me serois déjà acquitté de ce devoir sans des circonstances dont je ne dois pas l'occuper.

Je suis avec respect,

Monseigneur,

de Votre Altesse Sérénissime,
le très humble et très obéissant serviteur.

CHAMFORT

Paris. Mercredi.

—

SECONDE LETTRE DE CHAMFORT AU PRINCE DE CONDÉ.

Paris, 15 août, sans date d'année.

MONSEIGNEUR,

On est quelquefois bien heureux de pouvoir pleurer, car on étoufferait. On a pu rendre à V. A. S. l'effet qu'a produit sur moi la lettre dont elle a daigné m'honorer. Cette lettre, après laquelle je dois être et suis à ses pieds, est digne de votre belle âme, de votre grand nom, de votre bonté ; car ce dernier éloge ne gâte rien ; et qu'y a-t-il au-dessus de la bonté ! Après l'avoir lue et relue dix fois, toujours avec de nouvelles émotions et de nouvelles larmes, j'avoue, Monseigneur, que le secret ne m'étant point imposé sans restriction, j'ai joui avec délices de l'admiration que cette lettre a causée à quelques âmes qui ne sont pas indignes d'entendre la vôtre. Comme on étoit ému ! comme on étoit à vos pieds ! et presque avec autant de plaisir que moi ! C'était un des spectacles les plus doux dont je pusse jouir, car, Monseigneur, la gloire de V. A. S. m'est devenue et me sera toujours bien chère, et mon plus grand désir seroit d'y contribuer par les faibles moyens qui sont en ma puissance.

Ces sentimens si purs et si doux sont pourtant, Monseigneur, je ne le cache pas, mêlés de beaucoup d'amertume ; il est cruel pour moi que vous soupçonniez que j'agis d'après une séduction étrangère. La vérité est que je suis cacochyme décidé, passionné pour la liberté, que je n'avois jamais aliénée jusqu'à ce moment et dont je ne sentois pas le prix, passionné pour les lettres, que j'ai cru pouvoir accorder avec ma place, mais que ma manière d'être, de sentir et de travailler ne me permet pas de concilier avec mon nouvel état. La vérité est, Monseigneur, que j'ai agi d'après un sentiment non suggéré, mais personnel ; que ceux de mes amis qui doivent avoir et ont en effet le plus d'influence sur moi, en entrant plus ou moins dans mes peines, sont désolés que je sois affecté ainsi. Quelque simplicité, quelque bonhomie que Votre Altesse me suppose, seroit-il vraisemblable que je fusse assez aveugle pour me déterminer par les instigations de quelques personnes indifférentes ou suspectes par préférence à celles qui me sont les plus chères et que j'afflige sensiblement !

J'insiste là-dessus, Monseigneur, parce que c'est cette prévention qui a montré à V. A. S. ma démarche sous un faux jour ; c'est elle qui lui a fait rejeter un moyen terme qui seul pouvoit parer à tous les inconvénients et auquel elle seroit peut-être venue d'elle même avec le tems pour le bien de son service dans ce détail journalier ; c'est elle qui a confondu dans l'esprit de V. A. S. deux idées que j'avois tâché de rendre distinctes. celle d'avoir l'honneur de lui être attaché par ce titre de secrétaire de ses commandemens sans fonctions et sans appointements, et celle de renoncer à l'honneur de lui appartenir. Je suppose, Monseigneur, qu'actuellement je n'eusse pas cet honneur, que ma personne vous fût entièrement inconnue et que je sollicitasse cette grâce pour la première fois, c'est-à-dire celle de vous appartenir en qualité de secrétaire des commandements, sans fonctions et sans appointements, ne diroit-on pas dans le public : « un tel sollicite la grâce d'être attaché à Monseigneur le prince de Condé » ? Par quelle fatalité, se fait-il donc, Monseigneur, que V. A. S. se soit méprise au sens de ma demande, que j'ai énoncée le plus clairement qu'il m'a été possible, ou pourquoi me suppose-t-elle une intention que je n'ai pas ? Pourquoi mon attachement sous cette forme serait-il plus suspect, moins réel, moins durable, moins établi dans l'opinion publique que celui de M. Desormeaux, par exemple, et celui de M. de Saint-Alphonse ? Pourquoi la raison de son goût pour les lettres, que M. de Saint-Alphonse a alléguée, auroit-elle moins de force en ma faveur qu'elle n'en a pour lui ? Et pourquoi cette autre raison d'une convenance de fortune qu'il a associée à la première auroit-elle auprès de V. A. S. plus de poids que celle de ma santé, raison qui, même dans les idées vulgaires, passe avant celle de la fortune ? Quant à l'effet que ce changement peut faire dans le public relativement à moi, ne pouvois-je pas me flatter que vos bontés daigneroient lui donner la tournure qui me seroit la moins défavorable ? N'est-il pas évident, Monseigneur, que le coup d'œil que cela auroit dans le monde dépendroit absolument de vous, que V. A. S. fait la loi ici comme dans tout le reste, que sa manière de voir la chose décide l'opinion publique, qu'un mot dit à son lever, dans son salon, sur ma déplorable santé, sur la suite que demandent les travaux littéraires d'un certain genre, prévient toutes les interprétations qui peuvent m'être contraires, et réduit la malignité au silence ? Il me semble, Monseigneur, que ces idées sont incontestables et qu'elles portent le caractère de l'évidence et de la bonne foi.

Il y a dans la lettre de V. A. S., une page entr'autres, où elle daigne répondre à mes objections avec une précision mêlée de tant de bonté et de tant de grâces que ce passage excite une sorte de gaité et qu'on sourit en pleurant. Mais, Monseigneur, après que ce charme a fait son effet, comment ne verrois-je pas qu'il est impossible que je profite des libertés que vous daignez m'accorder ? On s'aperçoit qu'en ce moment vous avez oublié l'empire que votre fortune exerce à votre insçu. Il est tel, cet empire, qu'il parle lorsque vous vous taisez, qu'il ordonne tout quand vous ne commandez rien, et qu'il agiroit pour ainsi dire contre votre volonté même et contre une défense positive de votre part. Ne point aller à Chantilli ! et Votre Altesse Sérénissime y passe neuf mois de l'année. — Faire fermer ma porte ! et les clameurs des mécontents ? — Me dispenser de quelques-uns de mes devoirs ! et les discours de mes confrères, le sarcasme, le ridicule ? Tout cela revient à celui qui en est l'objet, et la vie se passe dans l'amertume avec des sentimens qui devoient en faire la douceur. Je me suis transporté à huit mois d'ici ; je me suis représenté vivant à la campagne, car ce seroit un parti nécessaire, occupé de mes exercices de santé, ne revenant quelquefois, que pour mettre à vos pieds, Monseigneur, l'hommage de mes sentimens et celui de mon travail, mais préoccupé de mes devoirs que je négligerois, des plaintes occasionnées par le délai et le renvoi des lettres, par la difficulté de me voir quand on auroit affaire à moi, et je me suis demandé si je serois heureux ; je me suis répondu que non, car je ne serois pas honnête ; et en effet, Monseigneur, quel homme, même avec une probité ordinaire et sans délicatesse, soutiendroit une pareille position ! Je ne récuse ni votre sentiment intime et réfléchi, ni même votre premier mouvement.

J'avoue, Monseigneur, que ces idées m'ont profondément affecté. J'ai senti que dans le trouble de mes esprits et dans l'effusion de mes sentimens pour V. A. S. je n'étois pas en état de décider de mon propre sort, qu'il falloit me calmer, prendre du tems, me consulter moi-même, et ne consulter que moi ; que, ce moment passé, l'idée de revenir sur mes pas étoit intolérable, que je n'en aurois jamais la force, et que si j'étois malheureux, comme il est trop indubitable, le mal seroit absolument sans remède. Qu'ai-je fait ? Pardonnez, Monseigneur. Il s'agissoit du bonheur de ma vie ; ce n'a pas été un effort médiocre de ma raison que de me défendre du charme de ce moment-ci où je voudrois pouvoir passer ma vie à vos pieds, s'il étoit possible, et faire à V. A. S. tous les sacrifices imaginables. Mais je connois un peu le cœur humain ; j'ai éprouvé que le sentiment le plus vrai ne repoussoit pas l'action constante des contradictions habituelles, et que c'est par ce sentiment même qu'elles sont plus amères et plus douloureuses Encore une fois, que V. A. S. pardonne si je cherche à m'épargner une nouvelle épreuve de cette cruelle vérité. Elle montre toute son indulgence et sa bonté en daignant dire *que la petite malhonnêteté de quitter ma place* ne peut pas être mise en comparaison avec le bonheur de ma vie ; mais ce mot me fait voir qu'il y a désormais peu de bonheur pour moi, puisque *quitter les fonctions de ma place*, et perdre l'honneur de lui être attaché paroît la même chose à V. A. S. Je n'essayerai point de pallier cette faute par les raisons que j'ai déjà alléguées et dont la plus forte est la déférence trop entière au zèle de mes amis, qui ne m'ont pas assez mis au fait de quantité de détails étrangers à votre personne et qu'ils ignoroient. J'aime mieux me jetter aux pieds de V. A. S., mettre sous ses yeux les peines, les combats de mon âme, l'hommage d'un cœur pénétré de ses bontés, ma profonde vénération pour sa personne, et avec ces sentimens lui demander grâce pour l'impossibilité absolue où je me trouve sous plus d'un rapport d'exercer les fonctions de secrétaire des commandemens, ni de rester dans la position équivoque où je ne pourrois être ni heureux, ni honnête, en profitant de ses bontés pour me dispenser de remplir les devoirs de ma place. Ainsi, le cœur serré et les larmes aux yeux, je suis forcé de revenir à ma première supplication et d'attendre la décision de V. A. S. avec la même inquiétude et la même douleur.

Je n'ajoute plus qu'un mot, Monseigneur, mais qui détruit absolument l'idée de séduction étrangère, passée ou future. Si V. A. S. daigne m'accorder le titre de secrétaire de ses commandemens sans fonctions et sans appointemens, et que, dans la suite de ma vie, j'accepte un avantage quelconque incompatible avec ce titre, ou si j'accepte quelque avantage compatible avec ce titre, sans l'aveu de V. A. S., je la prie de me regarder comme le dernier des hommes.

Je suis avec respect,

Monseigneur,
de Votre Altesse Sérénissime, le très humble et très obéissant serviteur.

CHAMFORT.

A Paris, 15 août.

MINUTE AUTOGRAPHE D'UNE LETTRE SANS DATE ADRESSÉE PAR LE PRINCE DE CONDÉ A CHAMFORT.

Puisque vous le voulez absolument, mon cher Chamfort, qu'il ne soit plus parlé de fonctions ni d'appointements. Je vous laisse le titre de secrétaire de mes commandemens, que vous paraissez désirer, mais je ne reçois point l'engagement que vous voulez prendre avec moi de n'accepter aucune place qui ne soit compatible avec ce titre ; je serois bien fâché qu'il vous fût à charge : ainsi vous le garderez tant qu'il vous conviendra, et je ne me choquerai point du tout quand vous me le remettrez. Il en sera de même du logement que vous occupez chez moi ; je vous laisse le maître de le garder, ou de me le rendre si cela vous convient mieux ; si vous le gardez, je vous demande seulement d'en laisser à Grouvelle (que vous logez déjà) ce qui lui sera nécessaire pour faire la besogne dont je le charge en attendant que je sois décidé sur le choix d'un autre secrétaire. Soyez heureux, mon cher Chamfort ; pensez, écrivez, et portez-vous bien ; je prendrai toujours beaucoup de part aux succès de votre esprit et au bonheur de votre âme [1].

III.

BREVET DE SECRÉTAIRE ORDINAIRE ET DU CABINET DE MADAME ÉLIZABETH DE FRANCE POUR LE SIEUR DE CHAMFORT.

Aujourd'hui douze septembre mil sept cent quatre-vingt-quatre, le Roi étant à Versailles, Madame Elizabeth de France ayant désiré que Sa Majesté voulût bien établir une place de secrétaire ordinaire et du cabinet de cette princesse, et y nommât le sieur Sébastien-Roch-Nicolas Chamfort, et Sa Majesté bien informée du mérite et des bonnes qualités du sieur Chamfort, ainsi que de son zèle et affec-

---

[1]. Cette correspondance entre le prince de Condé et Chamfort se trouve aux archives du palais de Chantilly. Elle m'a été communiquée, avec l'autorisation de Mgr le duc d'Aumale, par M. Macon, archiviste. Qu'il me soit permis de le remercier ici de sa courtoisie et de son obligeance.

tion pour son service et celui de cette princesse; à cet effet Sa Majesté a créé et établi une place de secrétaire ordinaire et du cabinet de Madame Elizabeth de France et a retenu et retient le sieur Chamfort pour la remplir et servir dorénavant en cette qualité près de cette princesse, jouir des honneurs, autorités, prérogatives, privilèges et autres avantages appartenant à ladite place et des appointemens de deux mille livres que Sa Majesté a jugé à propos d'y attribuer, lesquels lui seront payés suivant les états ou ordonnances qui en seront expédiés, en vertu du présent Brevet que pour assurance de sa volonté Sa Majesté a signé de sa main et fait contresigner par moi, conseiller secrétaire d'Etat et de ses commandements et finances.

Louis.
Le baron de Breteuil.

IV.

BREVET D'UNE PENSION DE 3200 l. SANS RETENUE EN FAVEUR DU SIEUR SÉBASTIEN R. N. CHAMFORT,

né et baptisé le vingt décembre mil sept cent quarante-deux à Duport en Auvergne, de l'Académie française.

Cette pension composée des objets ci-après, savoir :

Une pension de douze cents livres pour lui tenir lieu de la gratification annuelle de pareille somme qui lui a été accordée sur les dépenses extraordinaires des Menus Plaisirs, sans retenue, par décision du 6 novembre 1776.

Nota. Cette pension de 1200 l. portée dans un précédent brevet expédié au département de la maison du roi le 1ᵉʳ octobre 1782, timbré mars, a été payée au trésor royal jusqu'au 1ᵉʳ janvier 1786 sous le n° 17996.

Une pension de deux mille livres sans retenue, qui lui a été accordée sur le trésor royal par décision de ce jour 21 août 1786, avec jouissance à compter du premier du présent mois, en considération de ses travaux littéraires.

Aujourd'hui vingt un août mil sept cent quatre-vingt-six, le roi étant à Versailles, Sa Majesté s'étant fait représenter le brevet par lequel, en conséquence de ses lettres patentes du 8 novembre 1778 et de sa déclaration du 7 janvier 1779, la première pension ci-dessus désignée, montant annuellement à douze cents livres, a été confirmée au sieur S. R. N. Chamfort, de l'Académie française. — Et voulant lui donner une marque plus particulière dont Elle l'honore, Elle lui a en confirmant d'abondant la jouissance de la 1re grâce ci-dessus désignée, accordé et fait don de la somme de deux mille livres de pension annuelle sur son trésor royal, sans retenue, pour par le dit sieur en jouir sa vie durant, à compter du 1er du présent mois, pour augmentation de ladite pension de 1200 livres et ne former plus, à compter dudit jour, qu'une seule pension de trois mille deux cents livres sans retenue — etc., etc.

Louis.
Le baron de Breteuil.

V.

LETTRE (OLOGRAPHE) DE CALONNE, ANNONÇANT A CHAMFORT LE BREVET D'UNE PENSION DE DEUX MILLE LIVRES.

Paris, 23 août 1786.

Le Roi s'occupant, Monsieur, de récompenser et encourager les travaux littéraires, vos talents, les grâces de votre esprit et les sentiments qui règnent dans tous vos ouvrages, Lui ont paru mériter de sa part une faveur distinguée, et Sa Majesté vient de vous donner deux mille livres de pension sans aucune retenue. Je vous prie d'être persuadé que la satisfaction que je trouve à vous l'apprendre égale les sentiments d'estime et d'attachement avec lesquels j'ai l'honneur d'être, Monsieur, votre affectionné serviteur.

DE CALONNE.

VI.

LETTRE DE CHAMFORT ANNONÇANT SA DÉMISSION DE BIBLIOTHÉCAIRE.

4ᵉ Région.
Département de Paris.
Section Lepelletier.

Le 9 septembre, l'an 2 de la République une et indivisible.

CITOYEN (?)

J'ai toujours pensé qu'un fonctionnaire public devait ne pouvoir être atteint par le soupçon, par la calomnie. Jusqu'à ce moment ils m'avaient épargné. Mais ils m'ont frappé enfin. J'ai repoussé leurs coups et voici les armes avec lesquelles je les ai combattus et les combats encore. Je joins ici ma réplique à mes calomniateurs. Veuillez, citoyen, y jeter les yeux.

Après avoir fait pour ma justification que je rendrai publique, ce que me dicte le sentiment de mon innocence, il ne me reste qu'à donner ma démission de la place de Bibliotécaire de la Bibliotèque nationale, emploi qui, seul, j'ose le dire, a provoqué ces calomnies auxquelles, en d'autres tems, il m'eût certainement suffi d'opposer mes écrits, ma conduite et ma vie entière.

CHAMFORT.

P.-S. — Je viens de faire passer au ministre de l'intérieur ma démission de la place de bibliotécaire.

VII.

LETTRE DU MINISTRE DE L'INTÉRIEUR A CHAMFORT POUR LUI ACCUSER RÉCEPTION DE SA DÉMISSION DE BIBLIOTHÉCAIRE.

3ᵉ Division.

Paris, le 30ᵉ jour du 1ᵉʳ mois, l'an 2ᵉ de la République une et indivisible.

LE MINISTRE DE L'INTÉRIEUR AU CITOYEN CHAMFORT.

J'ai reçu, citoyen, votre démission de bibliothécaire de la Bibliothèque nationale, je l'accepte et vais incessamment pourvoir à votre remplacement. Vos lumières et vos talents reconnus ont des droits à mes regrets, et j'aurais sincèrement désiré que d'autres circonstances eussent permis que vos relations avec l'administration qui m'est confiée eussent été plus durables.

PARÉ.

VIII.

EXTRAITS DU PROCÈS-VERBAL DU SUICIDE DE CHAMFORT.

Procès-verbal du citoyen Chamfort, à la Bibliothèque nationale.
Département de Paris, 4ᵉ Région.
Section Le Pelletier.

Le vingt quatrième Brumaire, l'an deuxième de la République française une et indivisible, Nous, Jean-Antoine Delorme, commissaire de police de la section Lepelletier, ci-devant 1792, requis, nous nous sommes transportés avec François-Hilaire Barré, faisant par intérim les fonctions de secrétaire-greffier, rue Neuve, des Petits-Champs, en une maison numérotée 18 — occupée par l'administration de la Bibliothèque nationale, où étant monté au premier étage dans un appartement occupé par le citoyen Chamfort, y avons trouvé et est comparu par devant nous le citoyen Louis Le Courcheux, dit Rouard, gendarme près les tribunaux du département de Paris, demeurant ordinairement rue Jean de l'Eglise, section des Arcis, nᵒ 15, et de présent, dans la maison, où nous sommes, depuis deux mois et demie (sic) auprès des citoyens Desaunay, Barthélemy neveu et Chamfort, pour la garde de leur personne, en vertu d'un ordre du Comité de sûreté générale de la Convention en date du quatre septembre présente année, vieux style, le dit ordre a nous présenté signé Vaubertrand ;

Lequel a dit qu'averti par son brigadier qu'il fallait reconduire les dits susnommés en une maison d'arrêt, il en avait donné avis aux dits citoyens sur la fin de leur dîner ; que le nommé Chamfort s'était levé et retiré de la table sans apparence d'aucun projet, était entré dans un cabinet où il s'était coupé la gorge avec un rasoir ; qu'après cette opération il était passé de ce cabinet dans un autre, où il s'était enfermé ; que l'on a eu connaissance de cet événement par les traces de sang sur la pièce de communication de l'un à l'autre cabinet, et a déclaré ne savoir signer. Ainsi signé Boulouche, Barré et Delorme.

Sur quoi nous commissaire sus dit et soussigné avant de procéder à l'audition de la déclaration du dit Chamfort que nous avons vu baigné dans son sang, avons ordonné que les médecins, chirurgiens et gens de l'art fussent invités de suite à se rendre sur les lieux, pour lui donner tous les secours nécessaires. Ainsi signé Boulouche, Barré et Delorme.

Et de suite nous avons demandé au dit Chamfort ses noms, surnoms, âge, lieu de naissance et profession, lequel a dit se nommer Sébastien Roch Chamfort, âgé de cinquante et un ans, natif de Clermont en Auvergne, ci-devant bibliothéquaire national et demeurant dans la maison où nous sommes.

A lui demandé par qui il avait été blessé, a dit par lui-même ; qu'ayant été renfermé dans une maison de force, il avait juré en en sortant de n'y plus rentrer, et qu'ayant été prévenu ce jourd'huy qu'il devait être reconduit dans une maison de force, il avait voulu se tenir parole, et était en conséquence entré dans son cabinet où il avait deux pistolets chargés, il les a tirés contre lui, et que, s'étant manqué, il s'était armé de son rasoir avec lequel il avait voulu se couper la gorge jusqu'à ce que mort s'ensuivît ; et n'ayant pas tout à fait réussi dans son dessein, il s'était porté des coups de rasoir sur les cuisses, les jambes et partout où il espérait se couper les veines, n'ayant rien de plus en horreur que d'aller pourrir en prison...... et de satisfaire aux besoins de la nature en présence et en commun avec trente personnes, protestant au surplus de son innocence et de son patriotisme, ainsi qu'il sera prouvé par l'événement : ajoutant qu'il se soustraira toujours autant qu'il sera en son pouvoir par une mort volontaire aux horreurs et au dégoût des prisons quelconques qui ne sont pas faites pour retenir plus de vingt-quatre heures des hommes libres, et voulant qu'il soit déclaré qu'il a assisté au présent procès-verbal et qu'il a lui-même dicté sa présente déclaration, et a signé avec nous le citoyen Boulouche, sergent de la force armée de la dite section, y demeurant, rue de Marivaux, par qui nous avons été requis, et aussi du citoyen Verger, chirurgien par nous invité.

Ainsi signé : CHAMFORT, BOULOUCHE, VERGER, BARRÉ et DELORME.

Suivent les dépositions de la femme Judith Thierry, de la femme Lafauche, qui servait Chamfort, de Lafauche, appelé par sa femme, quand elle a vu du sang, sur les circonstances du suicide

Comparaissent ensuite les chirurgiens Pierre Brasdor, Charles Beauduin, Marie François Vergez, Alexandre-Pierre Brasdor fils.....

« Lesquels nous ont fait le rapport suivant, disant qu'ils ont observé à la jambe gauche quatre plaies transversales du côté interne dont la supérieure plus profonde que les autres, à la cuisse du même côté une plaie superficielle, occupant la partie inférieure et interne ; deux petites plaies transversales à la partie inférieure et externe de la cuisse droite, quatre autres longitudinales et superficielles au côté interne et à la partie postérieure et moyenne de la jambe du même côté. Ces plaies ne peuvent pas être regardées comme graves. Mais ils en ont remarqué une à la partie antérieure du col qui a été faite par plusieurs coups de rasoir. Sa direction est traversalle (*sic*), elle divise la peau, le muscle peaucier et pénètre dans la même direction plus profondément et même jusqu'à la partie supérieure du larynx, de manière que cette partie est à découvert, la division de la peau étant inégale et à plusieurs lambeaux. Postérieurement ayant été déterminés à examiner si la balle des pistolets (qu'on n'a pu retrouver) n'aurait point pénétré dans le nez auquel nous avons remarqué du gonflement, nous avons découvert fracture à la cloison et l'espèce de délabrement que nous avons trouvé aux os fait juger qu'il est possible que la balle dont nous venons de parler se soit nichée dans une partie qu'il nous est impossible de désigner, de manière que le pronostic ne peut être que très douteux et même fâcheux, et attendu l'état décrit cy-dessus et le danger du mouvement dans une pareille situation, ils ont déclaré que le blessé ne pouvait être transporté dans un autre lieu sans courir le risque d'une hémorragie peut-être mortelle et ont signé, etc. »

Sur ce, le commissaire déclare que Chamfort restera sous la garde du citoyen gendarme Le Courcheux, auquel il adjoint deux volontaires de la force armée de la section Le Pelletier,

« pour le surveiller, attendu la manifestation de ses dispositions attentatoires sur sa vie. »... « Et disons qu'expédition du présent sera faite le plus promptement possible et envoyée au Comité de sûreté générale pour être par les représentants du peuple composant ledit Comité statué ce qu'ils croiront convenable. »

(*Suivent les signatures.*)

BIBLIOGRAPHIE.

A. ÉDITIONS CONTEMPORAINES.

1. *Epître d'un père à son fils*, Paris, Regnard, 1764, in-8°.
2. *La Jeune Indienne*, Paris, 1764, in-8°.
3. *L'Homme de lettres*, Discours philosophique en vers, Paris, 1766, in-8°.
4. *De la grandeur de l'homme*, Ode, Paris, 1767, in-8°.
5. *Discours qui a remporté le prix à l'Académie de Marseille sur cette question* : Combien, etc. Paris, Duchesne, 1768, in-8°.
6. *Eloge de Molière*, Paris, 1769, in-8°.
7. *Le marchand de Smyrne*, Paris, Delalain, 1770, in-8°.
8. *Bibl. de société* contenant des mélanges intéressants de littérature et de morale, des anecdotes, etc. (ouvrage laissé imparfait par Chamfort et fini par Th. Hérissant), Paris, Delalain, 1771, 4 vol. petit in-12.
9. *Eloge de La Fontaine*, Paris, Ruault, 1774.
10. *Recueil de l'Académie des Belles-Lettres, Sciences et Arts de Marseille*, pour 1774, Marseille, Antoine Favet, 1774.
11. *Dictionnaire d'anecdotes dramatiques*, etc., Paris, veuve Duchesne, 1776, 3 vol. in-8°.
11. *Dictionnaire dramatique*, etc , Paris, Lacombe, 1776, 3 vol. in-8°
12. *Mustapha et Zéangir*, Paris, veuve Duchesne, 1778, in-8°.
13 *Discours de réception à l'Académie française*, avec les réponses, Paris, Demonville, in-4°, s. d.
14. *Considérations sur l'Ordre de Cincinnatus*, Londres, J. Johnson, 1785, in-8°.
15. *Des Académies*, 1791, in-8°.
16. *Tableaux de la Révolution*, Paris, Auber, 1792.

B. Éditions posthumes.

1° Des Œuvres complètes.

1. Œuvres de Chamfort recueillies et publiées par un de ses amis (Ginguené), avec une notice sur la vie et les écrits de l'auteur par le même. Paris, an III (1795). 4 vol. in-8°.
2. Œuvres de Chamfort. Édition revue, corrigée, précédée d'une notice sur sa vie et augmentée de son discours sur l'influence du génie des grands écrivains. Paris, Colnet, 1808, 2 vol. in-8°. Paris, Maradan, 2 vol. in-8°.
3. Œuvres de Chamfort, avec notice sur la vie et les écrits de l'auteur, par Auguis, Paris, Chaumerot, 1824. 5 vol. in-18 [1].

2° Des Œuvres choisies ou partielles.

1. Chamfortiana, précédé d'une notice sur la vie et les écrits de Chamfort (par Aubin), Paris, an IX, in-18.
2. Pensées, Maximes et Anecdotes, Dresde, Walther, 1803, in-18.
3. Précis de l'art dramatique des anciens et des modernes, ouv. publié par Lacombe, Paris, 1803, 2 vol. in-8.
4. Caract. anecdotes, petits dialogues publiés par Chambet, Lyon, 1828, in-32.
5. Œuvres choisies, Paris, P. et F. Didot, 1813, in-18.
6. Œuvres choisies, avec une notice par Collin de Plancy, Paris, 1825, 2 vol. in-32.
7. Œuvres choisies (Nouv. bibl. des Classiques français), Paris, Lecointe, 1830.
8. Œuvres choisies (notice de A. Houssaye), Paris, Delahaye, 1852-57, in-18.
9. Œuvres choisies (notice de Stahl, Paris, Hetzel, 1860, in-18.
10. Œuvres choisies, (notice de Lescure), Paris, Lib. des Bibliophiles 1879, in-18, 2 vol.
11. Chamfort et Rivarol (avec notice). Œuvres choisies, Paris, Dentu, 1884, in-18.

C. Journaux et pamphlets a consulter sur Chamfort.

1. Journal Encyclopédique (1er mai 1763).
2. Année littéraire, 1764, 1774, tome VIII, 1776 tome V.

---

[1]. Quérard compare la façon dont sont composées ces trois éditions, donne la liste des morceaux qu'elles contiennent et dit justement que l'édition Auguis est la plus complète.

3. *Journal des théâtres*, 15 décembre 1777.
4. *Les Annales politiques*, de Linguet (tome III, 1777).
5. *Correspondance littéraire secrète* (tomes I, 89 ; III, 417 ; V. 366 ; XI, 379).
6. *Chronique scandaleuse* (années 1778-1791).
7. *Actes des apôtres* (tomes XIX, 70-219. XX, 92-112).
8. *La Décade philosophique*, tomes VII et VIII).
9. *Journal de Paris* (22 et 28 ventôse an III).
10. *Journal des débats de la Société des amis de la Constitution* (10 août, 31 août 1791).
11. *Journal de la Montagne* (n° 96 du 4 septembre 1793, n° 102 du 12 septembre 1793).
12. *Le spectateur français*, par Delacroix. (an III).
13. *Les sabbats Jacobites* (tome III, 294).
14. *Le livre rouge*, ou liste des pensions secrètes (6e et 7° livraisons).
15. *Galerie des Etats généraux* (tome I).
16. *Petit dictionnaire des grands hommes de la Révolution.*
17. *Mirabeau dévoilé* (Lb 39 4795).
18. *Que fut Mirabeau ?* (Lb 39 4795).
19. *Les chefs des Jacobites aux Français* (Paris, 1790, in-8°).
20. *Lettre à l'évêque d'Autun et Cie* (Lb 39 2946).

D. MÉMOIRES ET CORRESPONDANCES.

1. *Correspondance de Voltaire* (janvier 1764, 25 mai 1764, 25 septembre 1769, 16 novembre 1774).
2. *Correspondance de Diderot* (tome XI de l'édition Assézat, p. 375).
3. *Correspondance de Grimm.* Edition Maurice Tourneux (voir la table au nom de Chamfort).
4. *Correspondance littéraire de La Harpe*, Paris, an VII in-8°, (tomes I, 409; II, 15, 57, 93, 206; III, 215, 259).
5. *Lettres de Mlle de Lespinasse*, Paris, 1809 (lettre du 25 octobre 1774).
6. *Mémoires de Bachaumont*, édition P. L. Jacob, Paris, 1859, in-18 (p. 360-61 455).
7. *Journal de Papillon de la Ferté*, Paris, Ollendorf 1887.
8. *Journal et Mémoires de Ch. Collé*, édition Honoré Bonhomme.
9. *Mémoires de Garat sur Suard*, Paris, 1820, in-8°.
10. *Mémoires de Mme de Genlis*, Paris, Ladvocat, in-8° (tome I, p. 291).
11. Campenon, *Mémoires sur Ducis*, Paris, 1824, in-8° (pages 62-63).

12. *Mémoires de Condorcet* (apocryphes), Paris, 1824, in-8º (tomes I, 205, 210, 304 ; III, 45).
13. *Mémoires de Talleyrand.* Paris, Calmann-Lévy, I, 36, 37, 45, 46.
14. *Mémoires de Mirabeau,* par Lucas-Montigny, Paris, 1834, in-8º (tome IV, p. 140 et suiv.).
15. *Souvenirs de M*^{me} *Vigée-Lebrun,* Paris, 1835, in-8º (tome I, p. 122 et suiv.).
16. Cabanis, *Journal de la maladie de Mirabeau,* Paris, 1791, in-8º.
17. Vincent Arnault, *Souvenirs d'un sexagénaire,* Paris, 1833, in-8º (tome I, 133, 206).
18. *Lettres de J.-B. Lauraguais à Madame,* Paris, an X, in-8º.
19. *Mémoires de Morellet,* Paris, Ladvocat, 1821, in-8º (tome II, chap. II et IV).
20. *Mémoires de Marmontel,* Paris, 1800, in-8º (livre XIV).
21. *Mémoires de Brissot,* Paris, Firmin-Didot, 1877, in-18 (chap. LIII).
22. *Œuvres de M*^{me} *Roland,* Paris, an VIII, in-8º (tome II).
23. *Œuvres du comte Rœderer,* Paris, 1853, grand in-8º (tome IV).
24. *Souvenirs de Tilly,* Paris, F. Didot, 1862, in-18 (p. 304 et suiv.).
25. Chateaubriand, *Essai sur les Révolutions.*
26. Chateaubriand, *Mémoires d'outre-tombe.*

E. Recueils biographiques.

1. *Biographie universelle et portative des contemporains,* publiée sous la direction de Rabbe.
2. *Biographie universelle* (Didot).
3. *Biographie universelle* de Michaud (article de Ginguené).
4. *La grande Encyclopédie* (tome X).

F. Etudes littéraires.

1. Sabatier (de Castres), *Les trois siècles de la littérature française,* Paris, 1779, in-8º (à l'article Chamfort).
2. Desessarts et Barbier, *Bibliothèque de l'homme de goût,* Paris, 1798, in-8º (tomes II et V).
3. La Harpe, *Cours de littérature,* Paris, an VIII, in-8º (XI, 123, 423).

4. Auger, *Mélanges philosophiques et littéraires*, Paris, Ladvocat, 1828, in-8°.
5. *Mémoires pour servir à l'histoire de notre littérature*, par Palissot.
6. Dussault, *Annales littéraires*, Paris, Maradan, 1818 (I, 14, 310, 329 ; II, 329 ; III, 89, 564).
7. Morellet, *Mélanges*, Paris, 1818, in-8°. (Voir la réfutation du discours de Chamfort sur les Académies.)
8. M. J. Chénier, *Tableau historique de l'État et des progrès de la littérature française depuis 1789* (Paris, Beaudouin, 1821).
9. H. Rigault, *Œuvres*, Paris, 1859, in-8° (tome III).
10. Sainte-Beuve, *Causeries du lundi* (tome IV).
    »   *Chateaubriand et son groupe littéraire* (tome I, 4° leçon).
11. C. d'Héricault, *Une bibliothèque de l'esprit français* (Revue des Deux-Mondes, 1er avril 1853).
12. H. Fouquier, *Au siècle dernier*, Bruxelles, Kistemaekers, s. d, in-18.
13. Rimbault, *Chamfort et Fontanes*, Versailles, 1874, in-8°.
14. Burin-Desroziers, *Chamfort et Delille* (Bulletin histor. et scientif. de l'Auvergne, février 1891).
15. A. Philibert, *Profils littéraires* (Clermont-Ferrand, 1880, in-18).
16. D. Sleeckx, *Chamfort* (Gand, 1886, in-8°).

TABLE DES MATIÈRES

Introduction. 1
CHAMFORT LITTÉRATEUR 7

   Chapitre I. — Origine et éducation. — Doutes sur l'origine de Chamfort : les deux baptistaires. — Pourquoi il est intéressant d'examiner la question de son origine. — Son entrée au collège des Grassins ; ses succès et ses aventures scolaires. — Ses débuts dans la vie : son préceptorat chez Van Eyck et ses années de bohème. . . . .

   Chapitre II. — Débuts littéraires. — Pourquoi Chamfort chercha longtemps sa vocation. — Collaboration au *Journal Encyclopédique* (de 1761 environ). — Chamfort en quête d'un modèle. — *La Jeune Indienne*, 1764 : succès de cette petite pièce ; comment il s'explique. — Le premier prix académique de Chamfort : *Épitre d'un père à son fils*, 1764. — Ses premiers rapports avec les gens de lettres : Voltaire, Duclos, d'Alembert, Delille, Sélis, Saurin, Thomas. — Succès galants et mondains. — Chamfort et le duc de La Vallière. — Maladie et dénuement ; comment il est sauvé par Saurin et l'abbé de La Roche. — Sa collaboration au *Grand Vocabulaire Français*, 1767. — Le caractère de Chamfort pendant ses années de jeunesse. 18

   Chapitre III. — Succès a l'Académie et au théâtre. — Aux environs de la trentième année, si Chamfort ne se prépare pas à devenir un moraliste, il y est préparé par les circonstances de sa vie et par les sujets de concours académiques qu'il doit traiter. — Prix remporté à l'Académie de Marseille sur cette question : *Combien le génie des grands écrivains influe sur l'esprit de leur siècle* (vers 1766). — En 1768, *Éloge de Molière* : solennité de la séance où le prix est décerné ; appréciation du discours de Chamfort. — La petite comédie du *Marchand de Smyrne* (1770) ; son mérite et sa portée. — *Bibliothèque de Société*, recueil composé avec d'Hérissant (1771). — Nouvelle maladie de Chamfort : quelle déception elle lui cause. — *Éloge de La Fontaine* (1774). — Il met Chamfort tout à fait en vue. — Mérite de cet ouvrage. — Chamfort dans le monde des Choiseul. — Chamfort poète agréable à la cour. — *Mustapha et Zéangir* (1776). — Histoire des représentations de cette tragédie. — Il n'est pas vrai que son demi-succès ait été la grande cause de l'amertume de Chamfort. 48

CHAMFORT MORALISTE 81

   Chapitre I. — Années de retraite. — Relations de Chamfort avec Vaudreuil et Mirabeau. — A partir de 1779, durant quatre années, Chamfort recherche la solitude ; il recherche aussi l'obscurité. — Pourquoi ? — L'âge, la maladie, déceptions politiques. — Il se dégoûte de la vie d'homme de lettres et de son manège. Pourquoi ? Piraterie des éditeurs et des libraires, morgue des gentilshommes et des comédiens, tracasseries de la censure, vilenies et manies des écrivains de profession, vanité de la célébrité littéraire. — Une circonstance, restée mystérieuse dans la vie de Chamfort, achève son désenchantement. — Sa liaison avec Mme Buffon le détermine à la retraite absolue, après sa réception à l'Académie (1781). — Ce que fut cette liaison ; de l'influence qu'elle a eue sur l'esprit de Chamfort 81

Après la mort de Mme Buffon, il rentre dans le monde. — Ses relations avec Vaudreuil : leur caractère. — Chamfort et Mirabeau : leur correspondance, leur collaboration (*Pamphlet sur l'Ordre de Cincinnatus*, 1785). — Que penser de l'admiration de Mirabeau pour Chamfort ?. 111

Chapitre II. — CHAMFORT OBSERVATEUR ET MORALISTE. — Dès 1780 Chamfort a certainement commencé son recueil de *Pensées* et d'*Anecdotes*. — Entrepris sans dessein exprès, il semble que ce recueil ait été plus tard destiné par Chamfort à devenir un tableau de la société aristocratique de son temps. — Les observations de Chamfort méritent-elles créance ? Comment il juge la monarchie, la noblesse, le clergé ; ce qu'il pense de la vie mondaine à la fin du xviiie siècle. — Examen de la règle de conduite qu'il se trace et de ses conclusions de morale pratique. 130

CHAMFORT RÉVOLUTIONNAIRE. 201

Chapitre I. — SON RÔLE AU DÉBUT DE LA RÉVOLUTION. — Quoi qu'en aient dit les pamphlets royalistes, ce n'est ni la cupidité, ni l'ambition, ni l'envie qui engagèrent Chamfort dans la cause de la Révolution. — Preuves de sa conviction et de son désintéressement. — Il ne joue pas de rôle officiel, mais exerce une action réelle en tenant parfois la plume pour Mirabeau et Talleyrand. — L'*Adresse aux Provinces* de février 1790 a été rédigée par Chamfort. — Chamfort journaliste : ses articles au *Mercure*. — Ses *mots* et leur portée. — A-t-il été un conspirateur ? — Ce qu'il faut penser de la conversation rapportée dans les *Mémoires* de Marmontel. — A-t-il été un fanatique ?. 201

Chapitre II. — CHAMFORT RÉPUBLICAIN ET DÉMOCRATE. — Chamfort a vu très tôt que la République devait sortir de la Révolution, et a travaillé à hâter son avènement. — Sa polémique contre les institutions monarchiques, le *Discours sur les Académies* (1791). — Le parti républicain après la fuite de Varennes : rôle qu'y joue Chamfort. — Ses articles sur les réformes sociales à accomplir. — Intérêt qu'il attache à l'organisation d'une éducation nationale. *Rapport* de Talleyrand sur l'Instruction publique (septembre 1791). — Chamfort n'en fut-il pas le rédacteur ?. . . . 229

Chapitre III. — SES DERNIÈRES ANNÉES ; SA TENTATIVE DE SUICIDE ET SA MORT. — Après la Constituante, Chamfort se retire peu à peu de la vie militante. — Que furent ses relations avec les Girondins ? — *Les Tableaux de la Révolution* de 1791 à 1792. — Valeur historique et littéraire de cette publication. — Chamfort à la Bibliothèque nationale (août 1792).

— Dénoncé par Tobiesen Duby, il est enfermé aux Madelonnettes en septembre (1793). — Relâché après une courte détention, il donne sa démission de bibliothécaire. — Dénonciation nouvelle de Tobiesen Duby ; tentative de suicide de Chamfort. — Sa mort (13 avril 1794). 262

CONCLUSION. 283

APPENDICE contenant des pièces inédites relatives à Chamfort. . 288

BIBLIOGRAPHIE. 302

Poitiers. — Typ. Oudin et Cⁱᵉ.

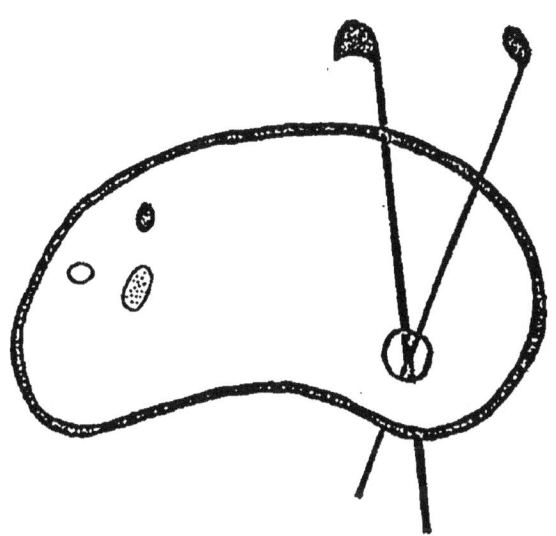

ORIGINAL EN COULEUR
NF Z 43-120-8

www.ingramcontent.com/pod-product-compliance
Lightning Source LLC
Chambersburg PA
CBHW071258160426
43196CB00009B/1338